踏實 穩健 韌性
戰後臺灣小學美術師資養成教育

黃冬富／著

藝術家
Artist Publishing Co.

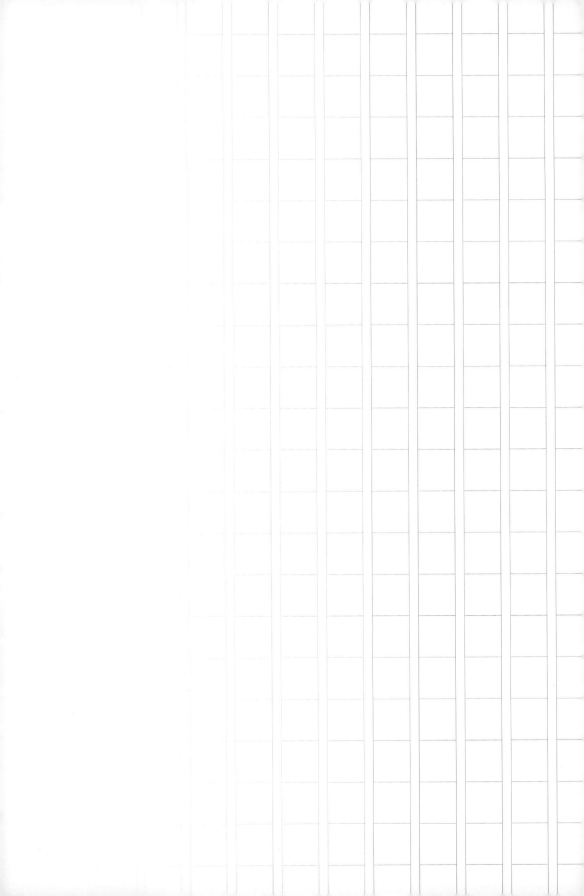

踏實 穩健 韌性
戰後臺灣小學美術師資養成教育

黃冬富／著

藝術家
Artist Publishing Co.

目次

▍作者序

　　2003 年 9 月我累積十多年研究的《中國美術教育史》（臺北：師大書苑）出版之後，原本計畫如該書自序中所提，繼續探討民元以來迄於 1949 年國民政府遷臺這三十八年間的專業美術教育，而以《中國近代美術教育史》為接續下來的研究主題。適逢這段期間，王恩師秀雄南下高雄市立美術館參加學術研討會，讓我有機會當面精益。王恩師除了當面嘉許我《中國美術教育史》一書的研究成果，也期勉我接下來能針對臺灣美術教育史之相關主題進行研究。

　　正好前此不久，於偶然機會中，於母校國立臺中師範學院（國立臺中教育大學前身）的校史資料中，發現 1946 年曾經招收過一班美術師範科。其時間點，比起大家所熟知的北師藝術師範科的開班還早一年，更早於南師藝術師範科四年，但歷來未曾見到相關文獻提及。該班學生於 1949 年有二十三位學生畢業，畢業生名單中有戰後初期臺灣省展經常得獎的前輩膠彩畫家黃登堂。

　　為了探究其真相，遂專程前往母校校史室查閱相關資料，並偕同時任臺中師院美教系主任的楊永源教授（現任國立臺灣師大美術系教授）專程到位於太平市工業路的黃宅拜訪黃登堂學長。當面請教他在當年中師美術師範科求學期間的一些景況之追憶，非常幸運地黃夫人當時也找到了一本舊相簿，裡面有不少頗富歷史的黃登堂在中師美術師範科就讀時期的珍貴老照片。由於如是的機緣，促使我撰成〈臺灣最早的美術師資養成教育——臺中師範美術師範科〉（2004 年元月發表於《美育》雙月刊）一文，自此開啟了我有關戰後臺灣中小學視覺藝術師資培育的系

列探討之端緒。

　　我從 1985 年 8 月任教於屏東師專以來，迄今已屆 33 年的師校美術教職資歷，歷經師專、師院、教育大學以至於合校成為國立屏東大學的發展歷程；尤其擔任過課務組主任、教務長、美勞教育學系主任、視覺藝術教育研究所所長、副校長等行政兼職，有助對於與本研究相關的課程發展、教學實務以至於政策面及行政層面之軟體運作，比較能深入的瞭解。而且也是由於行政兼職的機緣，能與同屬師範校院同業工會的相關行政同道熟識，因而在蒐集各校資料時，獲得不少的協助。承蒙臺中的黃登堂老師（已故），嘉義的林國治老師（已故），南師的洪顯超教授（已故），嘉師的劉豐榮教授和王源東教授，中師的楊永源教授和莊明中教授，竹師的徐素霞教授和葉忠達教授，國北師的袁汝儀教授（已故）和劉得劭教授，市北師的陳秋瑾教授，東師的林永發教授，成功大學的蕭瓊瑞教授，前臺藝大黃光男校長，以及何政廣社長……等人都提供了不少寶貴的資料和圖片。此外，每逢研究瓶頸，常請王恩師秀雄以及老友蕭瓊瑞教授指點迷津，皆於本系列研究之進行助益頗多，謹特致謝忱。

　　2014 年 8 月，值學校（國立屏東教育大學）與國立屏東商業技術學院合校之際，我辭卸了連續二十幾年的行政兼職，同時也辦理了成為正教授二十年以後第一次的教授休假研究，利用這為期一年的休假期間，我一鼓作氣將十年來持續發表的相關主題之專文，加以彙整並作補充、修正成為本書。成書之後擱了兩年，也經過幾次的檢視修正和補充，期

間承蒙何政廣社長、蕭瓊瑞教授、潘元石老師以及廖新田館長等多位前輩和好友鼓勵出版，尤其特別感謝何社長願意不惜成本予以彩色印行，而且也為本書補入了不少珍貴的照片和圖片，杜忠誥學長賜題「踏實‧穩健‧韌性」之封面題簽，皆讓本書生色不少。此外，也非常感謝提供資料和圖檔的各位前輩和道友們。王庭玫總編輯、洪婉馨小姐以及王孝嬡小姐、吳心如小姐的費神編輯，於此謹致衷心之敬意和謝忱。

記得當年研究所課堂上，常聽到李霖燦教授引用紅樓夢作者曹雪芹的名句：「滿紙荒唐言，一把辛酸淚。」校稿過程中重讀自己耗費十年所磨出的這本書，頗能體會說這句話時的心情。希望這本書能為臺灣美術教育史的建構，補上一塊拼圖。如能藉收拋磚引玉之效，有助於來者「前修未密，後出轉精」的繼續深入研究，更是衷心的期盼。

黃冬富 謹識

2018 年，4 月於高雄

前言

文化藝術的發展，宛如生命的延續。由古迄今，纂相傳承取捨，點點滴滴之匯聚，逐漸累積構成豐富壯觀的文化傳統基業。雖然各個時期都有微妙的變革差異，但是檢視其間各個環節，則又莫不呈現出因果相循、環環相扣的微妙關聯。歷史不但記載了先人創造文化的努力過程之前因後果，也提供後人不少的舊經驗之成敗借鑑。文化如此，藝術如此，藝術教育也同樣毫無例外。具體而言，對於往昔歷史發展的理解，必有助於思索當前所面臨之問題，正所謂「鑑往知來」是也。

　　師資培育堪稱「教育之母」，蓋因沒有優質的師資，就沒有優質的教學。回顧中外教育史，自從學校教育蓬勃發展以來，各種教育新里程的展開，均以師資培育為主要著力點。從我國藝術教育史的層面而論，清末西藝思潮衝擊之下，新式圖畫、手工教育的肇始，也以南京的兩江優級師範學堂圖畫手工選科（1906-1910）開其先河，臺灣的藝術教育史亦然。

　　臺灣的小學師資培育肇始於日治時期，臺灣的初等教育機構各時期之名稱頗不一致：日治時期在「日臺分學」的政策下，日籍子弟就學的初等教育機構為「小學」，臺籍子弟就學的則稱為「公學校」；戰後初期國民政府稱初等教育學校為國民學校（簡稱「國校」）；1968 年全面開始施行九年國教以後，改稱為國民小學（簡稱「國小」）。為行文之方便起見，本文擬以「小學」統稱之。

　　臺灣實施學校一般美術教育，開始於日治時期的師範教育。1902（明治 35）年 7 月，臺灣總督府修改「國語學校規則」，規定師範部設甲、乙兩科，甲科以培養日籍「教諭」為主旨，乙科則以培養臺籍「訓導」為目的。其中甲、乙兩科之課程中都增列了「習字圖畫科」，教學內容分別是：甲科第一學年為楷、行、草及臨畫、寫生，第二學年為臨畫、寫生；乙科之課程內容為第一學年楷、行、草、臨畫、寫生，第二學年增加寫生畫，第三學年與第二學年同。教學時數方面：甲科第一學年每週 2 小時，

第二學年則為 1 小時；乙科第一學年、第二學年分別為 2 小時，第三學年為 1 小時。故此時期的師範教育中已列有圖畫科，但並非單獨成立之科目，是與習字同為一學科。

1910（明治 43）年開始，將「習字圖畫科」改為「圖畫手工科」，第一、二學期每週上課 4 小時，課程內容為黑板畫、手工理論及實習。公學師範部甲科之課程中也列入「圖畫手工科」，課程內容與小學師範部相同，但上課時數為第一學期每週 3 小時，第二學期每週 4 小時；乙科之課程則將圖畫與手工單獨成科，共四個學年，圖畫科每週上課 1 小時，手工科則自第三學年才開始，每週上課 2 小時，第四學年則為 4 小時，課程內容分別是圖畫科為圖畫、寫生及第四學年的黑板畫，手工科則是理論與實習。[註1] 具體而言到了 1910 年師範學校的圖畫、手工課程才獨立成科。不過當時尚無有關「圖畫教授法」之相關內容。到了 1919（大正 8）年 3 月，總督府頒布的「師範學校規則」中第十二條，則明載圖畫課之要旨：

在圖畫方面，除了對物體要作精密觀察，培養正確及自由之繪圖能力外，尚需了解公學校的圖畫教授方法及研究趨向，培養審美觀念。以上為圖畫要旨。其中寫生畫為主要的，而臨畫及考察畫為基礎，另外學習幾何畫，並學習教授方法。[註2]

其中不但對圖畫課的培育目的有明確說明之外，也強調以「寫生」為主，而且還規範到「圖畫教授法」之部分，已然從師資培育的觀點來規劃圖畫教學的目的，讓臺灣的師範學校圖畫教育邁入新里程。

日治時期在臺灣設置臺北、臺中、臺南及彰化四所師範學校，並在

1.　詳見林曼麗（2000）。《臺灣視覺藝術教育研究》。臺北：雄獅美術，頁 70-72。
2.　引自楊孟哲（1999）。《日治時代（1895-1927）臺灣美術教育》，臺北：前衛出版社，頁 52-53。

1928年，石川欽一郎（著淺色西裝者）與臺北師範學生攝於首次在省立博物館舉行展覽會之後。
（藝術家出版社提供）

新竹成立臺中師範預科，在屏東設臺南師範預科。當時這些師範學校的
圖畫、手工教師均為日籍，大部分出身於日本科班美術教育體系，素質
甚高。如北師的森川清、石川欽一郎、安東豐作、江間常吉、田村美壽、
小原整等，南師的山村伊作、山本磯一、名島貢、萬田淳等，中師的進
藤常雄、竹中正義等，其中以兩度任教於北師的石川欽一郎最富盛名。

北師的石川欽一郎為臺展洋畫部評審委員，擅長英國式並略帶日本
南畫趣味的透明水彩，他除了正課認真教導素描和寫生之外，更常利用
星期假日帶著學生到學校附近或臺北近郊寫生，一方面示範，另方面也
隨機指導學生作畫。他改變長久以來的臨仿教學，積極培養學生自然的
觀察能力，學生們在他的指導下，揹著畫具走出戶外，用自己的眼睛捕

石川欽一郎帶領臺北師範學校的學生到校外寫生。（藝術家出版社提供）

石川欽一郎的水彩作品〈臺灣豐原鄉間路〉。（藝術家出版社提供）

石川欽一郎（坐者）與學生們合影，左1為葉火城，右2為楊啟東。（藝術家出版社提供）

捉自己鄉土的風物景緻，蔚為風氣。[註3] 此外，也指導學生組成「學生寫生會」（1924）、「臺灣水彩畫會」（1924）等。北師學生在他的指導下西畫人才輩出，如有名的陳澄波、廖繼春、郭柏川、陳植棋、李澤藩、王白淵、李梅樹、李石樵、葉火城、楊啟東等人都是他的學生，在日治時期臺籍洋畫家裡面占有極為可觀之分量。而且也有不少日後成為日治末期，以及戰後初期臺灣各級學校優質的美術教師。

在當時殖民政權的統治下，本島弟子的升學制度受到的限制很多，臺民能與日人競爭而考取中、高等學校的極少，只有師範學校、職業學校及醫學校等較無限制，故一般中下層子弟報考者極多。加以師範畢業

3. 有關石川欽一郎之教學風格參見：林有得（1996）。〈石川欽一郎老師與母校之美術教育〉，收入國立臺北師範學院出版（1996）。《滋蘭集──北師臺日週年紀念文集》。頁50-56。暨蕭瓊瑞等（2009）。《臺灣美術史綱》。臺北：藝術家出版社。頁239-241。

之出路一律為公學校訓導，在正課能保持過關標準之餘，不少師範生也把多餘的時間轉注於音樂、美術等藝能科目之上，不但能夠習得一技之長而受到重視，也可藉以調劑身心，提升社會地位。職是之故，這些師範學校所實施的圖畫課程，雖非正規的科班訓練，然而許多日後的臺灣前輩藝術家，卻出身於師範學校。

日治時期雖然開啟臺灣美術發展之新里程，而且從中小學以至師範學校都有圖畫和手工課程，但是均屬一般美術教育性質，直到戰後初期才由國民政府在部分師範學設置美（藝）術師範科，開啟臺灣美術師資養成之專業教育的端緒。

追溯民國以來的師範學校教育體制當中，最早有關小學美術師資培育機構，肇始於 1938 年對日抗戰期間，在重慶創設的國立重慶師範學校美術師範科。為了大量造就美術師資起見，教育部於民國 30 年（1941）10 月通令各省市教育廳局斟酌需要，指定師範學校一校或數校辦理美術專科師資訓練，並飭擬具體計畫呈核。[註4] 自此，各省市陸續有師範學校美術師範科（班）之開設，甚至河南省更於 1944 年創辦一所藝術師範學校，湖南省在同一年也在省內十所師範學校成立美術選科。[註5]

此外，又以師範學校勞作（包括農藝、工藝、家事）訓練不足，乃創辦國立勞作師範學校，1941 年並通令各省市教育廳局增設「勞作師範科班」，甚至有安徽及江西兩所省立勞作師範獨立設校，各省市師範學校之勞作師範科、班、組，也自此相繼設立。[註6]

為了規範各師範學校的美術和勞作師範科之課程，教育部先後在1942 年 10 月和 1944 年 8 月，頒布美術師範科和勞作師範科的「教學科

4.　教育部（1948）。《第二次中國教育年鑑》。上海：商務印書館。頁 1015。
5.　前揭教育部（1948）。《第二次中國教育年鑑》。頁 1015。
6.　前揭教育部（1948）。《第二次中國教育年鑑》。頁 1012-1013。

目及各學期每週各種教學時數表」。^(註7)值得留意的是，對日抗戰時期，尤其在 1941 年以後，大陸大多數省分均有淪陷地區，教育部的師資培育政策，究竟能否真正實施於各師範學校美術師範科（班）及藝術師範學校，不無疑問。此外，依照當時氛圍，不少大專校院為了躲避戰亂，往往輾轉遷徙甚或權宜合校之情形，屢見不鮮。以此推論，上述這些美勞師資培育機構，能否順利運作幾年也是問題。由於此一部分尚缺文獻，擬留待將來有機會時再作釐清。

然而由《第二次全國教育年鑑》記載顯示，抗戰時期，小學美術和勞作的師資是分流培育的，而且其部頒課程往往在設科開班數年之後方始擬妥頒行。顯然大陸時期在部頒課程頒行以前，早期的師範學校美術師範科及勞作師範科，係由學校先行規劃暫行課程，報部核備之後即先施行的權宜措施。回顧臺灣戰後初期學校的視覺藝術（美勞）師資養成教育，也同樣是部頒課程的施行晚於美（藝）術師範科（以下簡稱「藝師科」）的成立；然而不同的是，臺灣師範學校普通（師）科時期的藝師科專科（門）課程，係屬美、勞合流之規劃。

依照臺灣各級學校之慣例，雖然多以校友畢業當年的民國紀年來稱其級別，然而戰後公費時期的師範校院，學生在完成學校課程「結業」時，往往要到中、小學實習一年，期滿及格之後才算正式「畢業」。由於實習的一年，實際上已擔任正式教師之工作並享有相同待遇。因此，師範校院校友的級別，則往往以其結業離校的年代稱呼之。例如 1946 年入學而於 1949 年（民國 38 年）畢業的第 1 屆中師美術師範科校友，稱之為 38 級。以下在提到各校畢業校友之級別時，擬採用如是的稱呼方式。

---

7. 前揭教育部（1948）。《第二次中國教育年鑑》。頁 1012-1016。

戰後初期臺灣的師範學校藝師科

1946
~1962

戰後之初，國民政府將原隸屬臺灣總督府的臺北、臺中、臺南三所師範學校改為省立，並將原北師的女子部舊址成立省立臺北女子師範學校；而專為宣揚皇民化教育的彰化青年師範學校，由於無固定校址，又缺乏設備基礎，因而停辦；[註8] 至於原新竹的臺中師範預科，以及屏東的臺南師範預科，則分別改為省立臺中師範學校新竹分校及臺南師範學校屏東分校，此二分校同時於 1946 年 10 月獨立為省立新竹師範學校，以及省立屏東師範學校。

此外，為發展東部教育事業和均衡地方培育資源，1948 年創設省立臺東師範學校與省立花蓮師範學校；1954 年為培養南部女子師資，創設省立高雄女子師範學校；1957 年因應嘉雲地區地方人士爭取設立師範學校，增設省立嘉義師範學校。至此，計有十所省立師範學校共同培育小學教師。[註9] 值得注意的是，戰後初期的師範學校，隨著政策、學制及大環境之變革，其性質相較於日治時期已然產生微妙變化。

▌一、師範生的角色與素質變化

就學制層面而言，日治末期 1943 年 3 月「臺灣教育令」修正後，師範學校分為本科及預科，預科的入學資格為國民學校高等科（完成小學六年課程之後，再繼續就讀兩年）畢業或同等以上學歷，修業年限為兩年；本科之入學資格為中等學校或預科畢業，修業年限為三年，已然升格至專科程度的專門學校。[註10] 戰後初期，國民政府依照當時學制予以改革，將師範學校調回高中程度，並將舊制各科肄業學生，在不違背我國教育宗旨精神下，依照舊制維持到畢業為止。雖然戰後初期臺灣的師範學校

8.　參見李園會（1996）。《光復後之臺中師範學校》。臺中：臺中師範學校校友會印行，頁7。

9.　沈翠蓮（2004）。《臺灣小學師資培育史》。臺北：五南，頁7。

10.　參見李園會（2005）。《日據時期臺灣教育史》。臺北：國立編譯館，頁620。

為了因應日籍教師遣返所產生之國民學校「教師荒」，因而除了比較正規（入學資格為初中畢業）的普通師範科以外，還有入學資格較低的普通師範預科、四年制和二年制簡易師範班、師資訓練班、簡易師範科補習班等科別之設置，[註11] 不過後面這些因應迫切師資需求所臨時開設之科班別，在 1950 年代初期以前都陸續停辦。至於本章所討論的戰後初期師範學校的藝師科，其體制則等同於普通師範科（以下簡稱「普師科」）。

日治時期，臺灣子弟的升學機會受到殖民政府的政策限制，除了醫師與教師之外，總督府儘量避免或鼓勵臺胞接受較高之教育。雖然臺籍教師之收入遠不及醫師，甚至也明顯低於同職級的日籍教師，然而其待遇尚可維持一般小家庭生活。尤其 1920 年以後的大幅度調薪，相對於當時適逢一次世界大戰以後的工商業不景氣，經濟蕭條，影響就業困難。當時初任臺籍公學校訓導之待遇，甚至曾經超過商業學校畢業生之初進銀行的薪資。以致師範生的就業保障和教師待遇之改善等，對臺灣子弟形成相當之誘因，臺籍師範生多來自中、上階層家庭。[註12] 1922 年以後臺籍師範生之錄取率每年均超過十人以上才錄取一人，甚至 1929 年和 1937 年有超過四十人才錄取一人的激烈競爭狀況。[註13]

戰後初期，師範生雖然同樣享有在學公費、畢業之後分發任教國民學校之保障。然而隨著臺灣高等教育的大學、學院、專科學校數量急速擴增，帶動各行業人員教育水平之提升，甚至在師資培育部分，於 1946 年在臺北成立大學位階的臺灣省立師範學院（國立臺灣師範大學前身），以培育中等以上學校師資；相形之下，培育小學師資的師範學校，反而

11.　詳見何清欽（1980）。《光復初期之臺灣教育》。高雄：復文圖書出版社，頁 115-118。
12.　詳見吳文星（1983）。《日據時期臺灣師範教育之研究》。臺北：國立臺灣師大歷史研究所，頁 168-176。
13.　前揭吳文星（1983）。《日據時期臺灣師範教育之研究》。頁 101。

調降其學制成為與高中相近之程度。而且，公教人員尤其國校教師之待遇相對微薄，[註14] 國校教師之社經地位遠不如日治時期的公學校訓導，同時也帶動師範生的角色地位變革，以及一般人對師範學校的報考意願。據屏東師範普師科 41 級校友王秀雄（國立臺灣師大美術系終身名譽教授）之回憶中表示：

在日治時期，小學老師還算是知識分子。例如當時我父親擔任小學老師時，廣受大家尊敬，但是等到我當了小學老師時，小學老師在社會上已經沒有什麼地位，也得不到許多的尊崇；再加上當年我就讀的岡山中學（按：初中部）畢業的同學大部分都上了高中，而且考進高雄中學或臺南一中，甚至後來還考上臺大法律系或醫學院，所以每當舉辦初中同學會時，我總是因為自卑感作祟，認為自己只是一介小學老師，常藉故不參加。[註15]

上述說法，頗能反映出戰後初期師範生，以及國校教師社經地位低下的窘境。惟公費待遇及就業保障是吸引學生報考的主要誘因，是以當年師範生多出身於經濟條件較弱的中下階層家庭。巧合的是，戰後初期臺灣省政府教育廳所核准的三所師範學校藝術師範科，也正好是日治時期最為主要的臺北、臺中和臺南三校。

戰後初期國民政府於 1946 年在省立臺中師範學校（國立臺中教育大學前身）成立全臺最早的美術師範科，繼之則為 1947 年成立的臺灣省立師範學院四年制勞作圖畫專修科（在學三年，實習一年，合計四年），以及省立臺北師範學校藝術師範科（簡稱藝師科），再之則為 1950 年成

---

14. 據曾任教小學長達四十六年的筆者岳父許懷璧老師（1948 年開始任教）多次提及，1950 年代初期，國校教師支月薪尚無法買一部陽春型腳踏車，至於教師薪水之明顯調高，大約在 1970 年代初期後才較明顯。此外，筆者訪談目前七、八十歲左右的不少小學退休教師之說法也相當接近。
15. 陳嘉翎（2010）。《王秀雄：美育人生》。臺北市：國立歷史博物館（口述歷史叢書）。頁 34。

立的臺南師範學校（簡稱南師，國立臺南大學前身）的藝術師範科，堪稱臺灣最早期的專業美術教育兼師資養成教育。其中臺灣省立師範學院屬中等師資之培育，不在本文範圍之內，以下依成立時間之先後，回顧臺中、臺北、臺南三所師範學校藝師科的成立概況。

二、臺中、臺北和臺南師範藝師科之設立始末

長久以來很少人知道，中師在戰後初期率先各師範學校成立最早的美術師範科，其原委可能與其僅只招收一屆有關。

（一）臺中師範美術師範科（1946-1949）

1945 年 12 月，臺灣光復之初，臺中師範改為「省立臺中師範學校」（以下簡稱「中師」），開辦三年制普通科，招收初中（國民中學之前身）、初職畢業生，並由臺灣省行政長官公署教育處（臺灣省政府教育廳之前身）派薛健吾（籍隸江蘇省，國立東南大學畢業，曾任東南大學教授、軍事委員會委員）為中師校長。翌年（1946）7 月，於普通師範科裡面，招收三年制音樂師範科（以下簡稱「音師科」）及三年制美術師範科（以下簡稱「藝師科」）各一班。音師科男女合班上課，雖然報考資格中並無性別限制，然而招到的美術科學生則清一色盡屬男生。普通師範科入學之學科考試共分國文、數學、社會科學、自然科學等四科，不過音師科和藝師科不考數學而加考術科：前者考視唱，後者考素描。據筆者訪談該屆（38 級）藝師科校友黃登堂，當年素描考題是用鉛筆現場畫自己的手。[註16] 通過筆試之後，必須再參加複試：先通過體格檢查和體力測驗，然後才參加口試。當時口試由薛校長親自主持。由於日治時期各級學校主要以日語教學，光復之初學生除了臺語（閩南語）之外，只懂日

---

16. 據筆者 2003 年 6 月 30 日電話訪問及 7 月 30 日親自訪談當年中師美術師範科畢業校友黃登堂所言。

1947 年，中師美術師範科學生與廖繼春、陳夏雨、林之助三位教師合影於中師校門前。

語（文）。因此試卷雖以中文命題，但仍容許考生用日語的漢字拼湊成中文作答；同時也考量考生多半聽不懂國語，因此口試時往往需透過兩位年輕的校長室祕書協助翻譯。[註17]

　　1946 年 7 月所招收的中師藝師科，錄取四十人左右，報考人數大約三倍。到了剛升上二年級開學之初，尚有學生三十多人；不過修業三年屆滿畢業之際，卻僅剩黃登堂等二十三人。[註18] 尤其不太尋常的是，戰後初期開臺灣專業美術教育先河的中師藝師科，僅只招收一屆之後隨即停招，其原因為何？目前已找不到直接的文獻記載。然而值得注意的是，在1948年由教育部編纂、上海商務印書館印行的《第二次中國教育年鑑》中，在介紹臺灣省師範教育概況時，可能由於臺灣省資料較早繳交，省立臺北師範部分臚列的各種班（科）別中，並未列出該校 1947 年 7 月開

17.　李園會（1996）。《光復後之臺中師範學校》。臺中：臺中師範學校校友會印行，頁 108。

18.　據筆者 2003 年 7 月 30 日訪談黃登堂於臺中縣太平市黃宅。至於該屆中師美術師範科畢業之人名，詳見李園會等（1993）。《國立臺中師範院校史初編》。臺北：五南，頁 108-113。

1949 年 6 月，中師美術師範科畢業合照。前排師長左 1 為陳夏傑（英傑）、左 2 張錫卿、左 3
王影；右 1 王馨生、右 2 林之助、右 3 王毓蘭校長。末排右 3 為黃登堂。（黃登堂提供）

始辦理首屆招生的藝術師範科；至於臺中師範部分則有列出「藝術師範
班」（按：即「美術師範科」），並明訂其畢業後具備擔任高小（按：
戰後初期任教五、六年級的教員為高小教員；一至四年級的教員為初小
教員）藝術科教員的資格。此外，在其下方備註欄中特別加註「畢業後
不再招生」。[註19] 由此顯見，在北師藝師科 1947 年 7 月開始辦理首屆招
生以前，中師藝師科即已決定停招。

　　據該屆藝師科校友黃登堂在接受中師莊明中教授訪談時表示，藝師
科只招收一屆的原因是：「1. 當時師資轉到他校任教，因而造成本校師資
欠缺，2. 學生具有藝術家的個性——很調皮而難於管理等。」[註20]

19.　前揭教育部（1948）。《第二次中國教育年鑑》。頁 1004-1005。
20.　莊明中訪談／徐康馨整理。（2003.7.16）。〈與黃登堂學長談「臺中師範美術科」〉，收入莊明中總
　　　編輯（2003）。《蛻變進行式──型塑中師新美學》（國立臺中師範學院創校八十週年校慶美術專輯）。
　　　臺中：國立臺中師院出版，頁 181。

其一指的是，第二年夏天（1947.8），該校的西畫名師廖繼春適逢
臺灣省立師範學院成立勞作圖畫專修科，因而應聘北上任教；甚至稍早
的二二八事件（1947.2.28），也導致雕塑名師陳夏雨離職。廖、陳二師
在半年之內相繼離職，對於中師藝師科的師資陣容的確影響極大。至於
該班學生調皮而難於管理之情形，雖然未見具體記載，然而從完成三年
學業而順利畢業者只有入學人數的六成左右的數據面視之，其間應有一
定程度之關聯性。尤其令人感到困惑的是，該藝師科僅招生一屆之後隨
即停招，與藝師科同時設立的音師科也同樣僅招收一屆。同一屆的音師
科畢業人數甚至僅剩十九人，未知是否與二二八事件時期，中師歌謠隊
曾受情治單位懷疑與赤色組織之關聯，因而其成員全部被抓去審問，甚
至有的還被監禁一案有關。[註21] 由於二二八事件在中師造成相當大的騷
動和衝擊，甚至校長洪炎秋也遭波及而在當年 4 月離職他就。[註22]

綜合前述諸訊息，中師藝師科和音師科之停招，可能與二二八事件
有所關聯，甚至決定停招的時間點也應在當年的 3-4 月之間。值得注意
的是，在中師停招藝師科和音樂師範科的 1947 年之同時，省立臺北師範
卻增設藝師科和體育師範科（以下簡稱「體師科」），翌年（1948）更
增設音師科。

（二）臺北師範藝術師範科（1947-1963）

依照 1947 年 10 月 5 日北師所編印的《臺灣省立臺北師範學校一覽
表》的〈學籍編制〉欄所載，藝師科的入學資格為「初中畢業或具有同
等學力」，三年制普通師範科則刪除「同等學力」一項，顯見藝師科之

21.　前揭李園會（1996）。《光復後之臺中師範學校》，頁 286-288。
22.　有關二二八事件對於中師的衝擊，詳見陳德清（2003）。〈二二八事件與中師〉。收入陳德清總編輯
　　　（2003）。《成長與蛻變──中師八十年》。臺中：國立臺中師院，頁 41-43。並參見〈蔡伯壎先生訪
　　　問記錄〉。收入吳文星、許雪姬採編（2001）。《戒嚴時期臺灣政治事件口述歷史》。南投：臺灣省
　　　文獻委員會。頁 3-9。

報考資格比起三年制普通科較為放寬一些。不過依照該年入學的 39 級藝師科校友劉振源之回憶表示,實際上第 1 屆藝師科同學卻全部由職校畢業後所報考的:

> 我會報考藝術科的原因是校方不知根據什麼規定,由職業學校來的考生只能報考藝術科,不得報考普通科。普通科是專收由(初級)中學來報考的學生,所以我們這一屆的藝術科學生,全部都是由職校來的學生。[註23]

上述之說法,經筆者電話訪談與劉振源同屆的李育亭也得到證實。不過第二年(1948)以後藝師科之報考資格則放寬至初中、初職及同等學力者均可報考,不再有前述之限制。其次,在戰後初期,大家對於「藝術師範科」的宗旨和屬性並不清楚,因此第 1 屆招生也有不少想學音樂的考生前往報考,據劉振源回憶:

> 對藝術科的名稱,我班上發生一個插曲,雖然報名藝術科,但是究竟要學音樂或美術未弄清楚,於是我們班上(甲班)三十個同學裡幾乎有一半是對音樂有興趣而進來的,後來遲一年設立音樂科時,班中有幾位同學寧願慢一年而轉科去念音樂科(例如〈三輪車跑得快〉的作者陳石松,以及榮星合唱團指揮林福裕等)。[註24]

比較特殊的是,第 1 屆的北師藝師科入學考試,初試除了國語文、數學、社會、自然等學科之外,並未加考術科;[註25] 複試則為口試。或許這也是導致考生對於藝師科屬性產生誤解的原因之一。由此可以看出,當年各師範藝師科的自辦招生,在考試科目及考試方式上,省教育廳應

---

23. 註 2 引自劉振源於 2008 年 7 月 31 日回覆筆者之信函。
24. 同上註。
25. 同上註。

北師藝術師範科師生合影。

賦予各校一定程度的自主權限。從第 2 屆（1948）開始，北師藝師科招生考試才加考鉛筆素描。初期的鉛筆素描考試，多以圓柱、角錐、圓錐等石膏幾何模型為考題，[註26] 幾屆以後又加考水彩畫。[註27] 由於戰後初期學習美術並不熱門，因此北師藝師科之報考競爭，就篩選倍率而言，似乎比起普師科較為容易得多。第 1 屆大約四比一的錄取率，第 2 屆也大致如此。[註28] 比起早一年成立的中師藝師科的入學篩選倍率還要高些，顯示出位於臺北市首善之區的地緣優勢，比起臺中市更能吸引學生之報考意願。然而相較於普師科十幾比一的高篩選門檻，則又明顯遜色。這種情形，可能與當時小學升學主義下補習風氣之盛行，包辦國語和算術等升學考科的級任老師才有補習機會之功利價值觀有所關聯。

---

26. 據北師藝師科 40 級校友丁占鰲於 2008 年 8 月 12 日回覆筆者信函所憶。並參考蔡敏雄（2007.8）：《吳隆榮繪畫風格演變之研究》，國立臺北教育大學藝術學系教學碩士論文，頁 20。
27. 據 1955 年 8 月北師教務處所編《教務章則彙編》裡面已明訂藝師科入學之術科考素描畫（鉛筆畫）和水彩畫。但是 1954 年入學的黃照芳在入學考試時已考鉛筆素描和水彩畫。
28. 同註 23、26，前揭劉振源、丁占鰲之信函。

臺北師範學校全體教職員合影，第一排中著淺色西裝者為校長唐守謙。

　　1948 年臺灣省政府教育廳陳報教育部，以省立臺北師範學校為全省師範之示範學校，[註29] 此外戰後省立北師第一任校長唐守謙主張師範分科之積極態度，[註30] 或許與當年省立北師能取代中師而承辦藝師、音樂，甚至體育等藝能專業教育之原因不無關聯。

　　北師藝師科雖比中師晚一年招生，但是第 1 屆即招收兩班，而且前後招收過十四屆，直到普師科改制為師範專科（簡稱師專）為止。在北師成立藝師科的三年之後，位於南臺灣的省立臺南師範也奉准成立藝師科。

　　1947 年 4 月，教育部頒布「修正師範學校規程」，其中第 31 條明訂「為養成小學體育、勞作、美術及音樂等專科教員起見，各省市應指定省市立師範學校一、二校，於施行一般訓練外，分組修習專科科目。」[註31] 此一法條，顯然成為北師藝師科持續招生運作之同時，再於南師成立另一所師範藝師科之法源依據。

---

29. 詳見省立臺北師範專科編（1985）《北師四十年》之〈校史編年〉，頁 25。
30. 洪文彬（1985），〈春樹暮雲話北師——懷人‧記事‧抒感〉，收入《北師四十年》，詳見頁 87。
31. 臺灣省政府教育廳（1987）。《臺灣教育發展史料彙編——師範教育篇（上）》。臺中：省立臺中圖書館，頁 4。

（三）臺南師範藝術師範科（1950-1958）

　　1950 年 7 月，臺南師範奉臺灣省政府教育廳核定，於原有的三年制普通師範科裡面增設幼稚師範科（以下簡稱「幼師科」）、藝師科、體師科各一班，招收初中畢業生施以三年的美勞師資養成教育。

　　普通師範入學分成兩個階段，第一階段學科考試包括國文、數學、社會學科、自然學科等，此外藝師科還需要加考術科。基本上藝師科的術科多考鉛筆素描，其中第 1 屆考題為靜物寫生；[註32]第 3 屆則以「走」為題，讓考生以鉛筆畫自由發揮，[註33]顯然題型頗有變化。戰後初期臺籍考生的國語普遍還不太靈光，由於「走」字與臺語「跑」字的發音有些相近，因此也有考生畫成跑步狀，傳為當年入學考試之趣談。[註34]

　　通過第一階段測驗之後，必須再參加複試。複試包括體格檢查和口試。據南師 42 級（第 1 屆）藝師科校友黃火木之追憶，當時有二千餘人報考藝師科，但僅錄取了男生三十六人、女生八人，共四十四人（1953年畢業時只剩四十人）。[註35]如果報考人數以二千人計算，則錄取率為4.55％，大約每二十二人才錄取一人，入學競爭無疑非常激烈。然而，對照於前述臺中、臺北兩所師範學校藝師科之招生錄取率，顯然落差甚大。筆者曾訪談南師藝師科第 1 屆校友林國治及第 3 屆校友潘元石，據兩人回憶，當年藝師科之錄取率大約在三到四人之間錄取一人，[註36]因此二千餘人之說法，可能是指該屆報考臺南師範之總人數的誤植所致。南師藝師科前後共招生六屆，比北師藝師科提早五年停招，卻是開南臺

---

32. 參見黃冬蘭，《鄭善禧——畫壇老頑童》，臺北市：時報文化，1998 年初版一刷，頁 52-53。
33. 據筆者 2007 年 1 月 2 日電話訪問南師藝師科 44 級第 3 屆畢業校友許懷賜時許氏之追憶。
34. 同上註。
35. 詳見《培苗藝集——南師 42 級藝師科校友書畫展》，會長黃木火「序」。2005.8，藝苗畫會發行。
36. 筆者於 2006 年底訪談林國治於嘉義市林宅，2007 年年初訪談潘元石於奇美博物館。

灣的學校專業美術教育之先河。

▋三、課程之發展

　　光復之初期由於對祖國文化回歸的考量，日治時期的臺灣經驗並未受到重視與延續。1946 年 6 月臺灣舉行第 1 屆「全省教育行政會議」，決議舉凡一切教育內容，應一體遵行國民政府教育部於 1944 年所頒布的「第三次修訂課程標準」，以求兩地學生程度的一致，[註37]用以加速接駁祖國文化。然而也由於本省光復初期情形特殊，師範學校之課程一時無法遵照部頒課程標準實施，因而除了將國語一科較部頒標準增加兩小時（按：實際上遠遠超過兩小時）之外，為適應實際需要，教學科目得略予變更。各師範學校科班均訂有教學科目，以及每週教學時數暫行標準，並由省教育處（按：1947 年 5 月以後改為「教育廳」）呈報教育部核准後實施。[註38]是以光復初期臺灣的師範普師科課程結構，主要參考 1944 年教育部所頒行之師範學校課程結構，再參照本省實際情形而修訂。

　　然而就美術師範科部分，則以 1942 年 10 月的部頒「美術師範科教學科目及各學期每週各科教學時數表」為全國的標準規範。當時師範學校課程雖不以學分計算，通常以每週教學時數多少「小時」為單位，實等同於今日每學分 1 小時的情形。

　　部頒美術師範科三年的修業過程中，其專科課程實際上也包含了部分勞作課，累計有：素描 36 小時（學分）、水彩 12 小時（學分）、國畫 8 小時（學分）、圖案 4 小時（學分）、美術教材教法 6 小時（學分）、

37.　參見王麗姿（1991.7）。《我國小學美勞課程標準內涵演變之初探──光緒二十八年至民國八十年》，國立中山大學中山研究所碩士論文，頁 96。暨前揭沈翠蓮（2004）。《臺灣小學師資培育史》，頁 123-124。
38.　參見李汝和（1972）。《臺灣文教史略》。南投：臺灣省文獻委員會，頁 98。

美術史 4 小時（學分）、透視學 2 小時（學分）、色彩學 2 小時（學分）、解剖學 2 小時（學分）、勞作 18 小時（學分，包括：小學勞作教材教法。男生偏重農工藝，女生偏重家事），合計 94 小時（學分），[註39]占所有課程總時數（男生 210 小時，女生 202 小時）大約 44.8％和 46.5％。教育專業科目則僅見教育心理學和教育概論兩科，各 6 小時（學分），其餘將近半數課程則比較接近高級中學的普通基本課程。

　　然而如是之課程結構，顯然並未被戰後初期臺灣首先設立的中師藝師科所採用，甚至其間之落差極大，包括翌年創立的北師藝師科亦然。或許由於規劃的時程過於緊迫，以及當時的師資尚未到位，同時教育行政當局也給予中師較多的調整權限所致，其藝師科課程經該校草擬後，陳報臺灣省教育處轉呈教育部核定的急就章，因而顯得粗糙又保守。以下依照戰後臺灣的師範學校時期藝師科課程之變革，分成四期進行分析。此外為求一目了然，特將從師範學校到師範專科時期的藝師科美勞專門課程彙整成【表1】以資參照。

（一）第一期（1946 年入學）

　　戰後初期臺灣的師範學校計算課程時數，同樣以每週教學時數多少「小時」為單位，等同於今日每學分一小時的情形。1946 年入學的中師藝師科課程，一般文獻罕見收錄，目前僅見於李園會教授（中師普師科40 級校友）總編輯的《國立臺中師範學院校史初編》，以及李園會的《光復後之臺中師範學校》、《臺灣師範教育史》等書。[註40]其中所載令人感到困惑不解的是：

39.　前揭教育部（1948）。《第二次中國教育年鑑》。頁 1016。
40.　前揭李園會總編輯（1993）。《國立臺中師範學院校史初編》。頁 110-113。李園會編著（1996）。《光復後之臺中師範學校》。頁 152-154。暨李園會著（2001）。《臺灣師範教育史》。臺北：南天。頁 61-62。

【表1】

戰後臺灣的師範藝師科與師專美勞科專門課程名稱及時數發展簡表

科目 ＼ 年代	1946	1947	1952	1955	1970	1972	1978
	師範時期				師專時期		
美術	18	52	—	—	—	—	—
農工藝及實習（勞作）	18	34	—	—	—	—	—
工藝（木、金、籐、土、紙、化工）	—	—	22	18	8	4（8小時）	14
農藝	—	—	2	2	—	—	—
家事	—	—	2	2	—	—	—
素描	—	—	28	22	18	32	22
國畫	—	—	8	8	8	9（18小時）	8（16小時）
水彩	—	—	12	8	10	9（18小時）	8（16小時）
美學	—	—	2	—	2	—	—
美術史	—	—	3		4	6	4
透視學	—	—	2	2	2		
工藝概論	—	—	2	—	—	—	—
藝術概論	—	—	2	3	4	4	—
美勞概論	—	—	—	—	—	—	4
油畫					10	8（16小時）	6（12小時）
美術設計	—	—	—	—	8	6（12小時）	10
圖案	—	—	8	8	2	—	—
色彩學	—	—	2	—	2	2	2
圖學基礎（基礎圖學）	—	—	—	—	—	4	2

	①	②	③	④	⑤	⑥	⑦
視覺原理	－	－	－	－	－	4	－
書法	－	－	－	－	2	2	2
繪畫心理學	－	－	－	－	4	－	－
解剖學	－	－	－	－	2	－	－
幾何學	－	－	－	－	2	－	－
圖畫教材教法	－	－	2	－	－	－	－
勞作教材教法	－	－	2	－	－	－	－
美勞教材教法	－	－	－	6	－	－	－
美勞科教學研究與實習	－	－	－	－	－	2	－
美術教材研究	－	－	－	－	－	4	－
美勞科教學研究	－	－	－	－	－	2	2
兒童美術研究	－	－	－	－	－	－	2
選修科目	－	－	－	－	8	8	14
合計	36 小時	86 小時	99 小時	79 小時	98 學分	104 學分（140 小時）	100 學分（122 小時）
占總時數比例	18.3%	36.6%	48.5%	36.6%	36.4%	56%	47.8%
資料來源	①	②	③	④	⑤	⑥	⑦

① 李園會（1996），《光復後之臺中師範學校》。臺中：臺中師範學校校友會印行，頁 153-154。

② 省立臺北師範於 1947 年 10 月 5 日印行之〈臺灣省立臺北師範學校一覽表〉，「教學科目與每週時數」項，「三年制藝術師範科」欄。

③ 1952.12 修正公布「藝術師範科教學科目及各學期每週教學時數表」（收入教育部 1957 年印行《第三次中國教育年鑑》，頁 295。）

④ 1955 年〈臺灣省立臺北師範學校校務概況簡表〉，「教學科目及每週教學時數」項，「三年制藝術師範科」欄。

⑤ 1970.7 教育部頒布〈修訂師範專科學校五年制國校美術師資科暫行科目表〉。

⑥ 1972.11 教育部頒布〈五年制國校美術師資科科目表及施行要點〉。

⑦ 1978.3 教育部頒布《師範專科學校五年制美勞科課程標準》。

製表：黃冬富

其一，比對三年制藝師科與音師科兩種專業屬性迥異的課程結構，除了音師科在大一下學期多了「音樂理論」和「樂器」各 2 小時（學分）之外，其於課程及時數（包含美術、農藝工藝、音樂等專科科目在內）竟然完全相同，看不出兩種專業藝術教育班別的專業特色。

其二，相較於一般普師科之課程，藝師科在美勞專科課程方面僅只多修 4 小時（學分）的美術和 3 小時（學分）的音樂課。然而普師科另有三組選修科目（甲組為社會教導、地方輔導、地方行政、地方建設，乙組為美術、勞作，丙組為音樂、體育），學生必須選修其一，其中乙組的美術是 4 小時（學分）、勞作 6 小時（學分）。如果藝師科課程中不包含選修科目的話，其專科課程時數甚至比普師科選修乙組者還少，完全無法凸顯藝師科的專長優勢。然而在上述李園會二書所載藝師科和音師科之課程後面，卻未見附加「選修科目」。

為釐清上述問題，筆者特別透過現任臺中教育大學侯禎塘副校長之協助，得以檢視該校教務處所保存當年藝師科，以及音師科在學期間的歷年成績記載表。經過核對之後，基本上歷年成績記載表中各學期所修之科目與李園會二書所收錄完全吻合。可惜的是，學校保存之歷年成績記載表上面並未標示各科之時數（學分數）。由於藝師科及音師科在學三年之中，六個學期都有美術、音樂和農藝工藝課，在沒有時數（學分）記載之情況下，實無法判斷是否有包含選修乙組之課程。由於該屆藝師科校友黃登堂曾表示有時「星期六、日都要上課」，「除了必修科目之外，學生可依個人興趣，選擇專攻項目與指導教師」，[註41]顯示藝師科課程之分量不輕，以及有類似師徒制的選修課程機制；加上藝師科美勞專長的專科課程之分量不應少於普師科選修乙組，更不應少於音師科。因而

---

41. 同註 20。暨廖瑾瑗（2003）。《膠彩·雅韻·林之助》。臺北：雄獅圖書。頁 102。

　　　　　　　　　　　　　　　　三、課程之發展

筆者推測藝師科課程應有如同普師科之選修課程，惟基於其藝能專科屬性所致，因而藝師科一律選修乙組，至於音師科則一律選修丙組，才顯得比較合理些，如此也稍能呼應其培育高小美勞專科教員之培育目標，同時也與音師科的課程有些區別【表2】。具體而言，李園會二書所載之中師藝師科及音師科之課程，有可能漏列如同普師科選修科目之部分。

其三，尤其令人困惑不解的是，臺灣各師範學校的軍訓課程，基本上在1952年才開始頒布施行於中等以上學校課程時數當中。然而早在1946年入學的中師藝師科和音師科的課程結構當中，卻都在第一學年的第二學期，安排每週兩小時的「軍訓」課。核對國立臺中教育大學教務處所保存的該屆藝師科和音師科歷年成績記載表，亦可確認無誤。（不過李園會的《臺灣師範教育史》一書，在中師音師科課程部分，卻漏列了軍訓課程之時數）。這種情形不但在同一屆的中師普師科課程中所未見，甚至在同時期其他師範課程中也是絕無僅有，誠開戰後臺灣學校教育軍訓課程之先例。就性質而論，規範嚴謹而講究紀律的軍訓課，與比較浪漫導向的美術和音樂，幾乎是南轅北轍的完全迥異之屬性。至於何以在這開臺灣專業美術教育和專業音樂教育先河的中師藝師科、音師科課程，為何特別規劃了一學期的軍訓課程，其原委究竟為何？實在令人費解。

其四，中師藝師科的美勞專科課程，只有美術和農藝工藝兩門，與前述大陸時期1942年10月部頒「美術師範科教學科目及各學期每週各科教學時數表」細分成十個科目落差極大；然而相較於1944年8月部頒的「勞作師範科」之專科課程，僅包含美術（含小學圖畫教材教法）18小時（學分）、勞作教材及教學法6小時（學分）、勞作大意4小時（學分）、工藝34小時（學分）、農藝18小時（學分）、家事12小時（學分）等，六個科目的區分方式，反而有些接近。然就其專科課程所占的時數比例，以及規劃的細膩度方面，也顯然不及前述兩種大陸時期的部

【表2】

臺中師範三年制美術師範科教學科目及每週教學時數表

甲、必修科目

科目 \ 學期 時數	第一學年 上學期	第一學年 下學期	第二學年 上學期	第二學年 下學期	第三學年 上學期	第三學年 下學期	備註
公民	2	2	1	1	1	1	
國語文	7	7	6	6	5	5	
歷史	2	2	3	3			
地理	2	2	2	2			
數學	3	3	2	2			
化學					2	2	
物理			3	3			
教育心理	3	3					
教材及教學法				2	2	2	
教學實習					5	7	
統計及測驗			2	2			
教育通論					3	2	
博物	3	3					
衛生			2			2	
農藝工藝	2	2	2	2	2	2	
音樂	2	2	2	2	2	2	
美術	2	2	2	2	2	2	
軍訓	2	2					
英文	2	2					
體育	3	3	3	3	2	2	
合計	35	35	30	30	26	29	

乙、普通科乙組選修科目

製表：黃冬富

組別 科目 時數 \ 學期	第一學年 第一學期	第一學年 第二學期	第二學年 第一學期	第二學年 第二學期	第三學年 第一學期	第三學年 第二學期	備註
乙組 美術			2	2			
乙組 勞作					3	3	包括農、工藝及家事

* 資料來源：詳見李園會，《光復後之臺中師範學校》。但其中由於手民誤植，以致一上和二上兩個學
  年之總時數與分科時數之和略有出入，筆者參考當時普師科課表，並訪談當時校友黃登堂
  先生後略作更正。

製表：黃冬富

頒課程。

其五，中師藝師科旨在培養小學美勞教師，然其課程中並無美術或勞作的教材教法課程，其規劃顯然無法符合其師資培育的目標。

檢視 1946 年入學的中師藝師科學生三年在學期間，如果加上乙組選修課程，總共應修習 195 小時（相當於每學分 1 小時的 195 學分）。其中普通基本課程（國語文、公民、歷史、地理、數學等），即占了 128 小時（學分），比率約為 65.6％；教育專業課程（教育心理、教育概論、教材及教學法、教學實習等）有 33 小時（學分），約占 16.7％；至於美勞專科課程有 34 小時（學分），約占 17.4％。普通課程偏向於一般高中的課程設計，大多採用高中課程之教科書，其中單就「國語文」一科三學年總時數就高達 36 小時（學分），超過美勞專科課程的總時數，也比教育專業課程總時數還多。這種不尋常的現象，主要基於戰後初期為了讓師範生趕快從日語過渡到國語，因而教育政策特別強調「加強中國文史科目，清除殘餘之日本文化影響」的時代氛圍，再加上師範生為初等教育的師資培育，即將成為在國民學校推行國語的第一線國語種子教員，因而才會出現如此不尋常的課程規劃。此外，也由於上課時數甚多，因而 38 級中師美術師範科畢業校友黃登堂回憶起當年在學情形時，表示有時「星期六、日都要上課」。

基本上中師美術師範科視覺藝術之相關必修專門科目只有「美術」和「農藝、工藝」兩科，三個學年之間，每學期各安排 2 小時（學分），如再加上選修部分：第二學年美術上、下學期各 3 小時（學分），第三學年上、下學期勞作各 3 小時（學分）。合計美術 16 小時（學分），勞作（含農、工藝）18 小時（學分），總計 34 小時（學分）。如是之課程結構，與大陸抗戰時期的部頒的美術師範科課程落差極大，而且完全無法彰顯「美術師範科」之專業優勢。以今日之觀點看來，非常不像專

業美術教育之課程。

　　就美勞專門課程面而論，當年中師藝師科也只有美術和勞作（含農藝、工藝）兩種專科課程而未作細分，其中也未包含美勞教學所需的美勞科教材教法在內。如是之課程設計，對於有志於美術領域之專精發展的，甚至希望在兒童美術教育方面有較高指導素養的學生而言，顯然頗為不足。推其原因，或者基於光復初期國校教師編制不高，美術專任師資之需求有限，因而仍以兼顧其包班制能力之養成為優先考量所致。比較特殊的是，這套課程有關純藝術的「美術」課之分量，比起比較實用的「農藝、工藝」課還要少些，這種情形普遍存在於當年的藝師科，以及普師科的課程當中。顯示出戰後初期經濟尚未復甦，以及臺灣的農業社會結構的大環境底下，重視生產勞動、刻苦耐勞之時代氛圍所導致。

　　據筆者訪談該班校友黃登堂時提到，當時中師的美術師範科之美術課係由廖繼春、林之助、陳夏雨三位擁有全省美展評審委員身分的老師輪流授課。雖然科目未作細分，但是美術課之教學內容則已涵蓋了素描、水彩、圖案、雕塑等各種材質表現之學習。[註42]

　　雖然上述課程結構之過於保守，限制了中師美術師範科學生在美術方面的深入學習之機會，然而其美術師資之優勢，則為同時期其他師範學校所遠遠不及。此外，中師藝師科與音師科課程之太過接近的緣故，或許也因此影響到翌年（1947）北師藝師科第 1 屆招生時，將近一半對音樂有興趣的考生也前來報名參加考試。

（二）第二期（1947-1951 年入學）

　　本期課程，前後涵蓋五屆，此時中師藝師科已停招。繼之有北師和南師兩校，接續於本期先後成立藝師科。

42.　同註 18。

1947 年，中師美術師範科上課的情形。

· **北師藝師科**

　　教育部中教司雖然曾於 1947 年 9 月重新頒布「藝術師範科教學科目及各學期每週教學時數表」，然而由於戰後初期本省情形較為特殊，因此實際上並未遵照部頒之課程標準實施，檢視 1946 年成立的臺中師範藝師科，以及 1947 年成立的臺北師範藝師科的初期課程，都與當時之部頒課程頗有出入。據教育部 1947 年 9 月 20 日所頒布的「藝術師範科教學科目及各學期每週教學時數表」所示，[註43]三年制藝術師範科美勞專門必修科目有勞作 16 小時（學分）、素描 16 小時（學分）、國畫 8 小時（學分）、水彩 8 小時（學分）、圖案 3 小時（學分）、透視學 2 小時（學分）、色彩學 2 小時（學分），共計 55 小時（學分），占總課程比例 26％。不過，據 1947 年 10 月 15 日北師印製的〈臺灣省立臺北師範學校一覽表〉

43.　教育部中教司（1948）。師範學校教學科目表，頁 16-17。

其中「教學科目及每週教學時數表」項目所顯示，北師藝師科創科之際，其美勞專門課程卻只有美術 52 小時（學分）和農工藝與實習 34 小時（學分）兩科，合計 86 小時（學分），占總課程比例的 36.6%【表1】。

具體地說，北師藝師科初創之際，與早一年成立的中師藝師科一樣，美勞專門課程雖然簡化成「美術」和「農工藝及實習」兩科，而不同於當時施行於內地師範學校三年制藝師科的七種細分科目之部頒課程，然而在美勞專門課程授課時數之合計卻為部頒課程的 1.56 倍之多。尤其「農工藝及實習」一科，超過部頒「勞作」時數之兩倍以上，該科基本上呼應 1942 年和 1948 年部頒國小美勞課程標準中勞作課包含工藝、農事、家事三個領域所作之規劃，其時數分量之重，與本島戰後初期經濟尚待復甦，在農業社會的生產結構下，以生活實用的生產教育之重視有關。

然而值得注意的是，「美術」課之時數已為「農工藝及實習」課的 1.52 倍，大不同於前一年招生的中師美術師範科，其「農工藝及實習」時數多於「美術」課之情形。顯示出「勞」與「美」兩種課程之間的彼此消長現象已然形成。此外，「美術」一科並未做細分，但是每個星期 7-12 小時（學分）的美術課，實際授課內容卻包含了素描、水彩、圖案、藝術概論、國畫等類別。[註44] 推其原委，可能基於戰後初期中等以上學校美術師資之欠缺，因此在中師、北師藝師科創科之際，美勞教師之編制有限，在專門課程內容上給予任課教師較大彈性空間的一時權宜措施。

當時三年制普師科的二、三年級共有 10 學分選修科目，成分三組：「甲組」科目有「社會教育」、「教育輔導」、「地方行政」、「地方建設」，各科教學期限為一學期。「乙組」科目為「美術」（第二學年

---

44. 據省立臺北師範 1947 年 10 月 5 日印行之《臺灣省立臺北師範學校一覽表》中「現任教職員一覽」欄所載，當時美術教師朱鳴岡擔任學科有西畫、藝術概論、美術，楊起煙任教圖案和工藝。此外筆者 2008 年 3 月 30 日以電話訪談第 1 屆北師藝師科校友李育亭，也証實如是說法。

北師藝術師範科工藝課上課情形，學習製作實用的藤竹座椅。（國立臺北教育大學校史室提供）

實施，每週 2 小時）、「勞作」（第三學年實施，每週 3 小時）；「丙組」
科目為「音樂」、「體育」，各科教學期限為一年。各校可視地方情形
設置選修科目一組或三組。學生必須選修一組科目，中途不得變更組別。
相形之下，藝師科則全部屬必修課程，完全沒有選修空間。這種缺乏自
由選修的制式課程結構，多少限制了學校特色的發揮。

　　其次，相較於三年制普師科，三年制藝師科課程免修「數學」、「衛
生」、「教育行政」、「測驗與統計」、「地方自治」、「農村經濟及合作」
及「選修科目」等，此外也減少大部分學科之時數。除了「美術」、「農
工藝及實習」兩科專門課程時數大量增加之外，只有「教育通論」和「英
文選修」時數略多於普師科。如是之課程規劃，顯然並未考慮到藝師科
學生畢業之後不無可能會面臨到被分配為包班制級任老師之情形，也不

太考慮到其將來參與學校行政之可能性，完全只著眼於有別於普師科的美勞專長之加強。此外，「國文 國語」一科，普師科有 36 小時，占所有科目的第一位；藝師科有 30 小時（學分），僅次於「美術」和「農工藝及實習」兩科而列第三位，反映出戰後初期臺灣積極推行國語，實施祖國化教育之潮流趨勢。

誠如知名畫家何肇衢（北師藝師科 41 級校友）曾在回憶起北師學生時代時並不諱言：

> 總覺得當時的課程設計並不理想。照理說，北師藝術科是為了培育美育師資而設立，但並未教導學生如何當美術老師，若是說要培養畫家也有困難。[註45]

這段話，也反映了本期北師藝師科課程規劃的確不夠理想。

・ 南師藝師科

國民政府遷臺之翌年，南師招收首屆的藝師科學生，其課程結構檢視目前國立臺南大學校史室所藏史料，以及早期出版品均未見記載。筆者爰從該校教務處所保存的第 1 屆藝師科（42 級）校友許懷國在學期間歷年成績記載表中，整理出其與美勞有關的專科課程如【表 3】。從其中可以明顯地看出 1950 年入學的第 1 屆南師藝師科，其課程結構不但與本期的北師藝師科不同，而且也與前述 1947 年 9 月的部頒課程有所區別。

據第 1 屆南師藝師科校友許懷國歷年成績表顯示，其藝師科三年期間所修之美勞專科課程共有 81 小時（學分），占所有課程（176 小時／學分）的 46.02％，比起中師藝師科的 17.4％及本期北師藝師科的 36.6％，顯然大幅度提高了美勞專科課程的比例；尤其第 1 屆南師藝師

---

45. 陳長華（2013）。《寫景・抒情・何肇衢》。臺中：國立臺灣美術館。頁 29。

【表3】

第 1 屆臺南師範藝師科校友許懷國在學期間所修美勞相關課程一覽表

科目 \ 學年時數		第一學年		第二學年		第三學年		合計
		第一學期	第二學期	第一學期	第二學期	第一學期	第二學期	
圖畫	素描	6	6	4	2	2	2	22
	水彩	2	2	2	2	2		10
	圖案			2		2	2	6
	國畫			2		2	2	6
工藝	木工	2	2	2				6
	金工					2		2
	竹籐工			2	1			3
	紙工					2		2
	混合工藝						4	4
農藝·家事		2	2					4
藝術概論		2						2
工藝概論			2					2
美學				2				2
色彩學					2			2
透視學				2				2
美術史						2		2
藝術教材教法						2		2
勞作教材教法					2			2
總計		14	14	18	9	16	10	81
附註		1. 本表係整理自臺南大學教務處註冊組所保存之第 1 屆藝師科校友許懷國之學籍簿。 2. 表中數字係以每週授課時數為單位。						

製表：黃冬富

科的美勞專科課程總共細分成十八種科目，大不同於中師、北師藝師科的僅粗分為兩種科目，在專業度方面也是明顯提升；此外這套課程還包括了「藝術（圖畫）教材教法」、「勞作教材教法」等美勞教育領域課程，

以及「美術史」、「美學」等重要專科課程，無疑是難能可貴；而且在術科當中，22 小時（學分）的素描占第一名，10 小時（學分）的水彩居第二，各 6 小時（學分）的圖案、國畫和木工並列為第三。從美術（圖畫）和勞作（工藝）兩大領域相關時數計算之，美術大約是勞作的兩倍左右，重「美」輕「勞」之現象更趨明顯。

特別值得探究的是，這套適用於第 1 屆南師藝師科的課程，除了部分科目的時數有所出入外，幾乎與 1952 年 12 月教育部重新修正頒布的「藝術師範科教學科目及各學期每週教學時數表」極為相近。其原委如何？迄今已不得其解。

（三）第三期（1952-1954 年入學）

1952 年年底教育部重新修訂的三年制師範學校藝師科課程，其頒布之時間點在中央政府遷臺的兩年以後，因此主要係針對北師、南師兩所藝師科而設計。其中美勞專門課程細分為：素描、國畫、水彩、圖案、美學、色彩學、美術史、透視學、工藝概論、藝術概論、圖畫教材教法、勞作教材教法、工藝（木、金、藤、土、紙、化工）、農藝、家事等二十科，各學期每週教學時數合計 99 小時（學分），占總時數的 48.5％。不但分科趨於精緻化，而且時數也為之大幅度增加。

在二十個美勞相關科目當中，勞作領域有 30 小時（學分），美術領域 69 小時（學分），顯示出仍以美術為主流。勞作部分主軸擺在木、金、藤、土、紙、化工等各種不同材質生活技藝之實際操作的手工藝，至於農藝和家事則都縮減至各 2 小時（學分）。此外，美術領域以 28 小時（學分）的素描所占之分量為最重，其次則為 12 小時（學分）的水彩，至於國畫和圖案和占 8 小時（學分）則並列為第三。這種重視素描、水彩之課程設計，是近代學校專業美術教育的基本導向。其中還包括圖畫教材教法、勞作教材教法等美勞教育課程，較能呼應其國小美勞師資培育的

基本目標；此外，美術史、美學等重要專門學科，以及色彩學、透視學等實用基礎課程，都是美勞領域的重要科目。尤其值得注意的是，據北師教務處 1955 年第一學期的《教務章則》已明文規定，「藝術科教材教法」為藝術師範科畢業考必考科目之一，[註46] 更顯示出對於圖畫、勞作教材教法之重視。比起前一期課程，以至於 1947 年之部頒課程，其精緻度和嚴謹度實不可同日而語，而且時數之數量也有明顯的增加。

（四）第四期（1955-1960 年入學）

1955 年 8 月，教育部再度修訂頒布新的藝師科課程表，將圖畫、勞作兩科教材教法原各 2 小時（學分）統整為「美勞科教材教法」6 小時（學分），時數也有略增。從藝術教育之層面而論，這是更為積極的作法。不過卻刪除了美術史、美學、色彩學等重要科目，美勞專門課程總時數縮減為 79 小時（學分），占全數時數的 36.6%，比第二期調降了 1/5 的時數，在專門課程的完整性方面不無缺憾，其原委究竟如何考量，實在令人費解。

值得注意的是，當時省立臺北師範的體師科課程裡面有「解剖生理」一科（開在二年級上、下學期每週各 2 小時），教的是人體解剖學，對於學習美術的基礎訓練本是非常重要的學科，藝師科卻無此課程。尤其北師當年生物標本陳列室中藏有一具日治時期由日本贈送的真體人的骨骼標本，以及另一具紙漿材質敷貼精緻的人體皮下肌、腱及器官的解剖模型，為國內大學院校之所罕見，頗有助於「解剖生理」之授課，[註47] 講授「解剖生理」的陳紉秋老師甚至應邀至臺灣師大藝術學系講授「人體解剖學」課。可惜的是當時由於師範藝師科屬制式課程而毫無自由選

---

46. 詳見省立臺北師範學校教務處訂製。《44 學年度第一學期教務章則彙編》，頁 70。
47. 詳見陳紉秋（1996）。〈紅樓抒懷──生物教學四十年（1946-1985）〉。收入《滋蘭集──北師壹百週年紀念文錄》（初版）。臺北：國立臺北師範學院，頁 20-25。

修空間的客觀限制，北師藝師科歷屆學生並無機會接受人體解剖之課程訓練，實在非常可惜。

（五）型塑師範生特質的潛在課程

藝術史學者高木森（中師普師科 49 級）曾撰文回憶其師範時期之生活提到：

在那個年代，教育觀念還相當古板，學校把學生當軍人管教。一切起居、用餐、制服、髮式都依軍中規定執行，而且每天還有軍事操。在校園裡男女同學不得交談，甚至不准靠近或窺視。……可喜的是，老師們教學認真而且都有愛心。他們不是虛有其表滿口仁義道德之人，而是身體力行地帶領我們前進的恩師。……在劉（錫蘭）和呂（佛庭）老師的指導下，我愛上了國文、繪畫和歷史。（註48）

此外，中師校史中也提到，自從黃金鰲校長到任以後（任期 1949.7-1960.1），生活管理較以往更趨嚴謹：

學生每晨聽起床號後，立即起床，整理內務及漱洗，然後（有時要跑步）至操場集合準備升旗和早操。……晚上學生在各班教室晚自習。自習結束後，在行政大樓後面集合，唱愛國歌曲、呼口號，待解散後，各自始回寢室就寢，生活非常有規律。

學生週末回家，必須先到訓導處領取歸省證，方得外出。星期天下午返校後，須加蓋家長圖章證明之歸省證繳回查驗，規定非常嚴格。……
（註49）

---

48. 高木森（2003）。〈臺中師範的難忘歲月——恩師永在，孔德無疆〉。收入《蛻變進行式——形塑中師新美學》。頁 12-13。
49. 前揭李園會等（1993）。《國立臺中師範學院校史初編》。頁 137。

三、課程之發展

1950年，呂佛庭老師（坐者）與學生高木森（左1）、蕭榮府（右2）、章錦逸（右1）合影於畢業前夕。

　　長久以來社會普遍對於「為人師表」之道德規範，始終賦予特高的門檻。因而1932年12月國民政府頒布的「師範學校法」的第一條即明示：「師範學校，應遵照中華民國教育宗旨及其實施方針，以嚴格之身心訓練，養成小學之健全師資。」[註50]這種對於師範生實施比較嚴格的民族精神及生活教育，不但是近代中國師範教育之特色，甚至日治時期臺灣的師範生也同樣實施全體住校，接受近似軍事訓練的愛國教育及生活教育。[註51]戰後初期，教育部於1947年4月核定頒布臺灣省政府教育廳所研擬陳報的「臺灣省師範生訓練實施方案」，該方案主要包含精神、學科、

50.　前揭臺灣省政府教育廳（1987）。《臺灣教育發展史料彙編──師範教育篇（上）》。頁2。
51.　參見吳文星（1983）。《日據時期臺灣師範教育之研究》。頁134-136。

生活、專業四種訓練，其要目如下：

- **精神訓練**：1. 堅定三民主義之信仰，2. 發揚愛護國家民族之精神，3. 注重為公服務及自覺自動自律良好品性之陶冶，4. 國民道德之培養。
- **學科訓練**：1. 注重各科均衡發展，2. 充實學科內容，供給課外材料，以提高學生程度。
- **生活訓練**：1. 勵行新生活教條，2. 養成各種優良生活習慣。
- **專業訓練**：1. 注重教學技術之培養，2. 培養師範生對教育事業之強烈信念。

　　上列各細項之下，又詳列各種具體作法。[註52]同時又根據上述方案，頒布「臺灣省師範生訓練考核辦法」，並附有量化分數的「考核表」，[註53]各細項最高為 10 分，總分 100 分，並以 60 分為及格門檻。每學期終了時，由師範學校校長親自主持，並遴聘校內教職員五至七人為「師範生訓練考核委員」，進行校內實施成效之自評，然後教育廳視導人員赴校視察時再進一步詳細考核，最後教育廳於每學期結束兩個月之內，將學校之自評參照視導人員所陳報之考核，作一覆核之後報部。對於考核結果更具體明訂不同分數等級的獎懲措施（80 分以上為甲等，由教育廳傳令嘉獎；70 分以上為乙等，記功一次；60 分以上為丙等，不加獎懲；不滿 60 分為丁等，記過一次）。這種訓練考核制度有些接近於現今的大學校務評鑑。然而其賞罰分明的獎懲措施，比起今日的校務評鑑顯然壓力更大，因而此一「師範生訓練考核辦法」對於戰後初期的師範教育無疑產生相當之作用。

---

52. 前揭臺灣省政府教育廳（1987）。《臺灣教育發展史料彙編——師範教育篇（上）》。頁 212-214。
53. 同上註，頁 214-215。

上述四大訓練方案中，尤其以精神訓練和生活訓練兩項對於師範生特質之形成格外關聯緊密，其教育政策之源頭又與戰後初期特殊的時空背景有關。據《臺灣省通志‧教育志‧制度沿革篇》之描述：

　　臺灣光復後，政府當局立即肅清過去日據時期所施殖民地教育政策之弊害，而根據中華民國教育宗旨，推行自由民主之三民主義教育。其要點如次：1. 闡揚三民主義，……2. 培育民族文化，……3. 配合國家與本省之需要，……4. 獎勵學術研究，……5. 實施教育機會均等，……。

　　民國三十八年冬，戡亂軍事逆轉，中樞遷臺。三十九年春，總統復職，乃確定以「積極建設臺灣，準備反攻大陸」為最高國策。…在本省教育當局方面，於民國三十八年訂頒「非常時期教育綱領」，以適應需要。至民國四十一年初，為遵行總統有關改造教育之訓示，切實執行「非常時期教育綱領」，達成本省當前之任務，乃訂頒各種教育改革綱要。計分五種：即「臺灣省各級學校加強民族精神教育實施綱要」、「臺灣省各級學校加強生產訓練及勞動服務實施綱要」、「臺灣省高中以上學校軍事訓練實施綱要」、「臺灣省各級學校課程調整辦法」、「策勵本省教育人員推各種方案辦法」。[註54]

　　這兩段鳥瞰式的描述，說明了戰後初期最初幾年，主要教育政策在於「祖國化‧去日本殖民文化」，至於 1949 年國民政府遷臺以後，則主要強調「反共復國、勞動生產和軍事訓練」。這種特殊時代氛圍的教育政策，在師範學校的養成訓練中，則多歸於精神訓練和生活訓練之層面。具體而言，又可稱之為「民族精神教育」與「生活教育」。

54.　李汝和主修（1970）。《臺灣省通志‧卷五教育志‧制度沿革篇第二冊》。臺北：臺灣省文獻委員會。頁 80-82。

在民族精神教育方面，在當時各師範學校的具體作法大致如下：[註55]

1. 每天早上升旗後的15分鐘時間為精神訓練的固定時間：每星期一、四為讀訓（按：蔣總統訓詞），每星期二、五為精神講話，每星期三、六為班級活動，由各班自行決定加強有關民族精神教育之各項活動，例如團務（按：救國團）活動報導、戰鬥訓練心得報告、軍中服務及農村服務報告、反共抗俄歌曲大合唱、時事報告、時事分析、修養講話、民族英雄故事講述等等。

2. 平時教學，對於有關民族精神教育的學科如：國文、歷史、地理、中國文化基本教材、音樂、美術都會隨機教學，適時提供有關激發學生對倫理道德、愛國情操的認知情境。

3. 為發揚民族精神，增強反共抗俄意識，師範學校常定期舉行學藝競賽，比賽的項目例如：教室布置比賽、節日壁報比賽、國語演講比賽、書法比賽、時事測驗、反共抗俄漫畫比賽、三民主義論文比賽、詩歌朗誦比賽、政治測驗、辯論會等。

由於師範學校享有公費，又屬初等教育的師資培育機構，在黨政界限模糊的威權時期，對於政府的政策之配合度極高，師範生無就業以及升學之壓力，又全體住校，因而在推動民族精神教育方面頗能落實。當時氛圍下，「民族精神教育」往往被師範學校視為最重要的部分。[註56]戒嚴時期，這種過度強調民族精神教育的學習環境，固然有助於國家民族忠誠度之養成，但是也難免影響到師範生保守性格之形成。

至於生活教育方面，由於師範生一律住校，教官時時在食、衣、住、

---

55. 前揭沈翠蓮（2004）。《臺灣小學師資培育史》。頁83-84。
56. 筆者曾數度聽中師66級校友林王椅多次提及，當年教育行政課堂上授課老師張有森教授曾一再強調「民族精神教育」之重要性超過「生活教育」。

　　　　　　　　　　　　　三、課程之發展

行、育、樂方面給予類軍事化的管理。如清晨有專人吹起床號角，棉被疊豆腐乾狀，內務檢查，服裝儀容類軍事化要求，每天的升旗典禮（含精神講話、讀訓等），晚自習和晚點名，限制兩性交往，以及思想控制等。[註57] 這種類軍事化的生活管理，有助於師範生規律化的生活習慣以及循規蹈矩的行為舉止。然而也有師範學校早年校友在畢業多年以後，認為當年師範生一律住校、門禁森嚴的生活管理之下，學生的生活往往與外界隔絕，容易產生見識不廣、度量狹窄、斤斤計較的個性。此外，由於生活單純，缺乏社交活動，以致於不但社會活動能力較差，作風也較保守，較沒有開創新局的膽識。[註58] 另就藝術創造力層面而論，如此過多的制式規範，對於創造力之養成，則不無有所限制。

此外，「生產勞動訓練」也是當年師範生生活教育的重要項目。當時的生產勞動訓練包含種菜及生產技能訓練等項目。據北師普師科 48 級校友李建興（前教育部常務次長）之回憶：

每學期到校註冊報到有二樣東西必不可少，便是十塊抹布和一把鐮刀，抹布是繳給學校和自己清洗用的，鐮刀則要割全校的草皮，勞動服務是訓練的項目之一，我們也曾經在校內種菜……。[註59]

此外，北師藝師科 42 級校友吳隆榮則提到：

在師範學校三年級時，「勞動服務課」是每位學生都需要通過的科目，不及格就不能畢業。當時，臺北師範學校的大門前，是一大片農田，每位學生都必須分配到一塊菜圃從事播種……。[註60]

---

57. 前揭沈翠蓮（2004）。《臺灣小學師資培育史》。頁 236-246。
58. 引自李園會（1996）。《光復後之臺中師範學校》。同註 8。頁 280。
59. 前揭劉漢初主編（1996）。《滋蘭集──北師壹百周年紀念文集》。頁 122。
60. 蔡敏雄（2007）。《吳隆榮繪畫風格之研究》。國立臺北教育大學藝術學系教學碩士班碩士論文。頁 21。

當時全省師範學校的勞動教育以屏東師範張效良校長所倡導的結合運動、活動和勞動的「三動教育」最有名。屏師的勞動教育強調旨在藉整理學校環境以養成勞動生產習慣和刻苦耐勞的精神之生活教育。其項目包含：1. 始業勞動服務, 2. 固定區勞動服務, 3. 臨時區勞動服務, 4. 全校大掃除, 5. 全校粉刷及油漆競賽, 6. 校外服務等。[註61]為期兩星期的新生訓練，下午則安排勞動服務。此外，更將農藝課與勞動教育相結合，成為勞動教育的重要部分。[註62]著名藝術學者王秀雄從學習美術的角度回憶當年的師範生活時提及：「我在屏東師範求學時，實際上並沒有學到什麼專業知識（按：美術領域），卻養成我日後吃苦耐勞的精神。」[註63]

　　當年師範學校「生產勞動訓練」的生活教育，不但影響多數師範生刻苦耐勞、認真踏實的強韌抗壓性，不少人任教以後，能因地制宜、因勢利導，適應學校主、客觀環境的限制，甚至進而克服、改善環境。就各師範藝師科畢業校友而言，尤其在教具製作以至於校園之美化綠化方面，更能有所發揮。

▌四、師資與教學

　　日治時期臺灣各師範學校的圖畫和手工教師完全為日籍教師，如：北師的森川清、石川欽一郎、安東豐作、田村美壽、江間常吉、小原整等人；中師的近藤常雄、有川武夫等人；南師的山村伊作、山本磯一、名島貢、萬田淳等人。他們多出身於日本內地美術學校的科班養成教育。

61. 林明達（1956）。〈勞作服務與工作要領〉。收入省立屏東師範編（1956）。《屏師十年‧訓導》。頁 22-28。
62. 陳朝平（1986）。〈屏師三動──過去、現在與未來〉。收入省立屏東師專編（1986）。《屏師四十年》。頁 130-135。
63. 陳嘉翎（2010）。《王秀雄──美育人生》（口述歷史叢書）。臺北：國立歷史博物館。頁 33。

當時臺灣中等以上學校教職 95％以上皆為日籍，[註64]臺籍人士欲謀中等以上學校教職，實是難上加難。戰後初期，日籍人士急速分批遣返日本，一時間形成嚴重的師荒，國民政府於戰後初期接收北師、中師、南師等校以後，隨即積極遞補教職員。戰後初期本省的教育方針主要致力於去除日治時代的所謂「皇民化」，而轉變到接駁中原文化的「祖國化」。[註65]因此省教育處特別於福建、上海、北平等處設置據點，積極徵選遴聘教師來臺任教；另方面也在本省辦理臺籍人士的中等學校教員徵選。

值得注意的是，據教育部於 1944 年 7 月頒布，1947 年修正之「中學及師範學校教員檢定辦法」規定：師範學校之圖畫教員未具學位者，得以「具備精練之藝術技能者」通過試驗檢定後任用。[註66]是比較務實的權宜作法。此外，也因應部份專門學科師資之特殊需求，而暫時徵用滯臺日籍教員（如北師曾留用日籍美術教師立石鐵臣至 1947 年 6 月為止），不過臺中、臺北、臺南三所師範藝師科正式運作時，日籍教師已然全數退出。臺灣教育行政當局在戰後初期也規定，師範學校教員除了須對所教學科確有研究之外，還應「精通國文」，熟諳教學法，而且其資格須經教育處（廳）檢定合格等條件。[註67]由於戰後初期臺籍人士多不善國語，加以「祖國化」之時勢所趨，因而師範學校的師資結構以大陸來臺人士為其大宗，臺籍師資則占少數。為求一目了然，呈現三校藝師科之美勞師資結構特色，爰分別製表以示之（表 4-6）。

（一）中師藝師科

從各師範學校藝師科師資來源層面檢視之：其中僅臺中師範以臺灣

64. 前揭何清欽（1980）。《光復初期之臺灣教育》。高雄：復文，頁 232。
65. 臺灣省立行政長官公署教育處編（1946）。《臺灣一年來之教育》。臺灣省行政長官公署宣傳委員會發行。頁 1。
66. 多賀秋五郎（1976）。《近代中國教育史科——清末編·民國編》（下）。臺北：文海。頁 722-725。
67. 前揭何清欽，同註 11，頁 139-140。

省籍美術師資為其主軸，勞作師資則聘自大陸來臺人士【表4】；至於臺北、臺南兩所師範的美勞師資則幾乎以大陸來臺師資為主。追蹤臺中師範幾位省籍美勞師資聘任之時間點，其中最早應聘的是林之助（臺中縣大雅鄉人），1946年4月應中師戰後首任校長薛健吾之聘請而任教，[註68]除此之外，1946年10月1日以前，竹師尚屬「臺灣省立臺中師範學校新竹分校」，其校長由中師的薛健吾校長兼任。當時新竹籍的李澤藩，以五幅作品獲得薛校長的賞識，予以不次拔擢，從國校（小）教師直接聘為竹師美術教員。薛校長非本省籍（籍隸江蘇省），能無私地起用在地傑出藝術家為專任教師，在戰後初期實屬難得而罕見。1946年9月15日繼薛健吾之後接任中師校長者為本省籍的洪炎秋（彰化縣鹿港鎮人，北京大學教育系畢業，任期僅半年左右），是戰後初期惟一的本省籍師範學校校長，他大膽地聘用「不善國語」而藝術成就卓越的本省籍廖繼春、陳夏雨、陳夏傑（英傑）等幾位美術名師，日後諸人均成為臺灣美術史中的不朽名家，顯見薛、洪兩位前後任中師校長當年之遠見和膽識。

就三所師範學校藝師科師資之專長和素質而論，中師的藝師科師資陣容堪稱最為堅強。尤其廖繼春、林之助、陳夏雨三人為日治時期傑出前輩藝術家，自首屆全省美展起即已分別擔任洋畫、國畫和雕塑三大部門之評審委員，其輩份和成就遠非臺北和臺南兩所師範的藝師科師資所能及。此外，陳夏傑（英傑，陳夏雨之胞弟）於戰後初期多次獲得全省美展雕塑大獎，也是極具創作實力的雕塑名家；勞作教師中，許志傑曾兼任中師訓導主任，於任教中師一年之後，隨即轉赴北部任教，先後於臺北工專、臺灣省立師院藝術系任教，俟國立臺灣藝專（國立臺灣藝大前身）成立

---

68. 部分文獻認為林之助係應洪炎秋（1946.9.15接掌中師）之聘而任教於中師，然而據臺中教大保存資料顯示，林氏於1946年4月1日起即任教於中師。前揭李園會總編輯（1993）。《國立臺中師範學院校史初編》，頁188。

【表4】

戰後初期臺中師範普師科時期之美勞師資簡表（1946-1962）

姓名	性別	出生年	籍貫	學經歷	擔任課程	任教期間
林之助	男	1917	臺灣省臺中縣	· 日本帝國美術學校日本畫科畢業。 · 日本帝展、院展入選。 · 日治時期府展特選總督賞二次。 · 第1屆省展開始擔任國畫部評審委員。	美術	1946.4~1980
廖繼春	男	1902	臺灣省臺中縣	· 日本東京美術學校圖畫師範科畢。 · 曾獲日本帝展入選多次。 · 曾獲日治時期臺展特選多次。 · 日治時期第6-8屆臺展評審員。 · 第1屆省展開始擔任西畫部評審委員。	美術	1946.10~1947.7
許志傑	男	1913	四川省梁山縣	· 教育部特設中學勞作師資班畢。 · 曾任教於國立甘肅師範、省立酒泉師範、國立勞作師範等校教師。	勞作	1946.10~1947
陳夏雨	男	1917	臺灣省臺中縣	· 村上公學校高等科畢，淡江中學肄業。 · 日治時期赴日研習雕塑，曾連續三度入選帝展，獲免審查榮銜。 · 第1屆省展開始擔任雕塑部評審委員。	美術	1946.11~1947
陳夏傑（英傑）	男	1924	臺灣省臺中縣	· 日治時期臺中私立工藝專修學校畢。 · 曾任臺中私立工藝專修學校漆工科教員。 · 第1、2屆省展雕塑部入選、第3屆特選主席獎，第4屆文協獎。其後曾五度榮獲省展雕塑特選主席獎第一名。	美術	1946.12~1949
李烈夫	男	1917	四川省南川縣	· 國立勞作師範特設二年制師資科畢。 · 曾任國立第十七中學教師，空軍幼校教官。	勞作	1948~1951

王　影	男	1921	山東省 平原縣	・國立勞作師範特設二年制師資科畢。 ・曾任國立貴州榕江師範學校及浙江蕭山縣簡易師範教員。	勞作	1948~ 1962
呂佛庭	男	1911	河南省 泌陽縣	・私立北平美專畢業。 ・曾任教於河南省南陽師範、源潭中學等，臺灣省臺東師範學校。 ・50年代撰有《中國書畫源流》、《石濤大師評傳》等專書；60年代撰《中國畫史評傳》，並以〈長江萬里圖〉百尺長卷獲首屆中山文藝獎。	美術 國文	1949.8~ 1973.7
楊　煦	男		熱河省 圍場縣		勞作	1949~ 1952
沈國慶	男	1930	福建省 安溪縣	・臺灣省立師範學院藝術系畢業	勞作	1953.8~ 1995
張錫卿	男	1909	臺灣省 南投縣	・臺中師範演習科畢業。 ・曾任中師附小校長、教務主任。 ・日治時期曾四度榮獲臺中州美展特選。 ・40、50年代其雕塑作品曾於省展中榮獲特選主席獎等三度榮獎；60年代三度榮獲全省教員美展第一名。	美術	1958~ 1974
鄭善禧	男	1932	福建省 龍溪縣	・臺灣省立師範大學藝術系畢業 ・60年代曾獲省展第一名二次，全省教員美展第一名四次。並獲中國文藝協會文藝獎章。	美術	1960.8~ 1977.7
張俊聲	男	1935	江蘇省 江都縣	・臺灣省立師範大學工教系畢業。	勞作	1961.8~ 2001.1
宋福民	男	1922	安徽省 鳳城縣	・國立長白師範學院畢業。 ・日本東京學藝大學美術專攻。 ・1952-1954年連續獲得全省教員美展三次國畫部主席獎。		1962.2~ 1969

製表：黃冬富

四、師資與教學

1947 年 5 月，中師美術師範科的師生合照。前排中三位坐著的老師，由左至右分別為陳夏雨、廖繼春、林之助。（黃登堂提供）

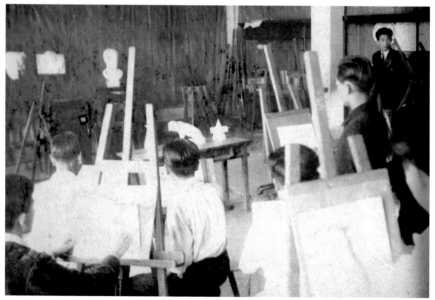

1947 年中師美術師範科上課的情形，右上方著深色西裝者為林之助老師。（黃登堂提供）

林之助 1987 年的膠彩畫作品〈閒春〉。

四、師資與教學

以後，再轉往任教並擔任過該校首任美工科主任；王影後來南下高雄師範學院（國立高雄師大前身）任教，也曾擔任教授兼工教系系主任之職。因此就師資之素質而論，以臺中師範之水準為最高。甚至在中師美術師範科停招以後，仍有呂佛庭、鄭善禧等重量級的美術名師陸續到位，顯見出長久以來，中師在全臺各師範學校中擁有最強美勞師資陣容之特質。

就中師藝師科堅強的術科師資陣容當中，由於廖繼春、陳夏雨任教中師僅只於一年，因而影響比較有限。就實際影響而論，在戰後臺灣膠彩畫壇最具影響力的林之助教授格外受到中師學生愛戴。據當年 38 級藝師科學生黃登堂及普師科 50 級校友曾得標回憶：當年跟幾位對東洋畫（膠彩）有興趣的同學，常利用假日到柳川西路林之助老師家中作畫。林師不但不收學費義務指導，還常常招待飲食。膠彩之顏料昂貴，早期師範生家境多不甚佳，因而對於用功而有潛力的學生，林師甚至有時還贈予顏料。這種溫馨而融洽的師生互動，雖然已事隔半個世紀以上，然當筆者訪談黃登堂、曾得標時，兩人對於當時之印象仍然十分清晰而深刻，而且感念之情溢於言表。[註69] 黃登堂過七十以後，仍深感受惠於林之助老師所教導的構圖原理：「畫右邊時，要注意左邊；畫上面時，要注意下面。反之亦然。」[註70] 林之助畫風柔細優雅，非常典麗而富裝飾效果，然他卻鼓勵學生依照自己的感覺尋找自我風格，甚至畫出與老師畫風完全相左的陽剛風格，甚或「醜畫」，[註71] 是位相當能因材施教又愛護學生的經師兼人師。

由於戰後初期「祖國化・去殖民文化」以及「正統國畫之爭」的時

69.　2003 年 7 月 30 日訪談中師美術科 38 級校友黃登堂於黃宅；2011 年 2 月 19 日訪談曾得標於曾宅。
70.　轉引自廖瑾媛（2003）。《膠彩・雅韻・林之助》。臺北：雄獅圖書。頁 103。
71.　前揭莊明中訪談／徐康馨整理（2003）。〈與黃登堂學長談「臺中師範美術科」〉。同註 19。暨黃冬富（2011）。〈本土氣息濃郁的膠彩推手──我看曾得標老師的膠彩畫〉，收入張仁吉總編輯（2011）。《采風推手──曾得標知心膠彩畫展》。臺中：國立臺灣美術館。頁 8-9。

代氣圍下，林之助所擅長的膠彩畫當時被認為是日本文化的範疇，因而無法在正課中傳授，對於日治時期馳譽帝展、府展的他而言，實在有志難伸。因而學校課程上，林之助以傳授水彩畫和素描為主，至於對繪畫具高度興趣而有才華的學生，他則利用假日時間於家中免費傳授膠彩畫。長久以來，他所傳授的學生以至於再傳弟子，在戰後臺灣膠彩畫界扮演著舉足輕重之角色。[註72] 因而獲得「臺灣膠彩畫的捍衛者」、「戰後臺灣膠彩畫之父」和「戰後臺灣東洋畫第一高手」之美譽。

（二）北師藝師科

北師藝師科時期專任的美勞教師前後總計共有十四位【表5】，其中除了陳承藩、廖德政二人為畢業於日本東京美術學校的本省籍教師之外，其餘十二位皆屬大陸來臺的美術專校或師專藝師科的畢業生。值得一提的是，陳、廖兩位具創作實力的留日老師於北師藝師科成立時雖仍在職，不過僅擔任普師科的一般美勞課程，卻始終未在藝師科授課。[註73] 其餘十二位在北師藝師科授課的專任美勞教師當中，就省籍而論，其中福建省籍占八位，可能與戰後北師第一任校長唐守謙（1945.12-1952.7）屬福建省籍有關。唐守謙為福建省莆田人，美國哥倫比亞大學教育學院碩士。曾任安徽大學教授、上海市教育局科長、廈門大學教授，更擔任過福建省政府教育廳科長十一年，再接掌過福建省立師專校長（首任）四年，基於同鄉之誼甚至於師生之情誼（楊起煙、劉友璇、周瑛、陳望欣、宋友梅等人均畢業於福建省立師專），其間不無有所關聯；其次，也基於福建省最為鄰近臺灣的地利之便所導致。至於教師之學歷方面，則以

---

72. 詳見張慧玲執行編輯（2007）。《臺灣膠彩畫的捍衛者──林之助特展》。臺中：國立臺灣美術館。頁1-177。暨黃國榮總編輯（2008）。《臺灣膠彩畫之父──林之助》。臺中：臺中市文化局。頁1-95。
73. 參見蕭瓊瑞，〈戰後北師50年──臺灣現代美術與美術教育發展的一個斷代切面〉，收入吳望如主編《北師藝蕾・百年風華》，國立臺北教大校友總會（2005），頁137-157。此外筆者也向北師藝師科第1屆校友李育亭、劉振源證實過此事。

【表5】
戰後初期臺北師範藝師科師資簡表（1947-1963）

姓名	性別	出生年	籍貫	學經歷	擔任課程	任教期間
陳承藩	男	1901	臺灣省臺北市	日本東京美術學校圖畫師範科畢（曾任日本沖繩縣立中學教師，上海日本第一女子專門學校、北平景山美術學校教師）	美術工藝音樂	1946.5~1949
廖德政	男	1920	臺灣省臺中縣	日本東京美術學校油畫科本科畢	美術	1946.8~1948.7
楊起煙	男	1921	福建仙遊	福建省立師專藝術科畢	圖案工藝	1947.2~1949.1
朱鳴崗	男	1915	安徽鳳陽	蘇州美專國畫科畢	西畫藝術概論美術	1947.8~1948.12
劉友璲	女	1923	福建福州	福建省立師專藝術科畢	工藝	1947.8~1949
周瑛（亞南）	男	1922	福建長汀	福建省立師專藝術科畢	素描水彩	1948.8~
黃啟龍（亦蒼）	男	1924	福建莆田	上海美專西畫組畢	圖案素描藝術概論	1949.2~
陳望欣（漳生）	男	1920	福建龍溪	福建省立師專藝術科畢	工藝國畫	1949.8~
陳雋甫	男	1917	北平市	國立北平藝專國畫系畢	國畫	1949.8~1955
林嵩齡	男	1912	福建莆田	上海美專藝術教育系畢	工藝	1949.8~1951.8
孫立群（可人）	男	1912	福建邵武	上海美專藝術教育系畢	素描透視學國畫水彩	1949.8~
宋友梅	女	1924	福建林森	福建省立師專藝術科畢	家政工藝	1949.8~
吳承燕（翼予）	男	1902	江西寧岡	上海美專高等師範科畢（曾任教於重慶國立藝專）	國畫工藝	1950.8~
沈新民	男	1914	浙江蕭山	上海美專西畫科畢	絹印藝術概論	1956.2~

製表：黃冬富

畢業於福建省立師專與上海美專各占五位為最多。私立上海美專與國立北平藝專、國立杭州藝專是中國 20 世紀前半葉中國最有名的三所藝術專校，唐校長曾於上海市擔任教育局科長，對於上海美專之優點應該非常熟悉，加以上海是當時臺灣省政府教育廳向大陸徵聘教師的重要據點之一，才會形成如此特殊的師資結構，稱得上是當時北師藝師科的師資特色。此外，擅長美術的教師為了配合開課，大多兼授部分工藝或理論課。

　　辦理時期最長的北師藝師科，雖然師資陣容不及中師，不過卻擁有孫立群和陳望欣兩位當時其他師範學校所少有的藝術教育專長師資，孫立群的美術科教材教法與陳望欣的勞作科教材教法，一直是當時北師藝師科的雙璧。他們不但是北師升格為師專以後「美術教學研究」和「勞作教學研究」課程的起草修訂者，也是北師課程研究小組的分組召集人。兩人長久以來多次應邀參與國民學校美勞課程標準之修訂，也發表過不少專文，編寫過不少高中、職及國民中小學美勞教科書，在同時期的師範學校中，算得上是鑽研美勞教材教法較為積極的兩位美勞教師。相較於其他師範學校，這也是北師藝師科師資結構特色之一。

　　藝師科的設立目的主要在於國民學校美勞師資的培育，因此美勞教材教法等藝術教育相關科目是藝師科之重要課程，中師藝師科時期尚無美勞相關之教材教法課程，但筆者訪問過幾位北師和南師藝師科校友，迄今幾乎無人能確定這類科目之授課教師是何人，更遑論其教材及授課內容了。[註74] 不過，北師藝師科擔任教材教法及部分術科課程的孫立群老師，其教學理念及教學風格頗讓學生們感到印象深刻。曾於臺灣省政府教育廳擔任美勞科輔導員兼組長的 39 級校友劉修吉於《百代美育》中

---

74. 筆者曾於 2006 年間訪談過南師藝師科第一屆校友林國治、第二屆曾文忠、第三屆許懷賜、第五屆薛清茂、第六屆的沈欽銘等人，均已無法記得當時藝術科教材教法等科由哪位老師授課，也不記得當時該科採用的教材類型和授課內容。

孫立群老師（左2）於課堂上的授課情形。（國立臺北教育大學校史室提供）

撰文回憶：

　　北師藝街（按：術）科時代的導師——孫立群老師，是一位對美術教育造詣很深的好老師。記得那時孫老師對我們說：「我希望你們將來做一個優秀的美術老師，而不希望你們做一個畫家。」我們在學生時代，大家都希望將來能做一個畫家，而不希望做一個教師。現在回想起來，才知道孫老師對美術教育之父齊澤克（按：Franz Cizek）教授所倡導之創造美術教育，已有了相當認識，所以才會跟齊澤克教授所主張的：「畫家已經太多了，我們現在所需要的是更多的美術教育家！」一樣，來勸導我們。難怪，孫老師教我們的國畫，是從寫生青菜、人物、樹木開始。然後才參考名畫家作品，這樣的一種特別的教學方法。同時孫老師有許多英文的書籍，這些都是有關美術教育的書籍，當時我們對兒童畫的認

識還不夠，所以雖然看到孫老師有許多美術教育的書籍，也不會去請教老師有關美術教育的一些問題。……。[註75]

長久以來美術教育一直不被認定為一種專業，一般人常以為教師教導美術，只要教導學生如何運用媒材如何完成作品的技藝傳授就是美術教育。依照這種邏輯演繹之下，能畫的人只要反芻一下繪製過程，自然就能夠教。檢視戰後初期不少有關美術教育之專文以至於專書，都不難看出這種過於簡單化的美術教育觀念，孫立群老師不時提醒藝師科學生之責任，期許學生們當一個優秀的美術老師而不是畫家，顯見他對美術教育之專業素養以及使命感，只不過在當時的時代思潮中，學生比較無法體會老師之用心，加以孫立群的水墨畫風，基本上仍以略帶寫生意趣的傳統花鳥畫為主，尚未發展出自己的一套寫生畫風。因此據劉修吉的其他同屆同學表示，孫老師的水墨寫生教學僅止於曇花一現，基本上其國畫課仍以傳統的示範臨仿為主。[註76] 據北師藝師科 42 級的校友吳隆榮回憶：

孫立群老師，教學嚴謹，治學認真。擔任我三年的導師，讓我培養成負責盡職的處世態度。當時孫老師為透視學的教師，這門課程內容艱難，老師的試題僅出兩題，學生能及格者不多，但也因難於過關，大夥兒更是卯足全勁的用功鑽研練習，班上的學風鼎盛。[註77]

與吳隆榮同班的劉興欽也認為孫立群老師管教嚴格，碰到不用功的學生，劈頭就罵，而且罵得很凶，不給你留一點面子，同學都很怕他，

75. 劉修吉（1974.5）。〈談兒童繪畫的評鑑與評審（上）〉。《百代美育》第 9 期。頁 6-15。
76. 據筆者 2008 年 7 月下旬電訪北師藝師科 39 級校友劉振源、李育亭，均作如是說。
77. 吳隆榮（1996）。〈青春心靈的藝術天空〉。前揭《滋蘭集》。頁 100-101。

四、師資與教學

北師藝術師範科上素描課的一景，以模特兒練習人物素描。

上他的課大家都不敢馬虎。但對於用功的學生則特別鼓勵和照顧，還自掏腰包買水彩等美術用品獎賞，甚至師母煮了什麼好菜，往往招待用功的劉興欽到他家吃飯，成為該班同學畢業後最為懷念的老師。[註78] 雖然孫立群老師並非創作成就卓越之明星教師，但其重視觀念之引導，以及教學之認真、嚴謹兼具愛心，堪稱教師之典範。

在當時藝師科同學心目中，素描和水彩是術科的主科，北師藝師科擔任素描和水彩教學的周瑛老師被不少校友公認是認真而嚴謹的好老師，當時他擅長延續自抗戰時期的寫實木刻版畫，但是題材方面則以描寫寶

---

78. 詳見張夢瑞採訪撰述（2005）。《吃點子的人──劉興欽傳（初版）》。臺北：聯經。頁 108-110。

1967 年，周瑛攝於臺北師範專科學校（今國立臺北教育大學）校慶畫展。（周子荇提供）

島之安和樂利景象為主。由於當年正課中沒有版畫課，因此他的版畫只有在課外活動中才指導學生。迄今北師藝師科 46 級校友張淑美（前臺中師院教授）仍然記得，周瑛老師上素描課要求非常嚴格，常常用碳筆在學生素描作業有問題之處畫個「×」字記號，要求學生針對該處檢討改正，因此學生在背後幫周老師取個「周 ×」的綽號。[註79] 與張淑美同班的黃照芳記得，剛入北師藝師科就讀時，素描尚無基礎，第一次上周瑛老師的課，就被罵得很慘，還被老師說：「畫這種圖，怎麼考進來的？」[註80] 據他回憶當年：「我當時只好咬著牙，連下課十分鐘也不願休息，當週日同學大夥兒都去看電影，我卻一人關在美術教室裡，一週畫一百張

79.　據筆者 2008 年 7 月下旬電話訪談北師藝師科 46 級校友張淑美作如是之回憶。
80.　林佳勳（2009）。《黃照芳繪畫及其教學之研究》。國立嘉義大學視覺藝術研究所碩士論文，頁 41。

四、師資與教學

北師藝術師範科 46 級黃照芳 1997 年的油畫作品〈靜物〉。

速寫給老師（周瑛）看，老師雖然罵得兇，卻也教得勤，每一張圖我都作筆記，有一次用炭筆畫石膏素描，老師說：『你眼睛長到哪裡去了？』，還有一次撕了我的圖說：『我要你恨我三年，然後感謝我一輩子。』」[註81]

　　日後黃照芳也逐漸感受得到，周瑛老師在課堂上雖然是個嚴師，但其實私底下非常關心他的生活狀況，其關懷甚至成為黃照芳北師藝師科三年求學時期安定內心的一股力量。[註82] 黃照芳藝師科時期愈挫愈勇，

81.　同上註，頁 41-42。
82.　同上註，頁 42。

2000 年，北師藝術師範科 41 級校友何肇衢（左1）、何恭上（右1）、47 級校友李錫奇（中後）與他們的老師周瑛（著紫衣者）合影。（藝術家出版社提供）

痛下苦功勤習素描的傻勁和抗壓韌性，堪稱師範生的性格典範。此外，周瑛和孫立群兩位兼具嚴厲和愛心的老師也堪稱經師兼人師。

當時藝師科導師往往從一年級帶到三年級畢業，周瑛每間隔三年就會帶領一個新的班級，據校友表示，他對自己班上學生的要求特別嚴格，因此其班上學生往往人才輩出。[註83] 不過，基本上周瑛平時仍然常常提醒學生們要以當一個稱職的美術教師為職志，而不是以當畫家為目標。[註84] 藝師科停招以後，周瑛逐漸將版畫創作轉型為現代表現形式，尤其

83.　同註 78。
84.　詳見蕭瓊瑞（1991）。《五月與東方——中國美術現代畫運動在戰後臺灣之發展（1945-1970）》。臺北：東大。頁 52。

1980年代以後，由「刻」轉變為「拓」的方式，更是風格獨具，曾於國際版畫展中獲獎，頗受畫壇重視，成為當年北師藝師科師資中後續發展最具成就的一位。

教圖案畫的黃啟龍老師，長於布花紋飾設計，常應校外織布廠商之委託協助繪製布花，據藝師科50級校友戴武光的印象中，當年黃老師往往將畫布花的技術融入教學內容中，有時發現較好的學生圖案作品，也會推薦給廠商印製布花，或者代為寄送至《新生報》副刊插圖發表。課餘時間有

周瑛 1987 年的版畫作品〈87-5〉。（周子荇提供）

時候會與自己班上的學生一起打籃球，[註85]在藝師科老師當中被認為個性隨和而頗得學生之人緣。

在北師的國畫老師當中，吳承燕兼長詩、書、畫創作和理論而且輩份為最高（抗戰年間曾任教重慶國立藝專），陳雋甫在畫壇上頗具名氣

---

85. 據筆者 2008 年 7 月 19 日電話訪問北師藝師科 50 級校友戴武光回憶所述。

北師藝術師範科書畫課，學生們各自臨摹作品。

而活躍於國畫界。然而兩人都屬文人畫家，雖然其作品也不乏運用傳統造形語彙，以及筆墨技法所繪寫的水墨寫生作品，但是基本上兩人所講授之國畫課，仍以傳統的臨仿教學為主。

（三）南師藝師科

南師藝師科的前後六屆在學期間，共有十二位美勞專任教師【表6】，就其籍貫加以檢視，其中除了1953年所聘之林惠冠和邱素沁兩人為本省籍，其餘十位教師則為大陸渡臺人士，至於各師資的籍貫和畢業學校則比較平均，較無集中於任一省分之現象。位處南臺灣的臺南師範藝師科，相形於臺中和臺北兩所藝師科而言，師資結構則顯得比較普通。正如第1屆（42級）南師藝師科校友鄭善禧（國立臺灣師大美術系名譽教授）所述：

（當年）南師好的老師是在文科和教育、史地、生物、音樂等，要

【表6】
戰後初期臺南師範藝師科師資簡表（1950-1958）

姓名	性別	出生年	籍貫	學經歷	擔任課程	任教期間
張麟書	男	1921	福建省上杭縣	福建省立師專藝術科畢。曾任福建省立上杭中學美術教師。	圖案 美術 工藝	1947.8~
秦彥斌	男	1921	山東省滋陽縣	私立江蘇正則藝專繪畫勞作科畢。曾任江蘇省立揚州中學美勞教師。	工藝、素描 水彩、美學 透視學 色彩學 工藝理論 藝術概論	1948.7~ 1954.7
胡一瑜	男	1923	福建省林森縣	江西省立勞作師專畢。	工藝	1948.8~
汪文仲	男	1919	四川省開縣	國立中央大學藝術系畢。	國畫 素描 水彩	1949.1~
原孝怡	男	1924	福建省福州	福建私立協和大學農藝系畢。	農藝	1949.8~
呂達	男	1901	湖南省沅陵縣	北平師範大學畢。	工藝 勞作教材教法	1950.10~
張杰	男	1924	浙江省定海縣	私立江蘇正則藝專繪畫勞作科畢。	水彩 工藝	1951.8~ 1952.1
張雲駒	男	1918	福建省龍岩縣	國立英士大學藝術專修科畢。曾任教於福建省立長汀師範、金門中學等。	國畫 工藝	1952.10~
周建侯	男	1906	江蘇省鹽城縣	私立上海美專高師科圖音組畢。	藝術概論 水彩 工藝	1953.2~
劉慎	女	1925	江蘇省吉安縣	私立上海美專國畫系畢。	國畫	1953.8~
林惠冠	女	1930	臺灣省高雄市	臺灣省立師範學院藝術系畢。	水彩	1953.8~ 1956.8
邱素沁	女	1927	臺灣省臺南縣	日本女子大學家政學部畢。	家事	1953.8~

＊ 附註：本表所列之師資係以曾擔任過南師藝師科美勞相關課程的專任教師為限。　　　　製表：黃冬富

1951年，42級南師藝術師範科師生合影。第二排右1為秦彥斌、右3呂達、右7為吳鼎校長；第三排右4為林國治；第四排右2鄭善禧、右4羅清雲、右9許懷國。（翻拍自《培苗藝集》）

以美術論之，則汪文仲、張麟書、秦彥斌幾位老師可列，比之臺北、新竹、臺中三校遠遠遜之。[註86]

　　當年南師藝師科師資，以現今知名度而言，可能以水彩畫名家張杰最具名氣，只不過他僅任教一個學期隨即離職，因此影響力相當有限。倒是不少早期藝師科校友，對於秦彥斌老師頗為懷念。南師藝師科第1屆（42級）導師秦彥斌，除了包辦吃力不討好的理論科目之外，也兼授素描和水彩等術科，據該屆校友林國治回憶：

　　所有藝術科的老師，最常於課堂後與之研討的老師就是秦彥斌，與老師之間的關係亦師亦友，鼓勵我們多從繪畫創作中有所領會。……除

86.　據南師藝師科42級校友鄭善禧教授於2011年2月12日回覆筆者之親筆信。

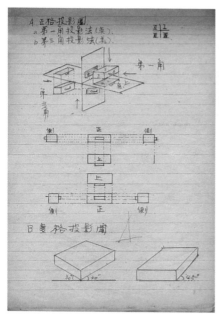

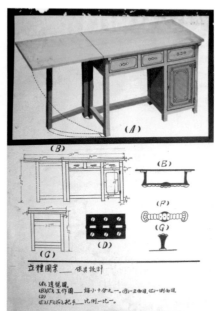

南師藝術師範科 42 級校友林國治的工藝概論筆記。（林國治提供）

42 級南師藝術師範科校友許懷國繪製的工藝概論作業。（許懷國家屬提供）

了藝術科目，其他類科導師亦十分關心學生的學習成果。[註87]

　　秦彥斌經師人師之風範，頗受同學們愛戴。目前林國治尚完整保存當年秦老師所授「工藝概論」、「美術史」、「藝術概論」等科之上課筆記，教師準備教材之用心，學生學習態度之認真，皆令人敬佩。此外，筆者在檢視與林國治同班之同學許懷國[註88]（已故）當年學生時期習作時，發現一批「工藝概論」之作業，其中竟有頗為嚴謹的三視圖家具設計之圖稿，以當時教學環境和學習條件考量，如此之教學深度及作業水

---

87. 林瓊玉（2006）。《林國治藝術教育與繪畫創作研究》。嘉義大學視覺藝術研究所碩士論文。頁 75。
88. 南師藝師科第 1 屆校友許懷國為筆者內人之三叔，第三屆校友許懷賜為內人之四叔。

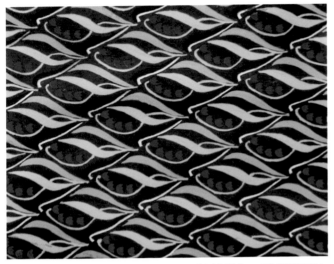

44級南師藝術師範科校友許懷賜在學期間的圖案習作。（許懷賜提供）

44級南師藝術師範科校友許懷賜在學期間的素描習作。（許懷賜提供）

準，確屬難能可貴。

　　南師的張麟書老師是最早應聘到校任教的美勞教師，他擅長版畫和圖案畫，與北師的黃啟龍老師同樣擅長為織造業繪製布花，也時常為《中華日報》兒童版繪製插圖，是比較常與業界合作的老師。曾擔任44級（第3屆）藝師科導師，並擔任該班的素描、圖案等課程。據44級的許懷賜回憶，其素描訓練要求非常嚴格；[註89]正課之餘，對於學生的學習需求，也頗能配合融入授課內容之中。與許懷賜同班的林智信於三十幾年前接受《雄獅美術》訪問時提及：

　　我在師範求學時，對於美術存著美好的理想。那時恩師張麟書先生在木刻上頗有造詣。由於興趣所趨，我請求張老師在上圖案課之餘特別指導木刻。有一次上課時，初見他的木刻作品〈搬〉，其構圖、人物刻劃、

89.　詳見《許懷賜全集》（2004初版），自序，頁4。嘉義縣立忠和國中教育事務基金會。

線條明暗、強烈的黑白對照美、顯著的立體感與樸實的鄉村氣息，都深深的感動了我。它也使我更珍惜自己孕育於鄉村的憨直性格。[註90]

　　林智信後來以版畫馳名海內外，當年張老師課堂上展示的那幅題目為〈搬〉的木刻版畫，甚至在經過二十六年以後，林智信在接受《雄獅美術》訪問時，他喻之為生平「印象最深刻的作品」。對於一位藝術教育工作者而言，學生能做如是之深切認同，無疑是心靈莫大的回饋。

　　此外，長期擔任工藝課程卻長於水墨畫的張雲駒老師也頗受學生歡迎。他曾任藝師科第4屆導師，也在國畫社擔任指導老師，據學生陳吉山描述他在社團指導時：「每次上課，他都當場揮毫，對於用筆用墨，以及各種結構，皆不憚其煩，詳加講解。而且信手畫來，皆成佳作。老師上課準時，內容豐富，對我們則是循循善誘，讓我們在春風中成長。欽佩羨慕之餘，我也迷上四君子，學習不輟。」[註91]張雲駒溫和低調、和睦可親，而且教學認真。他能體諒學校行政主管配課之為難，不計較未能擔任第一專長的國畫課程，而默默承受長期主授較冷門而且非其主要專長的工藝課，毫無怨言，其氣度實屬難得。當年學生也回憶張雲駒擔任班導師時，師生間的互動「如師如父」。[註92]解嚴之後，張雲駒知道臺南師院書法、篆刻教師蘇友泉（張雲駒師專時期的學生）有江浙之行，還專程委託他轉交美金一千元給抗戰時期幫助過自己的恩師謝海燕教授，[註93]張雲駒如此之尊敬師長和愛護學生，給予學生們很好的身教示範，必然也在無形中發揮一定程度潛移默化的感染力。

---

90. 〈百位百美家談「印象最深刻的作品」（下）〉（1979.7），頁102-103，林智信條。收入《雄獅美術》第101期。
91. 陳吉山（2002）。〈沈默的勇者〉。收入《張雲駒畫集》。臺南市：際蒼畫室。頁11。
92. 葉志德（2002）〈誰借老農插，移根入泰華〉。收入《張雲駒畫集》。臺南市：際蒼畫室。頁8-9。

1953 年 3 月，南師藝術師範科教師與校長合影於南師校園。右起為張麟書、胡一瑜、汪文仲、張雲駒、周建侯、校長朱匯森（曾任教育部長）、秦彥斌、劉慎、林惠冠、邱素沁。（翻拍自《培苗藝集》）

　　師範學校時期的藝師科師資，除了中師之外，很少有在創作領域中具有全省性高知名度的名師，然而卻不乏具敬業精神的經師兼人師。這些老師大多循序漸進，引導學生們踏踏實實地奠定基本功，進而窺探藝術傳統的門徑；師生之間，也有比起其他師範生更為密切互動的師生情誼。不少人因而奠定日後持續藝術創作和教育，並成為其終生志業的生涯發展；也有不少人後續發展出青出於藍、冰寒於水，超越老師的成就者。檢視這些藝師科校友日後形成的風格特質，往往出現與當年師長風格大異其趣甚至南轅北轍之情形。然而在接受訪談時，他們絕大多數飲水思源，感恩這段時期師長引導他們入門，踏實學習奠基的教學。比較特殊

93.　蘇友泉，〈以指代筆傳絕技，藝術千秋頌際蒼〉，同 91，頁 12。並佐以筆者 2007 年 1 月 26 日電訪蘇友泉教授。

四、師資與教學

的是，在「美術」和「勞作」兩大範疇中，大多數校友對於比較純藝術導向的美術之學習，印象格外深刻，其後續發展也有類似偏重美術領域發展的導向。這種重「美」輕「勞」的現象，在戰後初期的師範學校藝師科已然存在，其後到了師專時期，這種情形似乎更為明顯。

▌五、學生之學習

（一）中師藝師科

戰後初期各師範學校的藏書非常有限，以中師為例，光復之初，所接收的萬餘冊圖書，[註94]想必以日文書籍占大多數，其中藝術相關之圖書更是稀少。然而隨即在「祖國化‧去日本殖民文化」的教育政策底下，1947年4月教育部頒布的「臺灣省師範生訓練方案」，在其「發揚愛護國家民族之精神」細項裡頭，特別提到：

> 各校圖書館舊存圖書，應再加檢點，凡涉有關日人詆毀我國家民族，及宣揚皇民化之圖書，應一律封存，不准學生借閱，必要時並予燒毀。[註95]

這段文字，使得各師範學校有限的日文藏書更為之雪上加霜。不過，幸好藝術圖書很少涉及政治，因此其衝擊程度可能較少。1960年臺中師範改制為省立臺中師專之際，全校所藏中文圖書有九千餘冊，外文（日、英）書籍一萬餘冊，期刊也有七十多種。[註96]顯然光復後十五年來，由於師範教育經費困難，對於圖書的挹注極少，因而師範時期中師的圖書資料極為有限，對於藝師科學生藝術視野之拓展，不無有所侷限。

雖然師範學校對於學生生活常規的管理一向極為嚴格，然而就中師

---

94. 前揭陳德清總編輯（2003）。《成長與蛻變──中師八十年》。臺中：國立臺中師院出版。頁200。
95. 前揭臺灣省政府教育廳編印（1987）。《臺灣教育發展史料彙編──師範教育篇（上）》，頁213。
96. 前揭李園會（1996）。《光復後之臺中師範學校》。頁162-163。

1947年11月25日，中師美術師範科學生參觀第二屆省展時留影。（後排著淺色服裝者為廖繼春）

而言，藝師科學生似乎有較為自由的空間。據黃登堂描述：

在學校學生都是理光頭，只有我們那一班（按：藝師科）可以留頭髮。……下午常出去外面玩耍，假裝是寫生。

當時學校附近都是農田，所以常去農田裡寫生，例如稻田、柳川、日本宿舍，至於臺中公園，因為路程太遠，所以很少去。

在學校對其（臺中的畫家和展覽）接觸都很少，有較多的接觸是在畢業之後。[註97]

由此看來，中師藝師科雖然比普師科較為自由一些，但是仍然有一定程度的限制，因而距離學校僅稍遠一些的臺中公園，就會顧慮路程太遠而很少前往。這些情形也說明了「寫生」是當時中師藝師科鍛鍊描繪技巧

97.　前揭莊明中訪談／徐康馨整理（2003）。〈與黃登堂學長談「臺中師範美術科」〉。

　　　　　　　　　　　　五、學生之學習

的主要基本功，而且藝師科學生也很少有接受外界藝壇刺激互動之機會。

中師藝師科辦理時期，中部美術協會尚未組成，全省美展也尚無巡迴展制度而僅於臺北市展出，臺中地區的文化資訊仍然不足，當時廖繼春和林之助老師曾帶領學生專程北上參觀省展，藉以拓展學生視野，彌補地緣關係所產生之藝文資訊的侷限。

（二）南師藝師科

比起臺中更南的南師藝師科，文化環境更不及北部和中部，學校圖書館藝術類之藏書也同樣極為有限，在在造成學生學習之限制。據第 1 屆南師藝師科校友樊湘濱（前國立新竹師院美勞教育學系主任）之回憶：

南師藝術科創設之初，設備簡陋，百事待舉，但是並沒有阻礙了大家學習的志趣。我們克服許多困難，更加認真努力。有幾件事印象深刻，現在記憶猶新。例如參考資料窮乏，想看些畫頁，搜遍南市大小舊書攤，偶得一二便高興的不得了；想畫人體，沒有模特兒，就跑到男生浴室去速寫，被人趕來趕去，也不以為意；為了學習，也無怨無悔。這種求知若渴的精神，真可謂：「少年不知愁滋味，終日浸淫書畫中。」在這段期間，我們真的獲得了不少，也奠定了堅實的繪畫基礎，……。[註98]

與樊湘濱同班同學的鄭善禧也提到：

畢業時，臺北師範和南師畢業生做參觀旅行互訪，相互住在對方的宿舍，兩邊學生碰面時，我們只有聽他們滔滔不絕講的份，聽他們開口閉口潮流、畫風，我們聞所未聞，一問三不知，感覺他們很高明。其實沒有這些見識也不見得是壞事，反而藉此增加思考能力，從內省而感發，不做外在的抄襲模仿。既然沒有名畫可資摹寫，那就加強寫生的工夫，

---

98. 樊湘濱（2001）。〈一個老而益壯，退而不休的藝術工作者〉。收入《黃火木畫集》。臺南縣文化局出版。

1953 年，仍是師範學生的鄭善禧在臺南市進學國小實習教學一景。（翻拍自鄭芳和著《醇樸‧融通‧鄭善禧》）

我悶著頭畫水彩、做速寫、寫大字，心裡想的雖是學習謀生的技能，無形中卻走上了正路，反觀後來的學生物資充裕了，於是依賴模仿人家的經驗，相形之下創意減少。……(註99)

　　當時不少南師藝師科學生，在遠離臺北藝術思潮中心的學習環境下，能因勢利導，在素描上勤下功夫，多少對日後畫風之踏實穩健導向有所影響。在學期間，鄭善禧曾為體育科周鶴鳴主任畫一套「體育圖解」教材，為教體育的朱淳老師畫過插圖；(註100) 許懷賜曾為教工藝的胡一瑜老師畫工廠牆上懸掛的二、三十幅手握工具圖等，(註101) 他們都在沒有酬勞之情形下，心甘情願地接受任務，顯示出老師們對於學生素描造詣的信心，學生對師長之尊敬，以及師生互動之親近。

　　自 1943 年 2 月郭柏川在臺南市發起成立臺南美術研究會（簡稱「南美會」）以後，臺南地區的藝術活動漸趨活絡，每年「南美展」的展出，不但是南師藝師科學生重要的觀摩學習機會；也有部分同學將作品送南美展參與公募展部分，作為衡量自己藝術實力的指標；而且南美會不少

99.　前揭黃寤蘭。《鄭善禧——畫壇老頑童》。頁 69-70。
100.　前揭黃寤蘭。《鄭善禧——畫壇老頑童》。頁 58-60。
101.　揭《許懷賜全集》。同註 84。

1952年，42級南師藝術師範科校友林國治在學期間的版畫習作。（林國治提供）

成員往往也成為南師藝師科學生校外請益之對象。如第1屆的林國治常利用課餘向沈哲哉、張炳堂請益，沈榮聰常向沈哲哉請益；第3屆的潘元石曾隨張常華學習素描和油畫；第5屆的郭滿雄曾隨張常華學素描，隨陳英傑學雕塑；第6屆的沈欽銘常向謝國鏞、沈哲哉、郭柏川等人請益，……。與校外藝界的互動交流，對於在校學生的視野之拓展，以及社會化之層面，往往具有正面的積極意義，對當時藝師科學生之學習不

1963年，臺北師範學校校園鳥瞰。（藝術家出版社提供）

1959年，臺北師範學校校舍「紅樓」一景。（藝術家出版社提供）

無助益。檢視當年這些常與校外畫界互動學習、轉益多師的藝師科學生，的確往往能夠在同儕中脫穎而出，較早締造佳績。

（三）北師藝師科

由於戰後初期，臺灣物質條件之艱辛，因而甚至位居臺北的北師藝師科，到了 1950 年代方始建立木工、金工、土工等教學工場，直到北師藝師科停招以後的師專美勞組時期，才成立美術館、專業教室、陳列走廊、家事館等硬體設施。[註102]此外，校內的圖書資源也是相當有限，不少藝師科校友們回憶，當年北師圖書館所藏的藝術圖書極少，更缺乏外國藝術圖書，因此當時很難由校內館藏圖書之借閱，來拓展藝術文化視野。[註103]美勞專科課程之教學很少使用教科書，除了少數使用

---

102. 參見李鈞棫（1985）。〈潑墨大千‧桃李成蔭——美勞教育十年有成〉。收入《北師四十年》。臺北：省立臺北師範專科。頁 330-331。
103. 據筆者於 2008 年間電話訪問北師藝師科 39 級李育亭，46 級張淑美、黃照芳，50 級戴武光等校友，均作如是之回應。

五、學生之學習

油印講義之外，大多以課堂上老師口述講授佐以板書，學生抄筆記的方式為之。那時尚無老師運用幻燈片等媒體以輔助教學，因而校內學習環境之困窘時為現今所難以想像。

北師藝術師範科 40 級校友丁占鰲學生時期在校園中寫生。（丁占鰲提供）

　　然就地緣條件而論，臺北師範位於全臺首善地區的臺北市區，其地緣優勢始終為中、南、東部各師範學校所難及。平時除了各種美展活動密集，方便觀賞之外，重慶南路書店林立，尤其三省堂、鴻儒堂及東方書店常展售進口的外國精緻畫冊，[註104] 更為中南部之所無。此外，牯嶺街的舊書攤區，以至於美國新聞處圖書室的外國藝術圖書等，都有助於北師藝師科學生之拓展藝術視野。

　　從日治時期以來，北師一直以西畫馳名臺灣畫壇，戰後初期成立藝師科以後，這種風氣依然延續過來。1949 年從福建省的福州師範學校轉學到北師藝師科的謝作人（40 級），回憶當年在學時期的感受提到：「因是插班就讀，兩年的學習生活，最感訝異的是，同學們學習西畫的精與勤，繪素描更蔚為風氣。堅實的繪畫基礎奠定了同學們日後藝事的精進與發展。」[註105]

　　在同校其他科系同學的印象中，藝師科同學的模樣大致如下：

104. 前揭陳長華（2013）。《寫景‧抒情‧何肇衢》。頁 67。暨莊明中策展（2003。《感性與理性的對話──張淑美‧簡嘉助對照展》。臺中臺中市文化局。頁 36。
105. 周福番彙編（2001）。《北師 40 級藝術科同學畢業五十週年生涯簡錄》（未出版）。頁 89。

1955 年，北師藝術師範科 40 級校友丁占鰲於畢業之初所畫的水彩作品。（丁占鰲提供）

　　北師當年的藝術科同學，最講究打理服裝和儀容了，不像外面的美術人，頭髮長長的，鬍子也不刮──師範教育的成功吧！假日，他們一個個背著畫架，有的到荷塘，有的到古剎，也有的就在校園裡。不管背後有沒有人看他（她）畫，一副自在旁若無人的酷樣子。……[註106]

　　這段回憶說明了當時北師藝師科西畫風氣之盛，對景寫生的水彩畫已然成為藝師科同學的主要表徵；其次，藝師科同學的服裝儀容仍然保存規規矩矩的師範生本色，也顯示其師資培育的屬性特質。

　　值得留意的是，由於藝師科的基本目標課程結構以至於教師的期許，

---

106. 王義治（1996）。〈紅樓百歲憶北師〉。收入《滋蘭集》。頁 126-129。

都是朝向希望學生們成為一個稱職的美勞教師，有別於多數學生希望成為傑出畫家的想法；另方面，當年北師藝師科不但西畫教師陣容不及國畫教師，也沒有留學外洋的西畫教師，尤其缺乏當時畫壇最具指標性意義的全省美展評審委員或得獎畫家的師資。

不過，地處薈萃全臺藝術人才十之七八的臺北市區，讓北師藝師科學生們有比較多的機會向校外名家請益。當年畫室鄰近北師的有李石樵、張義雄、李仲生等人，其中李石樵是日治時期臺、府展和日本帝展的健將，戰後省展西畫部評審委員；張義雄是省展多次獲大獎的

李石樵於郊外寫生。（藝術家出版社提供）

明星級畫家。李、張二人在戰後初期堪稱全臺指導素描最富盛譽的兩位名師，早期臺師大藝術系學生在學期間，甚至畢業以後，在李、張二師處學習素描者，不計其數，北師藝師科學生自無例外。李仲生則經常在報章雜誌發表有關國外美術之相關探討專文，其視野開闊，見解新穎，受藝師科學生仰慕。因而上述三人皆成為北師藝師科學生校外請益之熱門對象。尤其當他們追隨校外名家學習之後，很快地獲致參賽之成果時，更增強校外請益學習之風氣。或許這也是促成北師藝師科相較於其他師範學校培育之藝術人才特多的主要因素之一。

在多數藝師科（包含北、中、南師）的學生心目中，術科（尤其是

李石樵 1946 年的油畫作品〈田園樂〉，現藏於臺北市立美術館。（藝術家出版社提供）

繪畫科目）才是最為重要的學習科目，不少同學幾乎將所有的時間和心力投注於最感興趣的一兩種術科之鑽研。然而，由於對於學科的過於輕忽，也導致若干的後遺症來。如北師藝師科 40 級的周福番就回憶道：「因本身初中讀的是農校，師範時讀藝術科，致英、數、理化等基本學科太差，……。」^{（註107）}

　　同班的謝達勳更回憶說：「回想在短短三年間僅受一些『技巧性』

107.　周福番彙編（2001）。《北師 40 級藝術科同學畢業五十週年生涯簡錄》（未出版）。頁 163。

五、學生之學習

張義雄的油畫作品〈水門〉，現藏於國立臺灣美術館。（藝術家出版社提供）

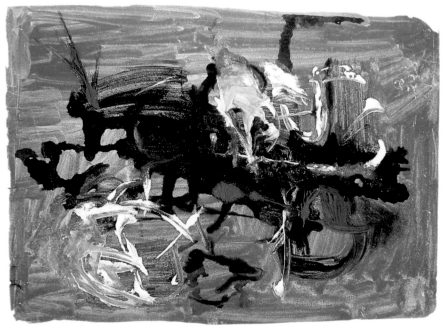

李仲生以水彩、墨，創作在紙上的作品。

張義雄 1980 年攝於《藝術家》雜誌社。（李銘盛攝影）

李仲生攝於畫室。（藝術家出版社提供）

訓練，及一般科『理論』。其實更重要的『兒童繪畫、心理、特徵、科學』等等，都未學過，無法應用。畢業後靠自修去了解來應用，真是遺憾。」[註108]

這種「重術科而輕學科」，「重美而輕勞」之心態，顯然是當年各所師範藝師科之普遍現象。

六、培育成果

（一）中師藝師科

臺中師範唯一的一屆美術師範科學生共有二十三人畢業，檢視 1948 年 10 月舉行的第 3 屆臺灣全省美展目錄，該班有黃登堂、羅阿龍、李懷義等三人以膠彩畫作品入選國畫部門，許奇塗、蕭錦川二人入選雕塑部門，共計有五人以相當於高三學齡的師範生三年級學生身分入選省展，在早期省展篩選頗嚴之情形下，當時中師美術師範科確實教學成效極為可觀，其中尤其黃登堂畢業後仍持續創作，於省展累計獲獎七次而獲聘為膠彩畫部評審委員，成為戰後以來頗具分量的傑出第二代膠彩畫家，此外，黃登堂長期以來參與國民中小

---

108. 同上註，頁 93-94。

1951 年 9 月，中師美術師範科第一次同學會合影留戀。（黃登堂提供）

學美術教科書之編輯和美勞教學輔導，也是中部美術教育領域之傑出人才；而蕭錦川繼續進入臺灣師大藝術系進修，也曾以西畫和雕塑作品入選省展。然而該班學生畢業任教之後，唯獨黃登堂能於中師附小擔任美勞科任教師，其餘大多數仍擔任包班制級任老師，因而很少有人能持續其美術創作之鑽研。

（二）南師藝師科

　　雖然 1950 年代臺南的文化環境遠不如北、中部，南師藝師科也沒有參與國內大型美展評審委員之名師，但是學生在學期間已有不錯的校外參展成績。如 42 級的鄭善禧曾獲全省學生美展高中大專組圖案第三名（1952），44 級的潘元石獲同項展覽西畫組第一名（1955）等。部分校友在畢業數年後，很快地在全省性大展中獲獎。如 42 級的林國治於畢業兩年後獲第 4 屆全省教員美展第三名，翌年更榮獲第二名；46 級郭滿雄

於畢業之翌年，即以雕塑作品獲第13屆全省美展教育會獎等，都顯示出培育績效之可觀。

從第1屆42級南師藝師科畢業生算起，迄至47級第6屆（最後一屆）為止，共計兩百五十名畢業校友，其中還不包括中途退（轉）學的部分校友（如42級的樊湘濱、游金玉、水田民等）。從當年畢業紀念冊上所載之聯絡住址顯示，90％以上皆來自雲嘉以南的南臺灣地區；1997年部分仍持續藝術創作的南師藝師科校友成立「南師藝聯會」，每年舉辦一次會員作品聯展，藉以相互觀摩、刺激創作，並收聯誼之效。其會員成員也迭有變動，以第3屆作品集為例，會員計有五十六人（其中也有不少活躍於畫界的校友未參與），大約占畢業總人數兩成以上，迄今南師藝聯會成員約有八成人數仍居住雲嘉以南一帶。因此，南師藝師科校友半個世紀以來，對於南臺灣地區美術教育，以及地方美術發展之參與程度應該不容忽視。

檢視歷屆藝師科校友名單，更有不少持續其藝術志業而知名於國內藝界者。如書畫領域的鄭善禧、樊湘濱（42級）；張添源（43級）、劉牧石（癸丑，44級）、黃昌惠（45級）、薛清茂（46級）等，都有相當成就，其中尤其以鄭善禧最為傑出。他早年兩度獲全省美展國畫第一名和一次第二名，四度教員美展國畫第一名之佳績，獲頒中國文藝協會文藝獎章國畫獎，1997年榮獲具有終身成就意義的第1屆新制國家文藝獎，2017年獲頒行政院文化獎，長期擔任全國和全省性重要美展之評審委員，其創作資歷之輝煌，為南師校友中最為耀眼者。其畫風兼具時代性和本土性，強明有力而自成一格，對於當代水墨畫界之影響不小；長久以來，他任教於臺中師專和臺灣師大美術系，栽培的學生難以計算，被公認為南師藝師科最為傑出的校友。

西畫方面有林國治、羅清雲、沈榮聰（42級）、曾文忠、陳泰元（43

級）、林瑞明、張育華、許懷賜、林智信、潘元石（44級）、何昆泉、侯錦郎、陳俊州（順梱，45級）、沈欽銘、楊淑貞（47級）等人都很傑出。此外，47級普師科校友劉文三，雖非藝師科，但其日後在西畫方面的成就亦頗為傑出。就西畫領域而論，尤其林智信在版畫方面成就格外突出。大多數比較有後續發展的南師藝師科校友，多少均有進入臺灣師大藝術系（或國訓班）進修之資歷，林智信則以純粹的南師學歷全心投入版畫藝術之鑽研，曾多次入選國際版畫大展，迭獲中華民國畫學會金爵獎、中國文藝協會文藝獎章、國立歷史博物館榮譽金章、北京版畫世界魯迅金獎等榮譽，並多次擔任國內重要大展之評審委員。其版畫風格以線條機能強明有力的本土風格為主，

南師藝術師範科第 1 屆校友鄭善禧 1976 年的彩墨作品〈橫貫公路山谷深遊〉。

南師藝術師範科 46 級校友薛清茂 1992 年的水墨作品〈洞裡乾坤〉。

南師藝術師範科 42 級校友羅清雲 1992 年的油畫作品〈巴斯巴提那斯〉。

南師藝術師範科 44 級校友林智信的版畫作品〈迎媽祖〉（局部）。

其中耗時數年而於 1990 年代初期完成的 396 尺長卷版畫〈迎媽組〉，尤其廣受藝界之矚目。

至於雕塑方面惟獨郭滿雄（46 級）一人較為特出，曾四度榮獲省展大獎及北市美展之首獎，曾擔任省展等國內大展之評審委員。

就兒童美術教育方面而論，鄭善禧和樊湘濱、張育華（44 級）、

郭滿雄的花崗石雕塑作品〈意如〉。

劉文三（47級）等人，均曾任教於師專，長時期參與國教輔導，均有
不少之相關論述發表和出版；至於服務中小學的林國治、林丁鳳、黃火
木（42級）、林智信、潘元石（44級）、沈欽銘（47級）等多人，參
與省級或縣市地區的美術教育輔導，都有相當之貢獻。尤其1947年潘
元石出版《怎樣指導兒童畫》（臺北：藝術圖書公司出版），以及劉文

南師藝術師範科第 3 屆校友潘元石 1999 年的木刻水印版畫作品〈迎虎納福〉。

三出版《兒童繪畫指導》（臺灣省政府教育廳出版），格外具有教育推廣之意義。

就藝術行政方面，未曾至臺師大進修的潘元石，從1980年代中期開始參與臺南奇美博物館之籌備工作，並長期擔任奇美文化基金會執行長和顧問，對於臺灣文化藝術界之貢獻自不待言。其次，樊湘濱曾擔任新竹師專美勞科主任和新竹師院美教系主任，何昆泉擔任過國立臺灣藝專美術科主任和教務主任等，也都相當具有代表性。

較為特殊的是，44級的李登木，後來轉向企業界發展而有成，並曾擔任過高雄市副市長；與李登木同班的林福地，雖然沒有完成學業（於三年級時期辦理休學），但日後往影藝發展，成為知名導演；45級的蔡秋來在中國藝術史領域之研究極為傑出，並曾擔任過中國文化大學副校長，臺北市立師院教務長和代理校長等職務；47級的吳鐵雄後來轉向特殊教育之學術研究，曾擔任國立臺南師院校長以及教育部常務次長等要職。這些傑出校友，雖然後來的成就已然與藝師科所學較遠，然而透過其職務或專業，對於臺灣藝界發揮潛在的影響力，比起投入第一線藝術工作者而言，更應有過之而無不及。

（三）北師藝師科

從第1屆39級北師藝師科畢業生算起，迄至63級14屆（最後一屆）為止，北師藝師科一共招收了十四屆十六個班（其中39級和42級皆招收兩班），其畢業校友共六百〇八人。[註109] 以下先從兒童美勞教育之層面進行檢視。

---

109. 據國立臺北師院於1996年《北師壹世紀──慶祝創校壹佰週年校慶特刊》頁131所載〈歷屆畢業生人數分類統計表〉中，合計藝師科畢業人數為五七八人，不過其中42級僅列出乙組人數，漏計了甲組三十二人，且其他各屆之人數也略有出入。筆者依據《北師四十年》內所附〈歷屆校友名錄〉所載之歷屆藝師科人名統計共得六〇八人。

臺北師範學校 47 級畢業典禮全體師生合影同學。（藝術家出版社提供）

臺北師範藝術科 47 級同學合影。（藝術家出版社提供）

1. 美勞教育之貢獻

　　戰後初期臺灣的兒童美術教育，在升學主義的惡補風氣下，被視為可有可無的點綴性課程。也由於特殊的時空因素所致，一時之間與日治時期兒童美術教育切斷了聯繫關係，也未能接駁上民初以來大陸兒童美術教育之發展進程。因而國民學校普遍充斥著臨仿教學及用成人觀點教導的寫生畫。當時由北部一批具有教學熱誠的北師藝師科畢業校友，透過日治時期養成的日文能力，搜尋研讀日文兒童美術教育書籍，依照兒童造形心理之發展和想像力來指導學童，不但激發了兒童的學畫興趣和創意，也獲致了優異的指導成果。遂於 1957 年由陳宗和（39 級）、張錦樹（40 級）、鄭明進（41 級）、張祥明（41 級）、黃植庭（43 級）等五人共同發起「今日兒童美術教育研究會」，^{（註110）}為戰後臺灣第一個

110.　前揭周福翻彙編（2001），同註 100，頁 210-216。

六・培育成果

兒童美術的推廣研究社團，開啟以實驗和研究方式改革舊式刻板的臨仿、注入式的美術教學之風氣。未久，陸續加入了丁占鰲（40級）、李寶鳳（40級）、黃坤炎（40級）、吳王承（42級）、謝文林（42級）、鄧兆銘（43級）、林聯文（44級）等北師藝師科校友，逐漸蔚成北臺灣一股改革兒童畫教學的源頭活水，進而參與兒童美術之評審工作，對於兒童畫的獎勵導向之轉變，發揮了一定程度之作用。尤其1962年舉辦「第1屆國際兒童畫展」，計有歐美以及日韓等九國七十多件兒童作品，加上國內二百餘件，不但促進了國際文化交流，也增進了社會對於兒童美術之認識。此外，39級的劉修吉也在高雄市的大同國民小學創立「創美兒童畫會」，遙相呼應，共同為兒童美術教育而努力。

1959年隸屬於教育廳的「板橋國民學校教師研習會」開始辦理有關美勞科之教師研習，北師藝師科39級校友呂桂生在研習會中擔任輔導員、助理研究員等職務，並負責這項業務長達三十七年，推動國民小學美勞科教材教法的實驗、改革和推廣，培訓的教師超過兩千六百人以上，^{（註111）}於臺灣兒童美術教育之貢獻自不待言。

1959年臺灣省政府教育廳開始設置「國教輔導團」，並借調中小學各科領域專長教師擔任輔導員。北師藝師科校友霍學剛、劉修吉、游仲根等人先後擔任省輔導團美勞科輔導員；1965年開始，各縣市也紛紛成立縣輔導團，北師藝師科校友自然成為北、中部各縣市美勞科輔導員之主幹。1966年開始每年一度由國教輔導團主辦的「中華民國世界兒童畫展」，以及1968年成立的「中華民國兒童美術教育學會」，北師藝師科校友均在其中扮演著舉足輕重的角色。就整體而論，這前後14屆的北師藝師科校友，知名於戰後臺灣第一線兒童美術教育界者有：39級的劉振

---

111. 詳見臺灣省國民學校教師研習會編（1986）：臺灣省國民學校教師研習會三十年紀念專刊。

第 2 屆全國兒童畫展評審委員合影，現場除師字輩藝術家劉其偉（前排左 3）、馬白水（前排右 4）、李澤藩（前排右 3）、梁又銘（前排右 2），以及黃登堂（二排左 1，中師藝師科 38 級）、陳瑞福（三排左 2，屏師普師科 43 級）、陳輝東（三排右 1，東師普師科 48 級）外，游仲根（前排左 1，44 級）、何福祥（前排左 2，44 級）、呂桂生（二排右 2，39 級）、吳英聲（二排右 1，41 級）、何政廣（三排左 1，47 級）、鄧兆銘（三排右 2，41 級）、丁占鰲（三排右 4，40 級）等人均為北師藝師科畢業校友。

源、呂桂生、劉修吉、陳宗和，40 級的丁占鰲、張錦樹、黃坤炎、李寶鳳、賴傳祿，41 級的鄭明進、張祥銘、吳英聲，42 級的吳隆榮、霍學剛、吳王承、陳輝煌、謝文林，43 級的黃植庭、鄧兆銘，44 級的游仲根、何福祥、林聯文、傅麗華，45 級的姜添旺、何恭上，46 級的黃照芳、黃義永、曾華清，47 級的崔玉良、李錫奇，48 級的張禮，49 級的倪朝龍，52 級的郭掌從等人。其陣容之龐大遠非其他師範學校校友之所能及。

　　檢視教育部 1962 年以來的幾次國小美勞課程修訂委員之名單可以發現：1962 年國民學校低年級工作科及中高年級美術、勞作課程標準之修訂，修訂委員有八人，其中有北師藝師科教師孫立群、陳望欣和校友何肇衢（41 級）共三人，參與人數為全國各校之冠；1968 年的課程標準修訂，中高年級美術科部分有六位委員，其中北師藝師科孫立群老師與校友呂桂生（39 級）、何政廣（47 級）三人為修訂委員，占總委員人數之

劉振源所編著的《印象主義》、《立體派》、《抽象繪畫》、《超現實主義》四冊近代西洋美術專書。（王庭玫攝）

半；1975 年美勞課程修訂在十二位委員之中，北師有孫立群、陳望欣老師和校友何肇衢、吳英聲（41 級）、吳隆榮（42 級）、游仲根（43 級）等六人，亦占總委員數之半……。由此可以看出北師藝師科在 1960 年代初期到 1970 年代末期之間，對於臺灣的國民小學美勞課程標準修訂參與程度之深以及影響之大。此外，1968 年由國立編譯館主編的國民小學美術課本（全八冊），曾出版過十幾版，為全臺各國小所普遍使用，編輯小組三人之中即包括北師藝師科的孫立群、何肇衢兩人；編輯委員十人之中，北師有孫立群、呂桂生、何肇衢、何政廣等四人……。也同樣顯示出北師藝師科對當時國小美勞教育之影響程度。

　　相較於其他師範學校，北師藝師科校友在 1961 至 1980 年之間，在藝術教育論述之發表和出版方面，也遠為其他師範學校之所不及。^{（註112）}其中較為突出者有：39 級的劉振源、劉修吉、呂桂生，40 級的丁占鰲，

---

112. 有關 1960-1980 年間臺灣美術教育論述與研究文獻總表，可參見袁汝儀（2004.4）：戰後臺灣美術教育學術性文獻初探：1930-1960 的自由畫（抽印本）。收入「藝術教育研究的回顧與展望」研討會論文集，頁 19-37。行政院國科會主辦，屏東師院視覺藝術教育學系承辦。

北師藝術師範科 49 級校友賴武雄 1999 年的油畫作品〈三重奏〉。

41 級的鄭明進、吳英聲，42 級的吳隆榮、吳長鵬、霍學剛、江漢東，46 級的張淑美，47 級的何政廣、吳仁芳，48 級的許信雄等人，對於戰後以來臺灣的兒童美術教育推廣方面誠然貢獻良多。尤其劉振源，雖未曾歷經科班的學術訓練，但仍靠其日文素養，自修研讀日文書籍，於 1967 年編著發行《印象主義》、《立體派》、《抽象繪畫》、《超現實主義》等四冊近代西洋美術專書，是臺灣較早有系統介紹西洋近代藝術的專書，在外洋文化資訊極為欠缺當時，頗受文化界所矚目。

　　北師藝師科校友任教於大學校院擔任藝術相關課程的有：何財明（39 級）、傅佑武、李薦宏、何耀宗（41 級）、吳長鵬、鄒品梅（42 級）、蕭勤（43 級）、張淑美、朱守谷（46 級）、吳仁芳、鄭翼翔（47 級）、席慕容、許信雄（48 級）、賴武雄、倪朝龍、許和義（49 級）、江明賢、

戴武光（50級）、呂清夫（51級）等，在專業藝術人才的培育，以及其相關論述之發表或出版，對於藝術教育之貢獻實不言而喻。其中超過三分之一以上曾擔任過系所主管，透過其行政兼職更能發揮其影響力。

此外，比較特殊的是何肇衢、何耀宗（均為41級）、何恭上（45級）、何政廣（47級）四兄弟均為北師藝師科校友，長兄何肇衢以油畫見長，為省展、臺陽展和教員美展之常勝軍；何耀宗專長美術設計，曾任教於文化大學。何恭上主持藝術圖書公司，何政廣早年主編《雄獅美術》月刊，其後主持《藝術家》月刊及藝術家出版社，長久以來出版藝術專書超過一千多種（其中兩百多種並授權給中國大陸出版簡體字版），而且上述兩種藝術刊物均為藝界普遍流行的必讀期刊，對於藝術界的貢獻自不待言。他們均早躋身北師藝師科的重要培育成果之一。

2. 美術創作的人才培育

據蕭瓊瑞教授之探討，北師藝師科校友大約仍有一百人（1/6）持續保持創作。[註113] 基本上，戰後初期每年一度的全省美展和全省教員美展為臺灣藝界人士最為重要的發表園地。北師藝師科部分教師曾參加過這兩項展覽的最初幾屆，除了陳雋甫曾得過第1屆全省教員美展（1952）國畫部特選第二名之外，其餘教師僅止於入選。然而1949年的第3屆全省美展，即有39級的吳逐水、李育亭、張錦樹等多人以水彩畫作入選於西畫部；1952年第1屆全省教員美展揭幕時，李育亭即獲西畫部特選第四名，接下來兩年，更連續獲得西畫部第二名和第三名的佳績，頗有青出於藍之勢。

大約到了1960年左右，北師藝師科校友在全省美展和全省教員美展獲得前三名者漸趨頻繁，尤其以何肇衢（41級）、汪汝同（44級）、吳

---

113. 前揭蕭瓊瑞（2005），〈戰後北師50年〉，同註73，頁146。

北師藝術師範科 41 級校友何肇衢 1965 年的油畫作品〈碼頭〉，獲第二十屆全省美展第一名，現藏於國立新竹教育大學。（藝術家出版社提供）

汪汝同的水彩畫作品〈臺北街景〉

北師藝術師範科 42 級吳隆榮 1972 年的油畫作品〈火雞群〉。

隆榮（42 級）、潘朝森（48 級）、詹益秀（41 級）、王守英（43 級）
等人，堪稱這兩項大展之常勝軍。上述諸人除了汪汝同多以水墨畫作品
獲獎之外，其他均以西畫得獎。後續之發展，也有人獲得中山文藝獎（何
肇衢、鄭香龍、賴武雄等）、國家文藝獎（吳隆榮、江明賢等）、吳三
連文藝獎（吳隆榮等）、中華民國畫學會金爵獎（曾現澄、何肇衢、江
漢東、王守英、張淑美、李錫奇、潘朝森、倪朝龍、曹俊彥、陳政宏等）、
中國文藝協會文藝獎章（劉興欽、顏倉吉、何恭上、何政廣、李錫奇、

北師藝術師範科 49 級校友倪朝龍 1980 年的木刻版畫作品〈泊〉，現藏於國立臺灣美術館。

席慕容、鄭香龍、賴武雄、江明賢等），巴西聖保羅雙年藝展榮譽獎（秦松、蕭明賢）、法國坎城美展國家榮譽獎（何肇衢、潘朝森）等。此外，李薦宏（39 級）、馮騰慶、曾茂煌、劉同仁、魏坤松（42 級）、呂義濱（43級）、汪汝同（44 級）、黃照芳、簡新模、梁奕焚、黃義永（46 級）、吳仁芳、簡滄榕（47 級）、席慕容（48 級）、劉曉燈（51 級）、林美智（52級）等人，也多以西畫而知名於畫壇。甚至前述從事兒童美勞教育而成就卓越之藝師科校友，迄今多能持續創作而有成，類別方面也多以西畫為主。如是之現象，不但呼應了他們學生時期重視西畫的風氣和導向，而且也成為北師藝師科培育成果之一大特色。

　　北師雖有擅長版畫的周瑛老師，但是正課中並未安排版畫課，有興趣從事版畫鑽研的藝師科學生，僅能利用課餘時間向周瑛老師請教，因

圖 17-1　秦松及其作品〈大地〉。　1962 年，北師藝術師範科 42 級校友秦松贈送給 40 級校友丁占鰲的版畫作品。（丁占鰲提供）

此藝師科校友擅長版畫的不多，但都相當傑出，如：秦松、江漢東（42 級）、何政廣、李錫奇（47 級）、倪朝龍（49 級）等。1983 年 12 月，由行政院文建會策劃主辦的「中華民國國際版畫展」，周瑛老師榮獲文建會主委獎，倪朝龍獲臺北市美術館獎，李錫奇獲韓國湖巖美術館長獎，師生三人同臺領獎，傳為一時美談。

　　此外，在臺灣現代美術發展史上非常有名的「東方畫會」之成員有：霍學剛（42 級）、蕭勤（43 級）、李元佳（44 級）、蕭明賢（45 級），以及他們的支持者黃博鏞（42 級），和創始發起「現代版畫會」的秦松、江漢東（42 級）及李錫奇（47 級）等人，雖然並非政府公辦美展系統出身，但其藝術成就均已躋身臺灣現代美術發展過程中無法省略的一環。不過，他們的創作觀念上則受到校外名家李仲生較多的影響。

　　在書畫領域方面有傅佑武（41 級）、吳長鵬（42 級）、汪汝同（44 級）、徐賓遠、楊偉剛（45 級）、鄭翼翔（47 級）、林煒鎮（49 級）、江明賢、戴武光（50 級）等，膠彩畫領域則有謝榮磻（42 級），都具有

北師藝術師範科 50 級校友江明賢 1998 年的水墨作品〈臺北麗正門〉。

1956 年，李仲生與東方畫會成員「八大響馬」攝於彰化員林。左起：李仲生、陳道明、李元佳、夏陽、霍剛、吳昊、蕭勤、蕭明賢。（歐陽文苑攝）

　　　　　　　　　　六‧培育成果

相當成就。汪汝同兼長水墨和水彩畫，他僅以北師藝師科的學習背景，發展出風格獨具的寫生水墨山水畫風，於早期全省美展和全省教員美展國畫部中連獲大獎而備受藝壇矚目，[註114] 在當時臺灣水墨畫壇極為保守的時空環境中，能有如此成就，實屬難能可貴，可惜英年早逝。江明賢日後於臺灣師大美術系進修，並繼續往海外深造，日後也發展出強明的自我風格，曾獲國家文藝獎、中國文藝協會文藝獎章等榮譽，擔任過臺灣師大美術學系主任，為目前相當知名的水墨畫家。

1956 年，劉興欽為《小學生》畫刊創作的漫畫。

　　至於雕塑方面以 47 級的戴清村（竹谿）和 49 級的郭清治、許和義等人較為知名，郭清治曾入國立臺灣藝專進修，擁有全省美展、全國美展之首獎以及中山文藝獎之獲獎資歷，曾擔任過中國雕塑協會理事長，在臺灣雕塑界頗為活耀。

　　投入美術設計領域的有：李薦宏、何耀宗（41 級）、朱守谷、連錦

114. 《雄獅美術》曾於 1979 年邀請百位美術家談「印象最深刻的作品」，分兩期刊出，臺南水墨畫家楊智雄以汪汝同於第15屆全省美展發表之〈奇萊初雪〉令他感動最深。詳見《雄獅美術》101 期，（1979.7），頁 114。

1980年代,李錫奇攝於版畫家畫廊。

源(46級)、劉煥獻(47級)、馬英哲(48級)等人。投入插畫的有鄭明進(41級)、江義輝(46級)、簡滄榕、雷驤(47級)、曹俊彥(50級)等,曹俊彥曾擔任臺灣省教育廳兒童讀物編輯前後二十年,其插畫曾獲中華民國畫學會金爵獎,也曾應郵政總局之邀繪製郵票圖案,在前述諸人之中特別活耀。至於漫畫方面,特別值得一提的是42級的劉興欽,曾繪製出版頗具童趣的《阿三哥與大嬸婆》、《丁老師》、《小聰明》等各種漫畫共兩百冊左右,於1950-70年代之間風靡全臺小學生,成為家喻戶曉的漫畫家,堪稱臺灣漫畫發展史中相當重要的一員。攝影藝術方面,42級的顏倉吉擅長捕捉兒童活動和運動的瞬間精采情狀,自成一格,曾獲全國美展和全省美展首獎,並迭獲國際攝影展之大獎,常應邀擔任國內各大攝影獎項之評審委員,在國內攝影界中頗為活躍。

1980年代初期以來,47級的李錫奇曾主持過「版畫家畫廊」,同屆的劉煥獻主持「東之畫廊」,張金星主持「阿波羅畫廊」,對藝術界的貢獻不小。同屬47級的雷驤在影視領域頗有成就。此外,41級的許鳴曦曾任行政院僑委會副委員長,專司僑校教育。48級的劉武雄以「七等

1970-80年代版畫家畫廊展場陳設一景。

生」之筆名知名於文學界等。他們的成就也都算得上是北師藝師科的培育成果。

　　師範時期的北師藝師科，由於地處全臺藝文資訊的首善地區，而且招生的人數和屆別多於中師和南師，加上學校鄰近有不少頂尖校外名家畫室，方便於學生前往請益、學習、觀摩，彌補當時北師藝師科師資、課程和教學資源上的不足。也由於地緣之優勢，使得北師得以招收比起中、南部更為優質之師範生，在公費待遇，以及就業保障的學習環境下，藝師科學生更能全神投入而心無旁騖的鑽研畫藝，在此天時、地利、人和條件配合下，因而北師藝師科格外顯得人才輩出，為其他師範學校之所望塵莫及。

戰後初期師範學校普師科的美勞組選修

戰後初期除了北、中、南三所師範學校設有藝師科之外，各師範學校（含北、中、南三所師範）普師科課程中，也有時數極為有限的所謂「美勞組選修課」之課程規劃。歷來幾乎未曾為藝術教育界所觸及。

■ 一、選修課程之變革

　　師範學校普師科，主要目的在於培養小學包班制級任老師。然而在其絕大部分的必修課程之外，也有極為少數學分的分組選修課程。基本上，普師科的必修課程，通常都有涵蓋一般美術教育層級的「美術」和「勞作（或農藝、工藝）」在內；至於這種分組選修課程，早在大陸時期部頒的師範學校課程標準裡即已存在，其旨主要是依據各校師資設備、各地需要和學生專業需求而設計的。[註115]1946 年 8 月臺灣省長官公署教育處頒布的「臺灣省師範學校普通師範科暫行教學科目及各學期每週教學時數表」裡頭，選修科目分為三組：甲組科目為社會教育、地方輔導、地方行政、地方建設；乙組為美術（二年級上下學期各 2 小時／週）、勞作（三年級上下學期各 3 小時／週）；丙組為音樂與體育。每組計 10 小時（學分），普師科學生在第二和第三學年必要選修一組科目，中途不得變更組別。因此選修乙組的學生比起選修他組的普師科學生，在學期間多了 4 小時（學分）的美術和 6 小時（學分）的勞作課程訓練。雖然還不能算得上專業美勞教育，然而已經有考量學生興趣，培養其專長領域之意味。

　　1952 年 4 月教育部修訂頒布的「師範學校普師科課程標準」，選修科目調整為英語、美術、勞作、音樂、體育等五科當中任選一科，在學

---

115. 王宏志（1955）。〈師範學校課程的演變及其改革問題〉。收入《教育輔導月刊》五卷 3 期。頁 15-17。

三年期間，每學期各 2 小時／週，合計 12 小時（學分）。^{（註116）}相較於
1946 年臺灣省長官公署教育處所頒布的課程，不但多了 2 小時（學分）
的美勞選修課程，而且又將美術與勞作分開，僅能擇其一選修 12 小時（學
分），有助於學生對有興趣的選修科目更加專精和深入。

　　1955 年 5 月，教育部再度修訂頒布的師範普師科課程，又將選修科
目分成四組，於第二、三學年修習其中一組，每學期 3 小時／週，合計
12 小時（學分）。四組之內容如下：甲組為體育、音樂和唱遊；乙組為
美術和勞作；丙組為電化教育、社會教育、兒童訓導；丁組為英文。<sup>（註
117）</sup>再度將美術和勞作合併為一組，二年級先修美術，三年級再修勞作。

　　1963 年 2 月，臺中、臺北、臺南三所省立師範學校均已先後改制為
師範專科學校，並停招普師科學生，但教育部仍然進行最後一次修訂普
師科課程，重新將選修科目調整為幼稚教育、社會教育、地方教育行政
與輔導、體育、音樂、唱遊、美術、勞作、英語等九科，每人每學期選
修一至二科為原則。^{（註118）}對於對美勞有興趣的普師科學生而言，則三年
期間最高可多選美術 8 小時（學分）、勞作 4 小時（學分）。值得注意
的是，在其「選修科美術課程標準」的目標之第一點即明示「充實學生
之美術知能及教學之原理方法以培養國民學校健全之美術教師。」^{（註119）}
至於「選修勞作工藝部分課程標準」的目標之第二點也標舉著「培養國
民學校之優良勞作工藝教師，使能適任工藝教學工作。」^{（註120）}由上述兩
段課程目標的揭示，顯示出這種普師科的美術、勞作選修課程，除了基
於學生興趣之外，也還帶有美勞師資培育的類專業美術教育之用意。對

---

116. 前揭臺灣省政府教育廳（1987）。《臺灣教育發展史料彙編──師範教育篇（上）》。頁 87。
117. 同上註。頁 88。
118. 同上註。頁 92。
119. 教育部中等教育司編印（1963）。《師範學校課程標準》。頁 301。
120. 同上註。頁 30。

於其教學內容和重點，也與普師科一般美術教育的「美術」課程有所區別。為了方便對照比較起見。爰參考1963年教育部中教司編印的《師範學校課程標準》，製成【表7】以呈現之。

【表7】
1963年部頒師範學校普師科「美術」必、選修課程內容對照表

必選修	第一學年	第二學年	第三學年
必 修	教學重點在美術基本技能之養成及美術知識之灌輸。第一學期以素描研習為主，第二學期以色彩研習為主。 1. 素描概説及石膏素描練習 2. 靜物及風景素描練習 3. 速寫及粉筆黑板畫練習 4. 美術知識 5. 簡易透視及構圖常識 6. 色彩知識與辨色訓練 7. 粉臘筆畫概説及靜物與風景寫生 8. 水彩畫概説及靜物與風景寫生 9. 各種繪畫材料混合運用練習 10. 名作欣賞及技法研習	教學重點在國畫基本練習（第一學期）和基本圖案練習（第二學期）。 1. 國畫概説及國畫基本練習 2. 圖案概説及基本圖案練習 3. 簡易用器畫之練習 4. 塑造練習 5. 中西美術史略	教學重點在應用美術練習（第一學期）和兒童美術發表教學之研習（第二學期）。 1. 應用美術之練習 2. 兒童美術發表教學之研習（包括寫意、版畫、寫生、貼畫、國畫、圖案等教學） 3. 集體畫（共同製作）之練習 4. 兒童美術概説及兒童美術作品之研究與欣賞 5. 配合相關科目完成大單元教學之研習
選 修	第一學年（以加強西畫訓練，增進美術知識為主） 第一學期： 1. 木炭素描 2. 粉臘筆畫 3. 速寫 4. 西洋美術史及西洋畫欣賞 5. 藝用解剖學淺説 6. 西畫概説 第二學期： 1. 水彩畫 2. 油畫 3. 宣傳畫 4. 美學淺説 5. 色彩學概論 6. 兒童美術活動輔導及美術教育	第二學年（以加強國畫技能訓練，增進美術知能之運用為主） 第一學期： 1. 花卉、翎毛、山水、人物等研習 2. 書法 3. 刻印 4. 國畫概論 5. 中國美術史及國畫欣賞	第二學期： 1. 圖案畫 2. 塑造研習 3. 中西美術工藝概説及欣賞 4. 美術知能之運用研習

製表：黃冬富

從此表中可以明顯看出，同樣普師科的「美術」科目，選修課程雖有不少與必修課程相近之內容，然而基本上，必修課程較屬基礎性層級，而選修課程則較屬進階性質。尤其選修課程中有專業度比較高的藝用解剖學淺說、油畫、美學淺說、刻印、色彩學概論、中國美術史及國畫欣賞、西洋美術史及洋畫欣賞等科目，已經非常接近於藝師科之課程，甚至其中油畫和刻印等科目，連藝師科課程都未曾出現過。可以顯示出美勞選修課程之設計，的確有考量到其美勞科任師資培育的專業面。然而其中每一學期僅有 2 小時／週，其教學內容卻往往涵蓋了好幾個獨立的領域，不但任課教師的專長不易發揮，而且學生對於各種藝術類別學起來也宛若蜻蜓點水而難以深入。由於全部的美術選修課程之上限只有 8 小時（學分），勞作選修課甚至只有 4 小時（學分），因而這套選修課程免不了存在不少實踐層面的瓶頸。

▋二、師資與教學

（一）中師

　　擁有全省師範學校當中美勞師資陣容最為堅強的中師，雖然名師廖繼春、陳夏雨等人，任教期間極為短暫，不過在唯一的一屆藝師科學生畢業以後，仍有美術名師林之助及勞作名師王影等人持續任教，此外又陸續聘入專任美勞教師呂佛庭、楊煦、張錫卿、沈國慶、鄭善禧、張俊聲、宋福民，以及兼任教師王爾昌和徐人眾等人參與任教。其中就國畫（水墨畫）部分，尤以呂佛庭之影響最為明顯。

　　呂佛庭（1911-2005）早年畢業於私立北平美專，為戰後渡臺第一代書畫名家之一，兼長詩文書畫以及書畫論述，於 1949 年應聘任教於中師，主授美術和國文。他於 1950 年代中期即開始撰述並出版《中國書畫源流》、《石濤大師評傳》、《中國畫史評傳》等專書，開戰後臺灣書

畫論述專書寫作之先河；1966 年又以〈長江萬里圖〉之百尺長卷畫作榮獲首屆中山文藝獎，在國內書畫界名氣極大。[註121] 其書畫風格醇雅高古，以今日觀點而言，似乎比較傳統，然而卻自成一格而具有極高的個人辨識度。

1957 年，中師普師科 47 級校友黃朝湖（右）與呂佛庭老師合影於中師校園。

對於繪畫教學方面，呂佛庭要求學生從學習傳統筆墨和章法的「師古」階段，以求其雅而不俗；俟根基紮穩以後，再透過先前學習藝術傳統的經驗去寫生自然的「師造化」階段；然後進而逐漸增加主觀創作的比重之「以心為師」階段，以求將傳統、自然及作者心靈三者自然融合的理想境地。[註122] 雖然其教學方法與文人畫家之傳習方式差別不大，但是其深度和廣度則非一般文人畫家所及。他雖然提供畫稿供學生臨仿，但更鼓勵學生追本溯源，學習古人；除了技法傳授之外，也兼及於畫史和畫理之講授。據中師 49 級普師科（和 54 級三年制專科）校友蕭榮府回憶：

老師（按：呂佛庭）指導學生，由淺而深，循序漸進，不單技法的傳授，且講述歷代重要的畫論、畫法。……而（強調）山水畫當以「元人筆墨，運宋人丘壑，而兼唐人氣韻，乃為上乘」的看法與論點。

---

121. 有關呂佛庭之書畫特質與成就，詳見黃冬富（1991）。《呂佛庭繪畫藝術之研究（研究報告、展覽專輯彙編）》。臺中：臺灣省立美術館。頁 1-239。暨杜忠誥總策劃（2011）。《大時代的豐碑——呂佛庭百歲冥誕紀念展書畫集》。臺中：國立臺中教育大學。中華民國國風書畫學會出版。頁 1-267。

122. 詳見黃冬富（2005）。〈經師人師的呂佛庭教授〉。收入黃國榮總編輯（2005）。《呂教授佛庭先生追思錄》。臺中：臺中市文化局。頁 79-80。

古寺鐘聲穿白雲鏡翠峯湖吞
山愈壯雪浪越谷衝
民國六十九年以十開歲寫于臺中
呂佛庭

呂佛庭 1980 年的彩墨作品〈古寺鐘聲〉。

因此（蕭榮府）課外便常往圖書室觀看《故宮名畫三百種》畫冊，研究五代、宋、元之作，…課外更與周博尚、劉秋存、黃松竹、陳炫明、杜忠誥、陳肆明等十多位學生組成「國畫研究社」…利用中午午休時請教老師，老師都個別詳加指導，獲益良多。當時老師正專心從事〈長江萬里圖〉長卷之創作，住在校外，為了指導我們，不單犧牲了午休，且需趕回學校，現在回想起來，總覺萬分過意不去。(註123)

此外，44 級普師科的黃朝棟記得：呂師強調「畫」要在「行萬里路」的自然界中擷取「用之不

123. 蕭榮府（2005）。〈永懷恩師〉。收入《呂教授佛庭先生追思錄》。同上註。頁 65-66。

二、師資與教學

盡，取之不竭」的題材，是作品求新求變的不二法門，因而常在假日帶著有志於畫藝的學生遊埔里、谷關、霧社等地，實地指點作畫迷津。[註124]師專58級的校友杜忠誥（前國立臺灣師大教授）曾撰〈作之師〉一文，其中對於呂師在人格學養面的啟發尤其感念特深：

在課堂上，呂師不祇是教我們畫畫寫字，還一再勸勉我們要多讀書，有機會要多遊覽。他說，多讀書可以增廣見聞，提高鑑賞力；多遊覽可以開拓胸襟，不至於閉門造車。他告訴我們：藝術創作原是心靈活動的表現，形式技巧固然不可以不講究，更重要的是如何去豐富藝術的內在生命。呂師並不否認資質和技巧對於藝術創作具有相當程度的關係，但他一向不強調這些，他所再三強調的是中國文人畫靈根所在的學識與涵養。然後我們也才知道，何以呂師的畫能蘊蓄那麼豐富的內涵，表現那麼高華的氣質……。

不只愛護學生，呂師還常幫助學生紓解困難……。[註125]

杜忠誥文中並生動地詳述自己在師大進修時曾病重就醫，呂師聞訊兩度親臨探望，堅持致贈一筆為數可觀的醫藥費，師生一時僵持在堅送和堅拒之間，直到老師勃然變色，杜忠誥方熱淚如注的接受老師濟助，也讓在場好友感動得痛哭縱橫之難忘場景，令讀者為之動容。呂佛庭的為人處事，對學生也產生一定程度的潛移默化。正如其同事鄭善禧所說：「呂老師教學認真，常穿著藍色長衫，態度嚴肅有傳統師道精神，經師人師的作為，其任教課程之外更著重學生人格倫理的培養，跟從他的學生都是中規中矩，有師範專業精神的高度人文素養。」[註126]

---

124. 黃朝棟（2005）。〈藝海慈航──師恩點滴在心頭〉。同上註。頁46-48。
125. 杜忠誥（2005）。〈作之師〉。同上註。頁74-76。
126. 鄭善禧（2005）。〈懷念呂佛庭教授〉。同上註。頁39。

1958 年，簡嘉助（右 1，中師普師科 48 級）課後在教師準備室加強素描練習。（簡嘉助提供）

中師美勞教師當中，比較特殊的是戰後初期曾擔任過中師附小校長，於 1958 年改任中師地方教育指導員兼研究主任的張錫卿，他於 1929 年畢業於日治時期的中師演習科，兼長雕塑、水彩、粉彩和書法，其雕塑作品在戰後初期曾三度榮獲全省教員美展首獎，也三度獲全省美展大獎（特選主席獎、學產會獎、文協獎）。值得一提的是，雕塑名家陳夏雨在臺中的村上公學校（忠孝國小前身）接受初等教育時，正好被張錫卿教到。後來陳夏雨赴日學習雕塑，連續三度入選新文展（帝展），成為無鑑查雕塑名家，張錫卿遂轉而向陳夏雨請教雕塑，成為藝壇佳話，亦顯見張錫卿氣度之宏大。

雖然他在中師主要擔任地方教育輔導工作而很少授課，不過對於有志於藝術鑽研的中師學生，則常予以鼓勵、協助以至於從旁指導。據師專時期返回中師任教的普師科 48 級校友簡嘉助所述，就讀中師時期，附小的張錫卿校長常指導他素描，並開放附小的美術教室讓他充分利用，而且閱覽其家中豐富的畫冊收藏、世界博物館全集，以及日本畫展報導與評介等，讓簡嘉助視野為之開闊，令他感恩至今。[註127]

筆者於 1970 年代初期就讀中師時，也還曾經幾度見過張師在課餘時間應學生之請求，雋爽俐落地示範行楷大字，同時也非常慷慨地將寫好

127.　前揭莊明中策展（1993）。《理性與感性的對話──張淑美・簡嘉助對照展》。頁 19、37。

的書法作品贈送學生，幾乎都是有求必應。這種熱心、隨和而「暖暖內含光」的風範，也是非常難得的良師。可惜的是，當時似乎很少人知道其高超的雕塑造詣，因而無人傳習其雕塑絕活。

至於沈國慶和鄭善禧（南師藝師科42級）皆畢業於臺灣師大藝術系，張俊聲畢業於臺灣師大工教系，三人都是戰後初期臺灣專業藝術教育的師培體系所養成的新生力軍。其中沈國慶原本擅長印象風格的西畫，由於學校配課之需求，因而多擔任勞作（工藝）課程，其對中師的貢獻，以日後籌畫成立美勞教育學系，並擔任首任系主任，對於軟、硬體建設的學校行政之投入與付出，尤其令人印象深刻。張俊聲曾受過科班的工藝教師養成教育，早年即以木工和藤竹工最為拿手，因而擔任工藝教師顯得頗為得心應手。至於鄭善禧，堪稱繼林之助和呂佛庭之後，擁有全臺高知名度的明星級名師。

（二）竹師

竹師名師李澤藩（1907-1989），是師範時期除了中師之外，惟一具有省展評審委員身分的師範學校專任教師。李澤藩於 1926 年畢業於臺北師範，為石川欽一郎所培育的傑出水彩畫家之一。日治時期任教於新竹第一公學校（新竹國小前身），由於戰後初期教育部所頒佈之「中等及師範學校教員檢定辦法」，放寬圖畫教員未具學位者，得以「具精練之藝術技能者」通過試驗檢定後任用。[註128] 因而在 1946 年得以五幅作品獲竹師薛健吾校長的賞識而獲聘為美勞教員。[註129] 李澤藩在竹師兼授美術和勞作，而且也將教材教法融入美勞課中，以增進學生畢業以後在課

---

128. 多賀秋五郎（1976）。《近代史中國教育史料──清末編・民國編》（下）。臺北：文海。頁722-725。
129. 吳錦釵（1984）。〈當代教育家專訪：美術教育的功臣──李澤藩先生〉。收入李季眉編輯（1990）。《李澤藩：一位偉大的父親・藝術家・教育家》。新竹：李遠昌發行。頁 100-107。

李澤藩老師。（徐素霞提供）

李澤藩 1950 年的水彩作品〈李小姐〉，獲第 5 屆全省美展文化財團獎。

堂上的教學運用之能力。值得一提的是，以水彩畫創作名世而無學術養成背景的他，於 1954 年以相當平實而深入淺出的筆調，針對國小美勞教學，撰寫了一篇長達三萬多字的《怎樣教美術》之著述發表。^{（註130）}其中對於國小各年級的美勞學習心理之分析，教材及用具材料之安排和選擇，以至於欣賞教學之實施方式等，都有步驟詳細而具體的分析，其中還附有其手繪之靜物畫構圖要領解析。充分展現出其豐富的教學實務經驗及

---

130. 李澤藩（1954）。《怎麼教美術》。收入吳鼎主編（1954）。《國民學校叢書》（第六卷）。臺北：復興書局。頁 1-81。

李澤藩 1982 年的水彩作品〈新竹東門城〉

美勞教育之理論素養，相當有實用推廣價值，堪稱 50 年代國小美勞教學頗具代表性的專書。或許由於此書之發表受到教育行政當局重視所致，1956-1968 年間，他持續應聘參與全省美勞教師研習之講座和指導。

在美術課教學現場中，李澤藩之教學風格，據竹師 43 級校友黎蘭之描述：

李老師上美術課非常辛苦。整堂美術課，他一個人挨著一個地作個別指導，他應用自動和類化教學原則，讓學生照他的指示改自己的畫，有時學生改得不好，老師輕輕地彩筆一揮，就把學生很糟的畫改觀了，讓學生從心底湧現一股頓然明悟的喜悅。李老師上課時聲音宏亮，好像一身有用不完的精力，但他的說話風趣，富有幽默感，所以我們的美術課生趣盎然，這真是怡情養性的一刻。有時我們向李老師撒嬌：「糟糕！畫壞了！」、「不錯嘛！不要急，等乾了再了畫這一部分，你先畫下面的……」

不管多糟的畫，在李老師的眼中總會看到美好的部分……。^{（註131）}

　　認真敬業又風趣親切，是不少學生對於李澤藩之印象。雖然他對於西方現代藝術思潮很少觸及，但對於自己獨到的繪畫創作心得，卻毫不保留而且有系統的傳授給學生。竹師專 64 級第 1 屆美術科的林錦堂曾回憶到：

　　……他從頭至尾畫給我們看，從取景、打稿、上色、修飾到完成，並配合解說。同學們早已風聞他的名氣，所以大家都很用心看，對於他獨特的洗畫法，日後更是參考練習了好長一段時間。……曾經單就各種構圖的方法和特點分析了兩節課。

　　……記得（民國）63 年 4 月 21 日那天，李老師的兒子住院開刀，他幾乎整個晚上未睡，隔天依然照常來上我們的課。…上課中又照常的到處巡迴解說，不肯休息。尤其最後的二個鐘頭，簡直是活受罪，拿著一個笨重的調色盤，不停地為同學改畫，直到下課，我們看他老人家雖然強健但也快倒下了，……。^{（註132）}

　　這種感人的敬業精神，典型的經師兼人師。李澤藩於 1965 年辦理退休，之後仍在竹師兼課至 1976 年，前後任教竹師達三十年之久。長久以來，不少人只要談到竹師的美勞教育，往往就會聯想到李老師，他不但是竹師最具分量的美術老師，也堪稱臺灣最傑出的前輩水彩畫家之一。

　　1960 年前後，竹師普師科 43 級校友陳煥堂（臺師大 48 級藝術專修

131. 黎蘭（1977）。〈美與愛的播種者——李澤藩教授畫展的獻禮〉。前揭〈李澤藩：一位偉大的父親‧藝術家‧教育家〉。頁 79。
132. 林錦堂（1990）。〈我知道的李老師〉。前揭《李澤藩：一個偉大的父親‧藝術家‧教育家》。頁 34。

科畢）返竹師任教，為呂燕卿（前竹教大教授，竹師普師科 55 級）在學三年期間之美術教師。不過僅任教約五、六年，隨即辭職赴日本京都藝大研習陶瓷，其後遂轉往陶藝發展，為當前頗為知名的陶藝家。

（三）屏師與嘉師

在地緣與文化環境相對弱勢的屏師與嘉師，普師時期雖然沒有全省性高知名度的美術老師，不過仍能營造出頗為蓬勃的學習風氣。

任期長達二十六年的屏師首任校長張效良，力倡活動、運動和勞動的的「三動教育」在師範教育界相當有名，因而校園的藝文風氣頗盛。普師科時期，美勞教師之流動量頗大，先後有鄭乃珖、戴阿麟、楊造化、白雪痕、周豐凱、劉景林、陳朝平、高業榮、韓聖訓等人，[註133] 戴阿麟（音樂背景）與楊造化均具留日背景，但任教其間極為短暫；鄭乃珖、白雪痕、周豐凱、池振周、劉景林、韓聖訓等人，屬大陸來臺師資；陳朝平和高業榮則為屏師普師科校友。就當時之藝術創作資歷而言，以畢業於日本東京太平洋美術學校的楊造化，以及曾於上海美專求學的鄭乃珖較為活躍。

鄭乃珖（1911-2005）長於水墨，1946 年 12 月曾於屏東市中山堂舉行畫展，然在屏師僅任教半年隨即返回大陸發展，之後曾任教西北藝專、西安美術學院，晚年返故鄉福州定居，曾任中國美術家協會福建分會副主席及福建畫院院長等職，為大陸知名水墨畫家。

楊造化（1916-2007）是屏東第一位留日畫家，其油畫作品作品曾獲日本太平洋美展優秀賞、日本第一美展以及臺灣府展入選，屏師普師科 38 級校友蔡金柱曾撰文回憶說：「楊老師的素描基礎之厚，油畫功夫之深，令人神往。」[註134]

---

133. 黃冬富（2012）。〈屏師美勞教育之歷史發展——戰後臺灣小學視覺藝術師資養成教育的一個切面（1946-）〉。收入《臺灣美術》90 期。頁 4-35。

1960年「第1屆翠光畫會會員合影」。第一排右起為白雪痕、汪乃文、校長張效良、羅伯平；第二排右1為蔡水林（39級）、右3為莊世和、右4為陳瑞福（43級），最左為張志銘（45級）；第三排右起為池振周、潘立夫、何文杞（39級）、陳處世，左側海報為何文杞所畫。（何文杞提供）

　　可惜鄭、楊二師任教屏師都不超過一年。基本上在1948年以前，屏師的美勞教師之流動率甚高，因而影響極其有限。到了1948年白雪痕和池振周兩位老師應聘，並持續任教屏師二十多年，其影響方始深遠。

　　白雪痕（原名白順常，1919-1971）畢業於上海新華藝專藝教系圖音組，長於水墨，兼具話劇指導與表演專長，當年屏師90%以上的話劇活動均由他導演，他也是黃光男就讀屏師時期的美術老師。雖然他不是明星級繪畫名師，但其個性開朗熱心而具親和力，平時相當關心學生生活，

---

134. 蔡金柱（1986）。〈不惑的四十年〉。收入臺灣省之屏東師範專科學校編。《屏師四十年》。頁152-153。

白雪痕 1961 年的水墨作品〈紫霞雲帳〉。
（黃光男提供）

白雪痕 1961 年的水墨作品〈秋菊送香〉。
（黃光男提供）

學生每逢苦悶或挫折，往往喜歡找他尋求開導。

　　池振周（1909-1978），上海藝術大學西畫系畢業，擅長西畫，其個性溫和沉默，教學認真而按步就班，是王秀雄就讀屏師時期的授業老師。

　　1957 年方始創校的嘉義師範（簡稱「嘉師」），曾任國立嘉義大學視覺藝術學系主任的王源東教授，曾調查歷年嘉師之專任美勞教師，整理成【表8】。其中可見，普師科時期的美勞師資僅有畢業於北京京華美術學院的美術教師甄溟，以及畢業於廈門美專的勞作教師蔡成發二人。其中尤其甄溟老師對於嘉師國畫風氣之蓬勃發展影響深遠。

歷年任教嘉師之專任美勞教師一覽表（1957-2006）

姓名	性別	籍貫	任教時間	畢業學校	專長	備註
甄溟	男	河北博野	46.08~60.08（民國）	北平京華美術學院	書畫	號奉三，又稱海洋樓主
蔡成發	男	福建同安	56.08~73.02	廈門美術專科學校	工藝	
王影	男	山東平原	58.08~60.08	北平藝術專科學校	工藝	號亦吾
張醒民	男	河南太康	58.08~66.08	北平美術專科學校	水墨	
林木貴	男	臺灣南投	58.08~93.02	臺灣師範大學美術系	西畫	
蓋瑞忠	男	山東萊陽	59.08~86.08	中興大學公共行政系	工藝	字公允，號夢愚
張延民	男	河南博愛	60.08~86.02	臺灣藝術專科學校	勞作	
張權	男	臺灣嘉義	60.08~91.02	臺灣師範大學美術系	水墨	字子鈞
林慧美	女	臺灣嘉義	61.08~92.02	臺灣師範大學美術系	西畫	
劉坤富	男	臺灣嘉義	64.08~70.08	臺灣師範大學美術系	水墨	
藍再興	男	臺灣南投	65.08~93.08	臺灣師範大學美術系	水墨	
陳秋瑾	女	臺灣雲林	68.08~70.08	臺灣師範大學美術系	西畫	
鄭寶宗	男	臺灣臺南	72.08~97.08	臺灣師範大學美術研究所	西畫	
劉豐榮	男	臺灣嘉義	73.08~	美國伊利諾大學教育博士	藝術教育 藝術理論	
何文玲	女	臺灣嘉義	84.08~	美國伊利諾大學藝術教育碩士	藝術教育 藝術理論	
陳箐繡	女	臺灣彰化	86.08~	美國印第安那大學藝術教育博士	藝術教育 藝術理論	
簡瑞榮	男	臺灣嘉義	86.08~	英國里茲大學哲學博士	文化行政	
楊玉女	女	臺灣彰化	88.08~94.08	美國馬里蘭大藝術教育博士	藝術教育 科技藝術	
張家瑀	女	臺灣嘉義	88.08~	西班牙塞維亞大學藝術創作博士	版畫	
王源東	男	臺灣臺南	91.08~	臺灣師範大學美術研究所	水墨	
廖瑞章	男	臺灣屏東	92.08~	澳洲皇家墨爾本大學藝術創作博士	陶藝 立體造型	
張栢祥	男	臺灣雲林	95.02~	臺南藝術大學音像動畫研究所	設計 腳本企畫	
周沛榕	男	臺灣臺北	95.02~	澳洲皇家墨爾本大學藝術創作博士	西畫	
謝其昌	男	臺灣基隆	98.02~	西班牙瓦倫西亞科技大學素描系博士	繪畫創作 綜合媒材	
陳聖智	男	臺灣臺南	98.02~98.08	國立交通大學土木工程學系電腦輔助建築設計工學博士	數位科技藝術 電腦輔助設計	
胡惠君	女	臺灣雲林	100.08~	國立雲林科技大學設計學研究所博士	互動遊戲設計 視覺傳達設計	

製表：王源東

二、師資與教學

甄溟雖然為傳統國畫家，也無輝煌的創作畫歷，然溫和熱心且具高度教學熱忱，其印行的《甄溟畫集》中內附步驟詳明的山水畫法起手式，非常有益於初學國畫之入門學習。據嘉師59級普師科校友林進忠之描述：

　　甄溟老師極富包容雅量以及教學熱忱。他指導國畫，可以容許學生不遵循其畫風而自行選擇喜歡的校外名家畫風學習，他也同樣予以指導。此外，他希望學生在寒暑假期間多作畫，鼓勵學生們累計幾件畫作之後就郵寄回學校給他批閱，甄老師往往在審閱批改之後，另附一信提供指導意見並多所勉勵，隨後再寄回給學生。 [註135]

　　甄溟老師在嘉師所施行的寒暑假期間義務的函授作法，確屬極具教學熱忱和敬業精神，相當難能可貴而令人感念，亦堪稱經師兼人師之典範。尤其他指導下的嘉師國畫社，建立起學長帶領學弟的蓬勃學習畫風氣，因而人才輩出。曾任嘉師校長的耿相曾在《嘉師三十年》專輯中撰文提及：「國畫方面，是由甄溟老師指導，由於同學日以繼夜的學習，名師自有高徒出，有一年在全國美展（按：正確說法，應是1971年的全省學生美展），本校學生入選作品之多，竟占有專科學校組入選作品總數一半以上，可謂事屬空前，也為本校創下光榮的紀錄。」 [註136]

　　稱甄溟是普師科時期嘉師國畫風氣之帶動及人才培育的靈魂人物，應無疑問。此外，書法造詣極高而且又熱心推廣書道的日治時期前輩書家陳丁奇（1911-1994），雖並非嘉師專任教師，但他自1964年起於嘉義「玄風館」指導書法，不少對於書法有興趣的嘉師學生常前往請益學習；1968年他更應聘正式指導嘉師的書法社團， [註137] 因而嘉師在普師科後

---

135. 2015年2月11日訪談林進忠教授於高雄。
136. 耿相曾（1987）。〈嘉義師念故人〉。收入省之嘉義師院編（1987）。《嘉師三十年》。頁121-124。

南師藝術師範科 42 級校友林國治 1984 年的油畫作品〈阿里山晨景〉。

期及早期師專，書法人才的培育比起其他師範學校顯然特多。

　　除了陳丁奇之外，戰後嘉義油畫名家林國治（南師藝師科 42 級校友），於 1978 年在嘉義市離嘉師專不遠處成立「藝苗美術教室」，當時嘉師美術教師惟有林木貴擅長西畫，但他則鼓勵校內有興趣學畫的同學前往「藝苗美術教室」學習，因此「藝苗」之成員大多為嘉師學生。其教學內容包括素描、水彩、油畫等，甚至偶爾也教透視學和色彩學之常識。[註138]林國治曾於 1980 年代中期，以油畫作品連續獲全省公教員美展前三名而膺「永久免審查」榮銜，其創作和教學都極為投入，也常帶

---

137. 參見蘇子敬（2014）。《陳丁奇的書法志業及其書道哲學觀》。臺北：蕙風堂。頁 18-22。
138. 莊玉明（2012）。《嘉義‧塔山‧林國治》。新北市：莊玉明發行。頁 18-31。

二、師資與教學

領學生外出寫生，與學生建立了極為深厚的師生情誼，因此指導績效也十分可觀。如嘉師專 71 校友莊玉明在其指導下，兩度榮獲全省學生美展西畫首獎，畢業第二年又榮獲第 10 屆全國美展第二名。「藝苗美術教室」大概經營至 1990 年前後，先後擔任嘉大視覺藝術系主任的王源東和簡瑞榮，都曾是「藝苗」的學生。十多年間曾有兩百七十五位學生出入「藝苗」，對於師專時期的嘉師西畫風氣和水準之提升，頗有密切關聯。

（四）花師與東師

位於東臺灣的花師與東師，由於地處偏遠，文化刺激遠不如西部，師資及教學設備方面亦然。曾任小學校長的首屆花師校友林順發曾於回憶當年時提及：

> 我們念書的時候，花師是新創設學校和西部師範學校不一樣，當時面臨臺灣剛光復又大陸開始不安，政府對東部師範教育限於經費跟路途遙遠，根本沒辦法聘到老師，也沒有辦法補助經費或採購什麼設備。英文教學，沒師資就由校長來教，而且用的書，是我念花蓮初中念過的開明書局英文教科書；自然科老師也由花蓮兵工學校老師調來兼課，缺乏自然教學設備的狀態下，幾乎沒作過實驗。[註139]

早期花師的窘境，經由上述文字的描述，讓人倍感沉重。比起花蓮地緣條件更為不利的臺東，其情況自然可想而知。

檢視普師科時期的花師歷年美勞師資名單，頗具知名的吳學讓、陳其茂和張杰三人都曾任教過，但都僅止於一年左右隨即離職。因而該校之美勞課主要由大陸來臺得趙善達（畢業於杭州藝專）及臺灣省立師院第 1 屆勞圖科校友陳永和（與施翠峰同屆）兩人擔綱。趙、陳二師均兼

---

139. 引自沈翠蓮（2004）。《臺灣小學師資培育史》。頁 227。

陳輝東筆下的李淑英老師。

擅中西繪畫，也能教導勞作，然而卻很少參與全省性繪畫活動，也並未積極鼓勵學生繪畫創作，甚至在普師期間花師校內並無繪畫性社團，[註140] 因而校內之美術風氣並不興盛。

比起花師更為邊陲的東師，同樣也有師資流動率偏高之情形。普師時期曾有呂佛庭、王育仁、徐成霖、林嵩齡、李淑英、邱行槎等美術教師任教過，不過除了李淑英和邱行槎之外，其他幾位的任教時期都極短暫。

1949年應聘任教的王育仁，是普師科期間東師唯一擅長西畫的教師，前後待在東師三年，任教期間僅次於李、邱二師。他早年畢業於北平輔仁大學美術系，具有寫意水墨趣味的透明水彩畫風頗具特色，有時假日往校外寫生，會邀約學生當中有興趣於畫藝且具潛力者同行，42級的陳甲上當年即因而得以時常完整地觀摩其作畫過程。王育仁甚至也曾主動選送陳甲上的水彩畫習作入選全省學生美展，對學生時期的陳甲上產生了極大的激勵作用，因而奠定他日後持續於畫藝鑽研的生涯。[註141]

精擅墨竹兼長花鳥畫的李淑英（1910-1992），畢業於上海美專中國

---

140. 據筆者 2015 年 1 月 12 日訪問花師普師科 54 級校友林玉山於臺北。
141. 據筆者 2014 年 7 月間電訪陳甲上所云。

畫系。1955 年開始任教東師迄 1976 年退休為止，前後二十一年。據東師 64 級校友林永發（現任國立臺東大學教授兼人文學院院長）描述其教學風格：「教學嚴格而認真，除課堂外，課餘亦經常邀學生在宿舍中指導畫竹技法。指導國畫落款，更親自以行書示範，再以硬筆正楷說明，其用心程度可見一般，而且視學生如子女。……亦樂善好施，經常為教會義賣自製賀年卡及繪畫，嘉惠年輕學子。」^(註142)

李淑英曾編繪《畫竹一得》專書印行，其中示範畫竹步驟頗為詳明，非常適合於教學推廣。是普師科時期影響東師美術風氣最大的美勞教師。

邱行樵與李淑英同時進入東師任教，曾讀過上海美專與北平國立藝專，擅長寫意水墨，尤工指畫，為典型文人畫家，在東師改制為師專前夕離職他就。

（五）北女師與高女師

日治時期與北師同源的北女師，戰後普師科時期先後有丁學洙、張性荃、林中行、吳學讓、劉予迪、袁潤秋等人擔任美勞教師。相輔的教學社團有屬於教師的美勞教學研究會；屬於學生的西畫研究社（宇象畫社）及國畫研究社。^(註143) 其中除了杭州藝專畢業的劉予迪長於西畫，另有袁潤秋長於勞作之外，其餘四人均擅長國畫（水墨）。

1954 年創校，前後僅招生十三屆的高雄女師，相較於北女師美術風氣顯得較為低迷。據普師科 58 級（最後一屆）校友尤美玲之回憶，在學期間校內並無西畫或國畫相關的美術性社團，校內也未曾舉辦過美術比賽。女師三年期間，惟有學校正課中才有接觸到美術和勞作。當時美術課由林廣蔭老師講授，勞作老師則為韓聖訓，不過當年之高雄女師美勞

142. 林永發、林勝賢（2003）。《臺灣地方美術發展史全集 - 臺東地區》。臺北：日創社。頁 56。
143. 劉予迪（1995）。〈女子師範時期美術教育之回顧〉。收入古國順總編輯（1995）。《春風化雨一百年──臺北市立師範學院建校百年紀念專刊》。頁 113。

教師極少參與校外藝術活動，似乎也未見後續之創作和發表訊息。^{（註144）}

▌三、美勞相關之人才培育

　　檢視普師科時期，各師範學校的美勞選修之美勞相關人才培育，可以發現一個明顯之現象：亦即擁有藝師科的北、中、南三所師範，其科班的藝師科與半科班的美勞選修並存之時期，其美勞選修學生的美勞人才培育往往顯得相對偏少。

（一）北師與南師

　　以藝師科人才濟濟的北師為例，普師科時期藝師科之外，有 35 級的楊乾鍾，38 級的陳國珍、廖季芳以西畫創作知名，38 級的黃則修以「捉住了臺灣當時生民的摯樸情感與生命脈動」的寫實攝影名世。^{（註145）}不過相較於其藝師科之人才培育數量而言，仍然極為懸殊。

　　南師藝師科設立以前的 1947-1952 年之間，畢業的普師科校友以美勞領域知名者僅有文以禮（39 級，水墨）、黃騰山（41 級，水墨）、何清吟（藝術教育、西畫）、許淵富（40 級、攝影）、洪傳桂（41 級，西畫）等四人；藝師科期間，非藝師科的普師校友，僅有 47 級的劉文三（西畫、藝術教育）及 48 級的蘇新田（西畫）兩人；藝師科停招停以後，普師科美勞人才的培育又有增加的趨勢。如 50 級的許一男（西畫、藝術教育），施春茂（書法），52 級的蔡崇名（書法、書法教育）、張道明（西畫）、廖賜福（水墨），53 級的陳水財（西畫）、王太田（水墨）、薛珍亮（書畫）等人。亦顯示出藝師科與普師科美勞選修並存時期的強幹弱枝之對比現象。

---

144. 筆者於 2015 年 1 月 3 日電訪高雄女師 58 級校友尤美玲。
145. 蕭瓊瑞語。引自蕭瓊瑞（1996）〈戰後北師 50 年──臺灣現代美術與美術教育發展的一個斷代切面〉。袁汝儀、熊宜中總編輯（1996）。《北師世紀大展專輯》。國立臺灣藝術教育館。頁 216。

南師藝術師範科 53 級校友陳水財 1994 年的作品
〈人頭 1994-07〉，現藏於高雄市立美術館。

張道明 1995 年的油畫作品〈紅色奇萊〉。

中師普師科 45 級校友施華堂 1984 年的膠彩畫作品〈淨
山明月〉。（施華堂提供）

曾得標 1973 年獲得第 27 屆全省美展首獎的膠彩作品
〈憩息〉。（藝術家出版社提供）

1964年，蕭榮府（中師普師科49級）以水墨作品〈縹緲白雲鎖巍峰〉獲第5屆全國美展金尊獎。（蕭榮府提供）

（二）中師

　　至於中師，由於戰後初期以來膠彩名家林之助之指導，使美勞人才培育及膠彩畫人才輩出成為特色。除了藝師科的黃登堂，普師科的美勞選修以膠彩畫知名者有41級的陳石柱、林星華、陳日熊、陳錦添，44級的江宗杜，45級的施華堂、林榮輝，47級的廖大昇、黃朝湖，48級的蔡其瑞，49級的柯武雄、蘇服務，50級的曾得標等。其中黃登堂、陳石柱、施華堂、曾得標等人，均以創作資歷和輩份而獲聘為省展評審委員。尤其曾得標傳授第三代膠彩畫弟子最多，對臺灣膠彩畫界頗有影響，有「采風推手」之譽。

　　水墨畫方面，有42級的王炯如、朱振哲，43級的林江海，44級的黃朝棟、黃長春，45級的施華堂、林懋盛、謝瑞煌，47級的黃朝湖、黃瑞呈，48級的黃昭雄、周博尚，49級的高木森、蕭榮府、劉秋存、楊須美、卓雅宣等，50級的王耀庭、李惠正、羅光裕、陳立雄，51級的劉智美、張邦雄等。其中，黃朝湖和李惠正走向極具個人風格辨識

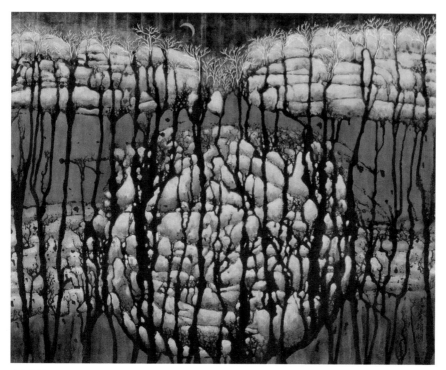

中師普師科 47 級校友黃朝湖 1999 年的彩墨作品〈流金的時空〉。（黃朝湖提供）

度的現代水墨畫風（前者強調彩墨兼用，打破水墨畫之材質限制，摻用壓克力、水彩等顏料，名之為「彩墨畫」；後者堅持水墨本位），在國內水墨畫界頗為知名，黃昭雄則曾獲國畫類中山文藝獎及中國文藝協會文藝獎章等榮譽。此外，高木森和王耀庭後來走向中國藝術史的學術研究，均成為國際知名的藝術史學者。黃朝湖在 60 年代密集發表文字論述，為支持五月、東方畫會的現代繪畫運動的重要文字論述者之一。其後更投入現代繪畫的創作，90 年代並倡組「國際彩墨畫家聯盟」，積極推動現代彩墨之創作。

就書法方面，則以 48 級的劉忠男，50 級的李惠正、張自強、邱芳昌和 51 級的陳炫明最為突出。陳炫明和張自強均曾擔任省展書法評審委

藝術家雜誌社 收

10644 台北市金山南路(藝術家路)二段165號6樓
6F., No.165, Sec. 2, Jinshan S. Rd. (Artist Rd.), Taipei 106, Taiwan
TEL：(02) 2388-6715　FAX：(02) 2396-5707

Artist

姓　　名：＿＿＿＿＿＿　性別：男□ 女□ 年齡：＿＿＿＿

現在地址：＿＿＿＿＿＿＿＿＿＿＿＿＿＿＿

永久地址：＿＿＿＿＿＿＿＿＿＿＿＿＿＿＿

電　　話：日／＿＿＿＿＿＿　手機／＿＿＿＿

E-Mail：＿＿＿＿＿＿＿＿＿＿＿＿＿＿＿

在　　學：□ 學歷：＿＿＿＿　職業：＿＿＿＿

您是藝術家雜誌：□今訂戶　□曾經訂戶　□零購者　□非讀者

客戶服務專線：**(02)23886715**　E-Mail：**artvenue1975@gmail.com**

陳炫明（中師 51 級普師科）2003 年的隸書對聯。（陳炫明提供）

資歷頗為可觀，李惠正則書風的張子邦，40 級的陳育濬，41 級的林淑銀，47 級的丁國富、，49 級的章錦逸（溝）等，其，曾應聘擔任省展評審委員、評議委員；章錦逸畫風結合中國古代神話及超現實、象徵主義畫風，極具個人辨識度；王鍊登、賴瓊琦和廖武藏後來走向工業設計領域的學術界，都曾擔任過科系主任，成為大專校院之名師。

此外，40 級的陳石岸畢業後投入攝影藝術之鑽研。51 級的江雅惠則

簡嘉助（中師普師科 48 級普師科）1992 年的水彩作品〈畫室即景〉。（簡嘉助提供）

章錦逸（中師 49 級普師科）1979 年的油畫作品〈神農氏〉。（章錦逸提供）

走向複合媒材及工藝美術，各自都有獨到之成果展現。

就美術教育領域而言，前述多位創作實務有成者，在第一線的學校美勞教學方面，大多有相當不錯的教學成果表現。此外，黃登堂、黃朝湖和簡嘉助三人尤其突出。黃登堂早年長時期協助林之助編輯中小學美術教科書而極具品質，1970 年並擔任國立編譯館的國民小學美術教科書之編審委員；黃朝湖曾撰述不少兒童美術教育之論述發表，是中師師範時期校友中美術論述發表最為豐碩者；簡嘉助於師專時期返回中師任教，除了培育國小美勞師資之外，對於中部地區美勞教育的輔導也著力頗深。

中師普師科校友當中，曾擔任過大學校院美術相關領域的專任教職者，有王錬登、賴瓊琦、黃瑞呈、簡嘉助、廖武藏、高木森、楊須美、章錦逸、李惠正、江雅惠、劉智美等。在專業藝術教育的人才培育，以及教育推廣方面，其藝術教育之貢獻自不待言。其中將近三分之二曾擔任過系所主管，透過行政兼職更能發揮其影響力。

在文化行政體系方面，43 級的曾江源曾任臺北國父紀念館館長，49

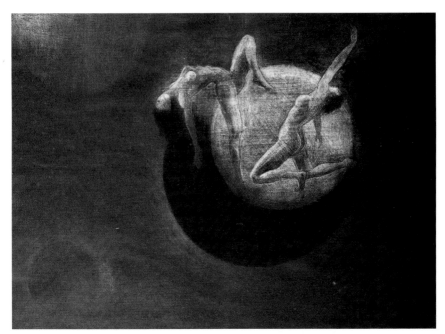

呂燕卿（竹師普師科 55 級）1975 年的版畫作品〈伊甸園之三〉。

級的楊國平曾任省立臺南社教館館長，50 級的王耀庭則擔任過國立故宮
博物院的書畫處處長，對於臺灣文化藝術界方面各有不同層面之貢獻。
比較特殊的是，早年追隨林之助研習膠彩畫的蔡其瑞，後來走入企業界，
成為寶成工業公司董事長，雖然離開畫界，卻成為膠彩畫的重要贊助者；
受過呂佛庭教導啟發的黃昆輝（44 級，前總統府秘書長）和陳庚金（46
級，前臺中縣長、行政院人事行政局長）等人，師範時期雖非美勞組，
但長久以來仍與呂佛庭密切聯繫，且運用其職務高度和行政資源支持國
內文化藝術之推展而不遺餘力，其貢獻均遠大於第一線的藝術工作者。

（三）竹師、嘉師與屏師

　　普師科時期，竹師在美勞領域後續發展較為知名者有 43 級的陳煥堂
（西畫、陶藝）、杜若洲（西畫、藝術理論）、黎蘭（黎蘭妹，西畫、水墨）、

袁金塔（竹師普師科 57 級）1976 年的水墨作品〈調車廠〉。

44 級的謝子烈（西畫、藝術教育）、45 級的張秋臺（西畫、藝術教育）、51 級的蔡長盛（書法、美術設計）、52 級的劉洋哲（版畫、油畫），葉劉金雄（雕塑），53 級的黃元慶（西畫）、陳松（雕塑），54 級的詹鏐淼（皮雕、水墨）、李漢明（水彩），55 級的呂燕卿（藝術教育、版畫、水墨等）、邱定夫（水墨）、57 級的袁金塔（水墨、西畫）等。其中陳煥堂、蔡長盛及呂燕卿，後來曾返回竹師任教，蔡長盛和呂燕卿皆擔任過系主任，尤其呂燕卿曾擔任教育部九年一貫藝術與人文領域課程輔導小組的召集人，對於晚近國內中小學藝術與人文教育頗有貢獻；黃元慶曾任臺藝大美術系主任，造形藝術研究所所長；袁金塔曾任臺師大美術系教授兼主任，其兼具本土性及時代性的水墨畫獨樹一格，在海峽兩岸畫壇頗為活躍。邱定夫任教於文化大學，為嶺南派第四代傳人。

嘉師普師科最後一屆為 59 級，其歷年校友中，美勞相關領域的人才有 52 級的藍再興（水墨）、53 級的劉坤富和尤敏貞（水墨）、56 級的蘇憲法（西畫）、林仁傑（藝術教育、西畫、水墨）、彭錦陽（漫畫）、李國聰（水墨）、57 級的蔡友（書畫）、張松年（水墨）、李郁周（原

嘉師普師科 56 級校友蘇憲法 2017 年的油畫作品〈紅梅迎春〉。

嘉師普師科 57 級校友蔡友 2000 年的水墨作品〈夜城〉。

嘉師普師科 56 級校友林仁傑 2017 年的水彩作品〈澎湖之東嶼坪嶼〉。

名李文珍，書法）、59 級的林進忠（書畫）、楊清田（藝術學）等人。
其中，藍再興曾返嘉師任教，蘇憲法和林仁傑曾任臺師大美術系教授，
蔡友、林進忠和楊清田曾任臺藝大教授，李郁周為明道大學教授。楊清
田和林進忠先後擔任臺藝大副校長，林進忠並曾任院長與系主任等職；
楊清田、蘇憲法和蔡友也均在臺師大和臺藝大擔任過系主任職務；蔡友
和林進忠均曾獲中山文藝獎榮譽，在國內藝術界均頗為知名。可能由於
師資結構偏重水墨畫專長之關係所致，普師和師專時期，嘉師美術相關
的人才培育，顯然以書畫領域格外亮眼。

　　位於南臺灣的屏師，普師科時期在「三動教育」校風之孕育下，美勞
相關人才之培育明顯多於其他師範學校普師科，就專長領域分述如下：在
美勞教育有蔡金柱（38 級）、何文杞、蔡水林（39 級）、游明春、李進安（40
級）、王秀雄、陳朝平（41 級）、陳瑞福（43 級）、陳國展、張文卿、

嘉師普師科 57 級校友李郁周 2017 年的
書畫作品〈草書〉。

屏師普師科 39 級校友蔡水林 1969 年的作品〈盼〉。

嘉師普師科 59 級校友林進忠 1991 年的書畫作品〈坐有得室〉。

1969年，王秀雄（屏師普師科41級）在板橋國教研習會講授美術教育課程。

屏師普師科師生合影。前排右起為顏逢郎、董英明、黃光男、呂金雄，後排右起蘇金松、徐自風，老師蔣青融、楊作福。（黃光男提供）

何文杞（屏師 39 級）1990 年的油畫作品〈祥鳳馬背〉。（何文杞提供）

張志銘（45 級）、徐自風（49 級）、呂金雄（52 級）、吳正雄、包梅芳（56 級）等人在國內美術教育界都頗為知名，其中王秀雄尤其在國內美術教育界擁有崇高的地位和影響力，其學術成就和聲望美術學界罕人能及。

屏師普師科 43 級校友陳瑞福的油畫作品〈高雄港遠眺〉。（陳瑞福提供）

　　基本上，前述幾位美勞教育領域人才，在創作領域方面除了陳朝平致力於水墨畫之外，其餘幾乎多長於西畫創作而各具相當之成就。此外39 級的傅金生、45 級的張文卿、48 級的高業榮、52 級的顏逢郎等人，也都以西畫知名於藝壇。其中何文杞的水彩畫，陳瑞福的油畫和陳國展

愛好書畫藝術的屏師 52 級學生，左起為蘇金松、黃光男、呂金雄與 49 級的徐自風合影，約攝
於 1963 年。（圖片翻拍自《屏師校史初輯》）

屏師普師科 45 級校友陳國展 1980 年的版畫作品〈古剎〉。

屏師 52 級校友黃光男 2015 年的水墨作品〈窗前〉。

的版畫尤其在國內藝壇極具分量。

　　普師科校友以書畫藝術知名者有陳朝平（41 級）、張文卿（45 級）、鄭新民（47 級）、藍奉忠（49 級）、鄭傑麟（51 級）、黃光男（52 級）、呂金雄（52 級）、蘇金松（52 級）、呂聰允（54 級）、黃朝民（黃岡，54 級）等。其中黃光男的水墨畫成就格外卓越；張文卿於 1970 年代拓展出別具特色的寫意鄉土水墨畫風，也頗受藝壇矚目。此外，43 級的吳麗娟以服裝設計知名，曾任臺南女子技術學院服裝設計科主任。

　　在藝術文化行政方面，有籌建國立臺灣史前博物館的首任館長陳義

2010 年 9 月，國立臺灣師範大學美術系主辦「王秀雄教授藝術教學與研究成就國際學術研討會」會後合影。第三排左 3 起為劉國松、廖修平、王秀雄夫人、王秀雄、鄭善禧、黃光男。（國立臺灣師範大學美術系提供）

一（46 級），擔任過國立國父紀念館及國立藝術教育館館長的陳篤正（48 級），當過臺北市立美術館館長、國立歷史博物館館長、國立臺北藝術大學校長、總統府國策顧問及行政院政務委員的黃光男，以及擔任過高雄縣文化中心主任的李宜堅（54級）；擔任過高雄市教育局科長、副局長、局長等職務，推動高市藝文活動相當投入的鄭進丁（54 級）等人。其中尤其黃光男更是屢屢締造國內藝術文化行政的奇蹟，為國內罕見的全方位藝術文化卓越人才。

此外，在藝術學方面，王秀雄對國內藝術教育學及臺灣藝術史之研究，在國內

陳輝東所指導的兒童畫獲選為 1986 年國際學生美展宣傳海報。

陳輝東（東師普師科 48 級）與其巨幅油畫作品〈莫內花園〉。（藝術家出版社提供）

可謂影響深遠。陳朝平對於國小美勞科教材教法之研究，高業榮對於南臺灣原住民文化藝術之鑽研，黃光男的藝術行政學等，在國內學術界都占有不可忽視之地位。

（四）東師與花師

　　位於臺灣東南邊陲的東師，是全臺師範學校當中最晚升格為師專者。因此，其普師科最後一屆延續至 60 級。前後二十一屆的東師普師科，美勞領域的相關人才，有 42 級的陳甲上（水彩）、43 級的陳處世（美術教育、水彩）、45 級的吳登居（西畫）、48 級的陳輝東（西畫、美術教育）、53 級的羅秋昭（水墨）、55 級的陳永正（西畫）、57 級的盧安來（西畫、美術教育）、58 級的陳佑端（原名陳聰海，水墨）和陳諄華（西

畫）等。其中陳處世及陳輝東在 60 年代末期和 70 年代初期，曾撰述有關兒童美勞教學實務之專書出版，都是當時坊間極其有限且彌足珍貴的美勞教育專書，頗具實用推廣之價值。尤其陳輝東以油畫之造詣曾獲中山文藝獎、中國文藝協會文藝獎章等榮譽，近來更應聘擔任臺南市立美術館董監事會董事長之職務，在南臺灣藝界頗為活躍；此外，陳處世在兒童紙影戲之教育推廣、陳甲上在水彩方面的成就也頗為知名。

相較於東師，普師科時期的花師校友在美勞領域之後續發展方面，似乎也延續當年之校風而對參與全臺性藝術活動較不積極。除了 54 級黃秀玉曾以水彩畫於全省公教人員美展榮獲首獎，少有普師科校友在省級以上的藝術活動中露臉。值得留意的是，同為 54 級的吳展進、黃秀玉和林玉山三人，後來都成為大專校院美術科系的專任教授。吳展進和黃秀玉兼長中、西繪畫，兩人於師專時期返回花師任教，吳展進還曾於師範學院時期擔任過花師的美勞教育學系主任；林玉山則長於藝術教育及水墨畫，後來任教於國立彰化師大，並曾兼任美術學系主任之職。

（五）北女師與高女師

對照於其他師範學校而言，純粹招收女生的北女師和高女師，不但有更為嚴格管制的生活教育，而且其升學進修也往往受到性別角色任務的限制。據曾任小學校長的 48 級高女師普師科校友林秋華所說：

> 我們念畢業的那個年代，社會上一般人對女生的觀念是「女生當老師最好」，「女孩子念師範畢業教書就很了不起，畢業後有個好歸屬比升學來得重要」。所以，我們班上女同學好像沒有人申請保送升學師大，不是嫁人，就是在小學教書。[註146]

---

146. 引自沈翠蓮（2004）。《臺灣小學師資培育史》。頁233。

基於如是緣故所致，普師時期兩所女子師範的學生，在學時期校內的學習氛圍，多注重於「樣樣能教」的包班制小學教師的能力養成。因而在學時期少有人在美術領域上有專精之發揮，畢業後亦然。就兩所女師普師科校友而言，目前僅知普師時期北女師的陳素華（西畫）、陳秉環（水墨），以及高女師陳嘉子（書法）、洪瓊蕊（水墨）及尤美玲（西畫）等少數幾人迄今仍然持續創作而已。

▌四、小結

戰後初期，臺灣培育國校（小）師資的師範學校普師科和藝師科，在學級方面僅止於高中程度。由於戰後初期緊接著國民政府遷臺的特殊時代氛圍，加上社會對「為人師表」長久以來有著特高的道德規範所致。因此當時師範學校嚴格施行民族精神教育和生活教育，對於當年師範生刻苦耐勞、中規中矩及略帶有保守性格之特質型塑，無疑是影響深遠。

臺中、臺北、臺南三所師範學校藝師科在戰後初期相繼設立，開戰後臺灣學校的專業美術教育及國校美勞師資養成教育之先河。然而初期師範藝師科之專業課程之規劃極為保守，未能凸顯其美勞專長之特色，各師範學校之圖書及設備也都極為簡陋。然而由於學生優質又肯下苦功，公費生無升學壓力，加以不少美勞師資富有經師兼人師的敬業精神，因而美術的學習風氣極盛，人才輩出。尤其位於首善地區的北師藝術科，招收的屆別人數特多，加以文化環境的優勢，因而人才培育冠居全臺。

各師範學校普師科的美勞組選修，其專科課程之專業度方面較遜於藝師科，然而除了北、高兩所女子師範之外，各校仍然多有相當可觀的美術相關領域之人才培育。不過，部分學校當校內藝師科與普師科美勞選修並存時期，則後者之人才培育成果有較不彰顯的跡象。這些普師科

的美勞選組，中師以其師資之優勢，屏師則以「三動教育」的校風催化，使美術相關人才的培育格外豐碩。彙整各師範學校普師科時期的藝師科及美勞選修學生，畢業後在美術相關領域發展的知名人士名單，在戰後臺灣美術發展史當中，應占有不可小覷的一席之地。

　　當年的師範學校由於美勞相關課程，以及教師員額編制之侷限所致，美勞教師往往必須兼授其他並非專長的科目。如中師國畫名師呂佛庭除了教美術，還得兼授國文；竹師西畫名師李澤藩也是美術和勞作（工藝）課兼授。普師時期各師範學校美勞師資以追隨國民政府遷臺的大陸渡臺人士為其主幹，後期則有少數臺灣高等教育培育的新血加入師資陣容。除了中師的林之助及任教北師極為短暫的陳承藩和廖德政，於日治時期曾留學於日本的美術學校以外，尚無留學歐美系統的美勞師資。值得一提的是，當時美勞教師普遍具有敬業精神，師生互動有些近於師徒制之關係。處於反共復國的戒嚴時期氛圍中，民族精神教育及生活教育之潛在課程，除了發揮在壁報及版畫習作之外，大多數師範學校的美術教學，仍以教師所擅長之美術專業為主；勞作（工藝）教學則有生活化的實用物品製作為其導向。

　　師範學校普師科時期，師範生雖然極為優質，但其學制僅能比照高中學歷，而且畢業後擔任國校（小）教師，當時社經地位之低下為今日所難以想像。因而不少師範生在畢業任教及服務（三年）期滿以後，往往循升學管道以求突破現狀、脫胎換骨。以花師普師科 54 級校友林玉山為例：在 1968 年任教小學三年期滿之際，以服務成績加上師範時期在校成績之優異，申請保送臺中師專就讀三專；就讀中師三專期間準備大專聯招，翌年（1969）考入中國文化學院（文化大學之前身）美術系（南師普師科 52 級的張道明也於同年考入該系）；就讀中國文化學院期間，又基於該校屬私立，無公費，也無就業保障之緣故而仍同時持續準備重

戰後初期北師美術教師廖德政 1951 年的油畫作品〈清秋〉。

四、小結

臺東師範普師科 48 級校友陳輝東及其油畫作品〈船〉。

考大專聯招，終於在隔年（1970）與同班的張道明一起考入臺灣師大美術系，再度成為同班同學。[註147] 如是鍥而不捨、用心良苦的迂迴進修模式，在當時並非少數，足以顯見普師科時期學歷，以及出路方面之困境。

　　檢視前述普師科時期各師範學校藝師科及美勞選修學生，畢業後在美術相關領域之後續發展，卓然有成者，除了北師藝師科的何肇衢兄弟、中師藝師科的黃登堂及南師藝師科的林智信及東師普師科的陳輝東，中師普師科的黃朝湖等少數幾位，絕大多數都是透過升學進修管道以提升能量和視野。1960 年代各師範學校陸續改制為師範專科學校，簡稱為「師專」，其主要出發點，也基於政府「為提高國民學校師資素質」的考量下之作為。[註148]

147.　2015 年 1 月 12 日訪問花師 54 級校友林玉山於臺北。
148.　賴清標（1985）。《五年制師範專科學校普師科分組選修之研究》。臺中：省立臺中師專。頁 60。

師範專科時期的美勞科與美勞組

1963
~1991

戰後初期臺灣的國民學校（國小）美勞師資養成教育，隨著師範學校改制為師範專科學校（簡稱師專）而告一段落。1960 年首先由臺中師範改制為三年制師專；繼之，臺北師範和臺南師範也接續於 1961 和 1962 年改制為三年制師專。招收高中、職畢業生（乙類）和師範畢業生服務期滿者（甲類），其修業年限包括學科二年（亦即在校修課只有兩年）和實習一年，總計三年。雖然 1962 年 3 月，臺灣省政府教育廳（簡稱教育廳）頒發的省立臺北師專和省立臺中師專兩校之組織規程裡面，都明文規定該校得設體育師範科、美術（藝術）師範科和音樂師範科等，^{（註149）}然而檢視兩校之校史及歷年畢業紀念冊，都顯示出師專時期，北師和中師實際上始終都未曾設立藝師科。不過，三年制師專課程卻曾有「美勞組」等選修課程之規畫。因此，在臺北師範 1960 年招收的第 14 屆（最後一屆）藝師科學生於 1963 年 6 月畢業以後，藝師科的體制也隨之終止。

　　1963 年起至 1967 年止，全臺其他所有師專陸續改制為五年制國校師資科（簡稱五年制師專），招收初中、職畢業生，在校修業五年，外加實習一年。當年各師範學校改制為五年制師專之時間點頗不一致：1963 年北、中、南三所三年制師專率先改制為五年制師專；繼之 1964 年北女師和花師則由普師科直接改制為五年制師專；1965 年竹師和屏師接著改制；嘉師和東師直到 1966 年和 1967 年才陸續完成改制為五年制師專。此外，高雄女師也在 1967 年轉型升格為「省立高雄師範學院」（國立高雄師大前身），成為培育中學師資的大學層級。具體而言，僅有北師、中師和南師曾經招收過三專，高雄女師停招後改辦中等師培的師範學院之外，其他六所師範學校則分別陸續由普師科直接改制為五年制師專。

　　有關師範學校改制為三年師專之緣由，當年的校育廳長劉真於 1960

---

149. 前揭臺灣省政府教育廳（1987）。《臺灣教育發展史料彙編──師範教育篇（上）》。頁 70-72。

年 4 月 26 日向省府會議提出了四點改制的理由：

1. 現制師範學校，招收初中初職畢業生，畢業時身心發展尚未成熟，加之基本教育素養不足，任職國校老師，實難勝任。如改制師專，招收高中高職學生，畢業時已臻成熟，而學養亦提昇，擔任國校教師較為適宜。

2. 近來高中高職畢業生，未能升學或就業者頗多，如將師範改制師專，可擇其精華而給予教育專業訓練，畢業後可分發國校任教。

3. 二次戰後，世界各國對小學師資訓練，均較戰前延長，多提昇到大學程度，故延長師範教育年限、提高師資素養，已成必然趨勢。

4. 改制師專，在校二年公費，可節省一年學生公費及學校經常費。
（註150）

換句話說，普師科改制為三專，所招收的學生年齡提高，身心更成熟；也可以提昇國校師資學歷；節省公費負擔；又能紓解大專聯招的窄門等效益。誠可謂之一舉數得之考量。

然而三年制師專才剛開始改三年制之際，隨即又在 1963 年陸續將除了高雄女師之外的各國校師資培育學校改為五年制師專。其原委，第一任中師專校長朱匯森（前教育部長）曾在接受訪問時作了說明：

1. 首先是三年制師專在校二年實習一年，學生受專業教育時間過短，專業素養及生活品質甚至有較原先之師範畢業生仍差者。

2. 學生素質比不上其他大專院校新生，不如改為五年制，可招收到初中初職最優秀的畢業生。

---

150. 原載司琦編著。《劉真先生文集》。轉引自李園會總編輯（1993）。《國立臺中師範學院校史初編》。頁 147-148。

　　　　　　　　　　一、美勞組之課程發展

3.三年制師專生，有志於教育，終身奉獻小學教育者不多。(註151)

五年制師專雖然以包班制教學能力養成為主，而名之為「國校師資科」，然而也同樣設有「美勞組」等各種分組選修課程。

▌一、美勞組之課程發展

（一）三年制師專（1960-1970）

1960 年中師首先奉准改制為全臺唯一的三年制師專時，由於教育部版之課程尚未頒布，因而第一年之課程係由中師自行擬訂，呈教育廳轉教育部核定准予試用一年；1961 年北師也改制為三年制師專，因而會同北師再予調整修訂課程草案，然後再報部核准後施行；到了 1963 年，五年制師專已然成立，但北、中、南三所三年制師專仍繼續辦理，最後一屆於 1970 年畢業之後方全部結束。教育部乃於 1963 年 12 月頒布「三年制師範專科學校國校師資科教學科目及學分表」，並規定自 52 學年度一年級新生（1963.9 入學）開始採行。(註152)因此三年制師專的美勞組課程可以分成三種版本：

1960 年中師研擬之課程，尚未實施分組選修，強調重點在於培養學生將來擔任國校教師之實際工作能力，故課程內容以「廣博淺近」和「實際應用」為主。(註153)三年總學分為 100 學分，其中必修 90 學分，選修 10 學分。必修科目中，美術和勞作各 4 學分（8 小時）；選修科目當中，與美勞相關者，僅列有國畫一科，為 2 學分（4 小時）。如是之課程規劃，似乎未能聚焦於其國校教學現場「實際應用」能力養成之目標。

---

151. 李園會總編輯（1993）。《國立臺中師範學院校史初編》。頁 151-152。
152. 參見李園會總編輯（1993）。《國立臺中師範學院校史初編》。頁 168-169。
153. 省立臺中師範專科學校編印（1961）。《師專課程綱要》。頁 13。

1961 年中、北二所師專重新研訂三年制師專課程，總學分為 88 學分，其中必修科目 80 學分，選修科目 8 學分。必修科目當中，「美術教學研究」與「勞作教學研究」各 3 學分（6 小時）；選修科目中，可就「實用美術」和「實用技術」等科目中任選一科，「國畫」和「家事」、「國樂」等科目中任選一科，各 2 學分（4 小時）。相較於前一年而言，這次的調整，不但更能呼應教學現場的需求，而選修科目的選擇空間也更為多元。至於國畫和國樂特別凸顯在極為有限的選修課程當中，則與當時強調「民族精神教育」、「復興中華文化」之時代氛圍有關。

1963 年 12 月，教育部正式頒行「三年制師範專科學校國校師資科教學科目及學分表」。除了美勞必修科目調整為「藝能教材教法研究」8 學分（24 小時）之外，相較於前述兩種版本之課程，最大的不同處，是在於有「美勞組」或「藝能組」等分組選修之課程設計，組別可視各校年級之班數及師資設備情形而定。每組 20 學分，每位學生任選一組。美勞組之課程包含藝術概論、色彩學、圖學、素描、水彩畫、國畫、圖案、工藝、家事等科目，當年師專生尚無今日大學生選修課程之概念，學校往往依照師資專長和授課時數之考量而開的課程，學生則每學期依照學校為該組所開的課程，照單全收的修習，實際上完全沒有選擇之空間。雖然這套美勞組課程，其美勞專門之比重和專精程度尚不及 1950 年代部頒的師範藝師科課程，然而比起前述兩種版本的三年制師專課程，以及普師科時期的美勞選修課程，已然跨出了一大步。尤其值得注意的是，這套課程對於五年制師專的四、五年級分組選修之課程，無疑產生直接的影響。

（二）五年制師專（1963-1991）

五年制師專自從 1963 年改制以來，均以「國校師資科」稱之，到了 1978 年教育部頒布師專課程標準以後，又改定名為「普通科」。

五年制師專前三年修習基本學科（含語文、社會、數理、藝能及體育、軍訓等學科）以及教育專業學科，其中美術和勞作課前三年每學期各 2 小時；到了第四、五學年增加分組選修課程，有語文、史地、數理、美勞、音樂、體育、幼教等組，學生依興趣選擇其中一組，修習 20 學分的專門課程，由各師專視該校之師資、設備以及國民學校（簡稱國校，1968 年實施九年國民教育以後稱為國小）師資需求等條件因素而開設分組選修組別，以加強學生專長知能訓練，並強化分科之教學能力，希冀藉以提高國校師資之素質。

五年制師專的分組選修科目及學分表，雖然歷經多次修正，如：最早從 1963 年 12 月教育部核准臺中師專暫試行一年課程中的十科計 20 學分，[註154]其科目和學分數則與同一年部頒三年制師專美勞組相同。其科目和學分數則與同一年部頒三年制師專美勞組相同。雖稱為「選修」，實則該組學生須全部必選；到了 1965 年 11 月部頒的「師範專科學校五年制師資科暫行科目表」中，美勞組共列出八科計 24 學分，以修習 12 學分的基本門檻；[註155]1972 年調整為十一科 32 學分；[註156]1978 年教育部正式公布五年制師專課程標準，美勞組專門課程又調整為十二科 32 學分。然而課程標準裡面均始終明訂：分組選修由學生任選一組，經選定後至少應修習 20 學分。[註157]為求一目了然，將五年制師專國教師資科美勞分組選修課程整理成簡表【表9】，就時數之分量而言，歷次的師專課程修訂，在第四、五學年的分組選修部分，雖然朝向學生的選擇空間逐漸加大發展，但是基本門檻，始終只有 12-20 學分。不過在極為有

---

154. 臺灣省政府教育廳（1987）。《臺灣教育發展史料彙編——師範教育篇（上）》。頁 100-101。
155. 同上註，頁 106-107。
156. 同上註，頁 113。
157. 同上註，頁 98-122。暨教育部技職司編（1987），《五年制師範專科學校普通、音樂、美勞、體育等四科課程標準暨科教學科設備標準》，頁 10。臺北：正中書局。

【表9】

戰後五年制師專國校師資科美勞組分組選修課程發展簡表

科目 / 學分 年代	1963	1965	1972	1978
藝術概論	1			
美勞概論		2	2	
美勞教育概論				2
色彩學	1	2		2
素描	2（4）	4（8）		2（4）
圖學	3（6）			
圖案	2（4）	2（4）	2（4）	
水彩畫	2（4）	2（4）	2（4）	2（4）
國畫	2（4）	2（4）	4（8）	2（4）
構成與實習	1（2）			
工藝（手工藝）	4（8）	8（16）	8（16）	8（16）
家事（政）	2（4）	2（4）	2（4）	2（4）
色彩學			2	
描寫技巧			4（8）	
美術設計			4（8）	4（8）
工藝製圖與設計			1	2
美勞科教學研究與實習			1（2）	
雕塑				2
園藝				2（4）
兒童美術研究				2
學分門檻	至少應修20學分	*至少應修12學分	至少應修20學生	至少應修20學分

製表：黃冬富

限的美勞組分組選修課程當中，除了美勞概論、色彩學、工藝與製圖設計等極少數科目，大多屬 1 學分 2 小時科目，因此換算起來第四、五學年的美勞分組課程科目教學時數，合計最多只有 36 小時。如果再加上前三年普通科目美術和勞作各 12 學分（每學分 1 小時），總計一個師專美勞組學生在學五年期間修習的美勞相關課程（含普通、專業、專門課程）最多共 44 學分（70 小時）。

回顧普師時期藝師科的美勞專門課程總時數為 79 小時（1955-60 年入學）或 99 小時（1952-1954 年入學），[註158] 相較之下，師專美勞組顯然明顯地縮減了時數；而且師專美勞組將 70 小時專門課程分散於五年修業期間內，比起師範藝師科三年內修 79-99 小時的美勞專門課程而言，顯得密度為之大幅度稀釋了；此外，師專生到了三升四年級之際才依興趣選組，不同於師範藝師科於入學考試時加考術科以作為重要的篩選依據並及早明確其發展定向，顯見五年制師專美勞組之課程規劃，主要仍以包班制國小師資之養成為主，此外再增加美勞部分之專長素養之性質，比起師範時期藝師科之專業度方面有所不及。

自從 1978 年教育部公布五年制師專課程標準，實施五年以後，為瞭解實際成效，曾委託竹師進行專案研究。該研究將五年制師專課程和美、英、法、日、西德等先進國家的初等教育師資培育課程進行比較，其中與分組選修有關的所謂「專門教育」課程，旨在加強專門知能的培養，以提高教師素質。除了法國，其他幾個國家均規定為必選科目：美國的專門教育課程強調與初等學校各科的教學，較具實用性；英國、西德和日本則偏重理論研究。我國師專的「專門教育」即為「分組選修」部分，

---

158. 參見黃冬富（2009），〈戰後初期的臺北師範藝術師範科（1947-1963）〉，收入《美育》168，頁 75-89。

由學生就十二組中選修一組，但所設組別除國小科目有關者外，尚有教育組別，這是與其他國家不同的地方。[註159] 該研究結果也顯示：前三年偏重一般科目，後二年偏重「教育專業科目」、「共同選修」，以及「分組選修」三部分之結構和分配方式，一般（含師專師生和國小教育人員）認為適當；然而學分總數和授課時數太多，學生自習時間極少，上圖書館、搜集資料、自學、研究的時間均受到限制，尤其教學時數集中於前三年，因此，一、二、三年級幾乎少有空堂；分組選修只有 20 學分顯然太少；必修科目太多，選修科目極少，即使分組選修組別內的課程，亦少有選修機會。[註160]

　　未知是否當時的中央教育政策已有將師專升格為師範學院之打算？因而上述這份教育部委託研究案之成果出爐後，並未見教育部針對師專課程結構進行調整。然而三年半以後，全臺九所師專終於同步升格改制為師範學院。

▌二、教學內容之標準化

（一）師專課程綱要與課程標準

　　從普通師範改制為師專，象徵著國校教師的養成訓練，由高中程度提升到專科層級，同時也帶動了課程、師資及設備等方面的變革。在教學內容方面，1960 年最早奉准升格的中師，在 ICA（International Cooperation Administration，國際合作總署）的美援經費補助下，隨即進行為期一年的「課程研究計畫」。在校內成立課程研究小組，針對新課程各科目，具體研擬教學目標、各週教學進度、教學活動舉例以及參

---

159. 黃光雄主持（1983）。《現行五年制師範專科學校普通、音樂、美勞、體育等四科課程標準實施研究》。教育部委託。省立新竹師專研究。頁 256。
160. 同上註，頁 259-260。

1965 年中師第一屆美勞組師生合影，前排左 2 為林之助，左 3 為呂佛庭，右 1 為鄭善禧。

考資料等項目。其草案並經試教修訂後，再經諮詢教育部、廳，和臺師大、各師範院校等專家學者，以及國民學校代表等，分組深入探討，最後之修訂版編印成共 186 頁的《師專課程綱要》。[註161] 每一科目均有明確的起草人、校訂人以及試教人之分工，通常起草人與試教人相同，而校訂人往往是中師的朱匯森校長。以美勞相關領域為例，「美勞教學研究」之起草人為林之助和鄭善禧，「美勞教學研究」和「實用技術」之起草人為沈國慶，「國畫」之起草人為呂佛庭。此外，「實用美術」起草人則為北師孫立群老師，其校訂人則為北師的韓寶鑑校長。

在中師《師專課程綱要》出版的第二年，北師也在中師既有成果的基礎上，邀請更多臺灣師大教授群擔任各科綱要的指導者，結合校內師

---

161. 臺灣省立臺中師專編印（1961）。《師專課程綱要》。

1965 年臺中師專校友美展合影，後排左 2 為鄭善禧，左 5 為朱匯森校長，左 6 為潘振球廳長，左 7 為呂佛庭。

資，循著相近模式，歷經一年而完成 158 頁的《課程綱要》。[註162]其中「美術教學研究」，以及「實用美術」之起草者孫立群，指導者為臺師大的莫大元教授；「勞作教學研究」及「實用技術」之起草者為陳望欣，前者由莫大元教授指導，後者由顧柏岩教授指導；「國畫」由吳承燕起草，臺師大黃君璧教授指導；「家事」由宋友梅起草，吳振坤教授指導。相較於中師的課程綱要，北師更增加條例式的「教學要點」之標舉，惟省略了「參考資料」的臚列。

　　如是嚴謹的課程綱要之研擬及編印成冊，不但可以讓教學內容更為具體而有系統，而且也更方便於檢驗與傳承推廣，相較於普師時期而言，無疑是一大進步。

---

162. 臺灣省立臺北師專編印（1962）。《課程綱要》。

二、教學內容之標準化

1978 年 3 月，教育部公布師專課程標準，將師專的國校師資料正式訂名為「普通科」，並印行厚達 1421 頁的《五年制師範專科學校普通、音樂、美勞、體育等四科課程標準暨科教學科設備標準》，[註163] 完整呈現五年制師專的課程總綱、各種班別的教學目標、課程架構，以及各種班別所有課程的課程標準。其中對於各科課程標準的分別敘述方式，採取近於 1962 年北師專出版《課程綱要》的架構，分成目標、學分與時數、教材綱要（以學年區分）及實施要點等四個項目，說明得非常具體而詳細，將五年制師專各班別、各年級及各種科目的教學內容作標準化、系統化的規範，成為五年師專後半期教學，以至於開、配課遵循的最高參考經典。

（二）國立編譯館版師專教科書

配合教育部 1978 年師專課程標準的公布，國立編譯館隨即籌組各科教科書編審委員會，開始進行教科書之編纂。在美勞領域之方面，最為重要者，是提供普師科第一至第三學年共六學期使用的《美術》、《勞作》六冊教科書，以及提供美勞科（當時僅有竹師設有美勞科）第四學年上、下學期使用的《美勞教學研究》一書。

依照國立編譯館編輯教科書成員之組織架構，有編審委員及編審小組兩組成員，基本上「編審委員會」是研議編輯之大方向，以及審議教科書初稿，提供修改意見等相關事宜，其中部分委員兼任實際執行撰稿編書工作的「編輯小組」成員。

這套師專美術教科書之編審委員，主要由臺師大美術系及各師專美勞教師為主幹，並結合其他大專院校相關領域教師合計十九人組織而成，

---

163. 教育部技職司編（1978）。《五年制師範專科學校普通、普樂、美勞、體育等四科課程標準暨科教學科設備標準》。臺北：正中書局。

當時臺師大美術系張德文主任擔任主任委員，至於編輯小組的七位成員則完全是師專教師：周瑛（北師）、張權（嘉師）、張淑美（中師）、黃瑞呈（花師）、曾興平（東師）、樊湘濱（竹師）、黃騰山（南師）。除此之外，出版的教科書版本又分成三個階段：第一次出版的稱為「試用本」，修正後第二年出版的稱為「革新版」，再經修正的正式版本為「部編版」教科書。此外，《勞作》及《美勞教學研究》等師專教科書之編輯流程也大致如此。其編輯態度和過程之嚴謹由此可見。

上述三種師專美勞領域之教科書，完全遵照教育部頒之課程標準之內容架構。以《美術》一科為例，除了有系統介紹各種美術材質的特色和要領，也兼及中、西美術史，以及兒童美術教育之範疇，不但理論與實務兼顧，而且循序漸進，內容完整，在當時而言，稱得上是頗為理想的教科書。對於教師的「教」以及學生的「學」都極有助益。

（三）能力本位教育

「能力本位教育」是臺灣省各師專在 1983 年開始推動的一項重要的教學措施。其準備及研究實驗階段則可上溯自前一年。1982 年 9 月，臺灣省政府教育廳函示各省之師專「臺灣省師範專科學校能力本位實施要點」。明列實施目標有三點：

1. 建立明確之教學目標及客觀評量標準，以改進師專之現行教學內容及方法。

2. 提高師專生專業知能及建立師專生良好態度，以培養國民小學健全師資。

3. 探討實施能力本位教育之模式及方法，以作推廣實施之依據。

其具體的作法：針對師專各教學科目先預設基本能力指標，作為設計課程教材及實施教學之主要依據。有關單元教材之擬訂，應依照課程標準之架構，並參考國小課程標準之規定，及分析成功的國小教師應具備之

能力。美勞科部分，委由新竹師專編擬「教師評量手冊」及「學生學習手冊」，供各師專使用。教師於每單元教學中實施過程評量，教學後則實施總結評量，並針對實施結果進行補救教學；學生應根據學習手冊自我評量，如未達目標，應即再行自我學習，以加重學生自學精神及責任。

由於新竹師專美勞科為當時全臺九所師專唯一的專業美術教育科系，因而有關美術和勞作之相關指標的研訂，和「教師評量手冊」、「學生學習手冊」之編擬，以及能力本位教育美勞科之教學觀摩會等，教育廳均委由新竹師專辦理。職是之故，使得新竹師專在師專後期逐漸成為師範專科學校當中推展美勞教育的核心學校。

具體而言，能力本位教育的基本精神在於：目標導向、自我學習、品質管制、客觀評量、補救教學等。此外，配合能力本位教學的實施，教育廳再於發布「能力本位實施要點」的一個月後（1982.10），函示各省立師專「琴法」、「板書」和「說故事」能力的抽測實施要點，並訂有獎懲辦法。這些基本能力，對於國小教學現場而言，的確都是相當重要的教師基本素養。這些立意和措施的規劃，無疑都是極具建設性，尤其板書、說故事和琴法的抽測，到了改制為師範學院以後，依然延續推廣而頗具績效。美中不足的是，「教師評量手冊」及「學生學習手冊」之使用，在當時尚未及落實管考機制，再加上施行四年之後各師專隨即改制為師範學院，使得這兩種手冊的使用期間及落實程度，相對比較有限。

▌三、各校之師資與教學

師專時期，惟有竹師到了 1970 年才成立美勞（術）科的專業美術教育，因而該校的美勞師資與教學部分，擬留待下一單元再作析論。

從普師時期以來，中師始終在同類學校當中，擁有特多美術名師之優勢，到了師專時期亦然。其中以在升格為師專之際方始進入中師的鄭

善禧尤受矚目。

　　鄭善禧為南師藝師科第 1 屆校友，其後又畢業於臺灣師大藝術系，1960 年代中期以後，曾以水墨作品榮獲四次全省教員美展及二次全省美展的首獎，並獲中國文藝協會頒發文藝獎章，1969 年赴美國考察博物館及美術教育兩年。其畫風強明有力，取材生活化，極具辨識度；又學貫中西而博通古今，非常健談，因而成為美勞組同學們心目中的偶像。當時中師的國畫課長久以來由呂佛庭授課，因此鄭善禧多教素描、水彩、美術設計等課程。他涉獵極廣而講究觸類旁通，講課時往往旁徵博引、滔滔不絕而毫無滯礙。常說「書是大宗師，治學的利器。」他不但收藏極為可觀的各國藝術圖書，上課時也常提一只布質手提袋，裡面裝滿與授課內容有關之圖書，在提到相關課題時，隨即取出供同學們傳閱參考。更鼓勵同學勤跑圖書館、舊書攤尋覓參考資料，尤其提醒大家多往臺中的美國新聞處圖書室借閱外國藝術圖書，以瞭解時代脈動，吸收海外藝術資訊，進而拓展視野。他曾說過不少獨到之見，迄今仍然令人印象深刻。如：「畫得像，是學生的本分；畫不像，是藝術家的道理。」、「壞的畫要好好的整（改）下去，因為得到的不僅止於那幅畫，而是得到經驗和學問，因此一定要不斷地實踐力行下去。」[註164]等。

　　當時鄭善禧住在校內宿舍，對於前往請益的學生，常予觀念引導的啟發，據李惠正之描述：

　　如果一架 28 吋英製自行車擺在宿舍門口，即知主人（鄭善禧）在家用功，否則另外三處可以找到他：1. 教書的地方，2. 翠華堂裱畫店（按：觀賞他人送裱的古今畫作），3. 書店。[註165]

---

164. 詳見黃冬富（2003）。〈憶三十年前中師幾位美術名師的教學風格〉。收入陳德清總編輯（2003）《成長與蛻變──中師八十年》。頁 217-221。
165. 李惠正（2003）〈在中師的鄭老師〉。收入在莊明中總編輯。《蛻變進行式──形塑中師新美學》。頁 28。

鄭善禧於竹師美勞科上課一景。（徐素霞提供）

　　1970 年代初期，臺灣師大藝術系及竹師美勞科均邀請鄭善禧前往兼課，其教學風格同樣受到兩校學生之歡迎。

　　張淑美和簡嘉助與鄭善禧同樣都是戰後臺灣美術教育體系所培育而出的傑出人才。張淑美早期畢業於北師藝師科（46 級），簡嘉助為中師普師科美勞選修（48 級）校友，兩人後來又進入臺師大藝術系進修，於1960 年代中期先後應聘進入中師任教。張淑美擅長油畫和雕塑，其油畫作品曾三度獲全省公教美展首獎，雕塑作品則曾獲全省教員美展第一、二、三名，是戰後初期臺灣有數的傑女畫家之一。其油畫作品多以寫意的女性人物為主題，夢幻、優雅而富於浪漫的詩意，極具個人特色。筆者就讀中師美勞組時，當時並無西洋美術史課程，但她在講課授藝術概論時，曾透過幻燈片介紹德拉克洛瓦等西方名家畫作，有系統地帶到不

少西方繪畫流派和名畫，在當時而言，是少數能善用教學媒體的美術教師，對於同學視野之拓展頗有助益。

簡嘉助是戰後以來臺灣師大所培育而出的少數水彩畫名家之一，畫風雄健沉厚而較趨理性。他指導學生基本上要求從嚴謹的造形和構圖入手，重視作品的完成度。強調畫風在走向變形和縱逸之前，應先奠定良好的素描根基，但同時也相當尊重學生個人特色之發揮。他教素描，除了課堂上所畫石膏像，還要求每位學生每星期另畫五張速寫作業，經批閱後提出討論。其課業要求頗為嚴格，給予同學們非常紮實的基礎訓練。(註166) 張、簡二師個性隨和而熱心，每逢學校舉辦美展，他們往往主動前來指導學生布展，也樂意在生涯規劃及人生觀方面提供諮詢意見。中師專四、五年級雖然專長分組，但導師仍在原班，美勞組並無專屬之導師。然而，實質上張、簡二師則扮演著類似於美勞組導師之角色。

1964 年王家誠應聘任教於南師專，是南師第一位具有兒童美術教育以及美術史專業素養的老師。他畢業於臺灣師大藝術系（48 級），與北女師的何清吟老師為同班同學。南師 65 級美勞組校友蕭瓊瑞，曾撰文肯定王家誠之教學風格：

在教學上，許多自認「盡忠負責」的老師，一再告誡學生：「你們不要忘了，國家培養你是要好好的擔任一位小學老師，你們不要天天作藝術家的夢！我們是師範學校，不是藝術學校！」但王家誠始終力排眾議，他認為：沒有藝術家的心靈，就不可能教好藝術課程，當藝術家無礙於當一位好的小學老師。因此，他鼓勵學生認真學習，不必畫地自限。日後事實證明：國家沒有因此少了幾個小學老師，卻多了不少從事藝術工作的優秀人才！

---

166. 黃冬富（2003）。〈憶三十年終師幾位美術名師的教學風格〉。同註 162。

作為師範學校的老師，王家誠以極專業的方式，要求學生瞭解美術史，開發自我的創造心靈。他會以豐富的畫冊、幻燈片告訴學生：自然主義畫家如何畫一棵樹、印象主義畫家如何畫一棵樹、立體主義畫家如何畫一棵樹、野獸派主義畫家如何畫一棵樹、表現主義畫家如何畫一棵樹，但他從來沒有教學生如何去畫一棵樹，因此，許多學生私下抱怨他們仍然不會畫一棵樹！但會不會畫一棵樹到底是誰的責任？而且又有多少會畫一棵樹的人，不瞭解人類文明中，一棵樹曾經產生過多少思考、產生過多少意義？

作為師範學校的老師，王家誠極早便進行現代兒童美術教育的介紹與推廣，從兒童的心理發展到圖式特徵的衍化，以及實際教材法的開發。他在1970年代便集結出版《瞭解兒童畫》一書，以大量主題式的研究，呈顯了兒童特殊的表現手法與內心世界。而兒童畫教學的推廣，配合趙雲兒童文學，尤其是兒童詩的寫作，成為國內兒童詩畫教學的先期開拓者，培育了許多優秀的小學老師。 [註167]

其重視鑑賞的啟發式教學，以及對於兒童造形心理發展之深入探研，就同一時期的師專美勞教師而言，實屬難得。此外，其帶有減筆寫意水墨意趣的獨特水彩畫風，在臺灣畫界也頗為知名。

在當前臺灣藝文界，幾乎無人不知的黃光男，在師專時期雖然資歷尚淺，但卻是屏師美勞師資中的臺柱。黃光男為屏師普師科52級校友，其後於國立臺灣藝專美術科畢業，受到白雪痕老師之鼓勵，於1972年2月應聘返回屏師任教。黃光男長於寫意花鳥兼善山水畫，其畫風雋爽利落，極具個人風格。其個性開朗積極，與學生互動頗為密切。他剛回屏

---

167. 蕭瓊瑞（2004。《激盪‧迴游──臺灣近代藝術11家》。臺北：藝術家。頁101-102。

普師科師專時期做為屏師美勞教學和創作空間的舊美工館。（圖片翻拍自《75級屏師畢業紀念冊》）

師擔任助教時，主要講授師專前三年的美術課，並於課外活動指導組負責社團之行政工作，也擔任國畫社的指導老師，據65級美勞組盧福壽校友之回憶：「當時除了固定的社團活動時間外，黃（光男）老師常利用每週一、三、五的午休時間，到舊美工館（位於音樂館圓廳之旁，現已闢為植草磚停車場）指導學生畫國畫。對於程度較好的學生，更鼓勵他們積極參加校外競賽。當時美勞組國畫課雖由劉愛梧老師講授，但同學們卻更喜歡課外黃老師的指導。」[註168]

　　64級的蘇慶田也提到了黃光男對於屏師美勞組風氣改變之影響：「過去的師專比較封閉，不講求對外比賽，雖然學生都很厲害，但都暮氣沉

---

168. 註168 2011年6月28日電訪屏師65級美勞組校友盧福壽教授。

沉地活在自己的象牙塔裡。然而，黃老師來了以後，卻相當鼓勵學生去外面寫生及對外比賽，此理念剛好與當時的陳漢強校長相吻合，因而促成那個年代屏師在校外比賽中屢創佳績。」[註169]

目前任教於屏大的 67 級美勞組校友張繼文，也肯定當年黃老師所建立的「學長制」的水墨畫指導方式：「所謂的『學長制』是他會先指導學長姐水墨畫的技法，等到他們經驗豐富以後，這些學長姐就可以代替他去教一小組的學弟妹，例如：五年級的帶三四年級；三年級的帶一、二年級。由於當時國畫社的人數很多，這種制度可以解決他一個人無法指導全部學生的困擾。」[註170]

黃光男在師專改制為師院之前一年，北上轉換跑到擔任文化行政機構首長職務，然迄今為止，其師專時期學生仍多與他保持相當深厚的師生情誼。

1970 年代末期，在省展和國展等獎項獲獎資歷極為豐碩的水墨畫家蔡茂松加入南師專的美勞師資陣容，透過其嚴謹筆墨根基訓練的寫生山水畫風之傳習，很快地帶動南師水墨畫之學習風氣，因而人才輩出，不少人榮獲全國性美術競賽之大獎，在國內各師專當中顯得格外亮眼。

據南師專 71 級美勞組校友沈政乾之描述，蔡茂松老師之國畫教學是以「臨摹為主，並輔以寫生」：

臨摹方面則以臨摹他的山水畫稿依序漸進，⋯⋯每次拿到畫稿必須練習一、二十遍以達到技巧熟練為目標。為方便教學，蔡老師特別繪製一套山水學習進度畫稿，並裱板放於（國畫）教室，方便同學臨摹練習。⋯⋯可謂穩紮穩打，踏實而積極鍛鍊其基本功。

---

169. 黃美蓮（2010）：《黃光男水墨畫藝術之研究》。國立屏東教育大學視覺藝術學系碩士論文，頁 56。
170. 同上註，頁 57。

1971年，臺南師專國畫社師生於社展會場合影。前排左為周建侯，前排右為張雲駒。

　　寫生方式則用以輔助臨摹之不足。最常寫生之地點包括：南師校園、中山公園、五妃廟、延平郡王祠，以至於赤崁樓與安平古堡等。實際寫生步驟則以畫板上夾宣紙或棉紙，先行鉛筆打稿，然後直接上墨。一般大多先畫近景，其次中景，最後補遠景，層次分明，技巧熟練。整體而言，強調筆法與墨色，兼顧空間與虛實，並注重點景之位置與內容。先練習純水墨寫生，然後再上色。有時畫不好必須反覆練習到熟練為止，因此認真學習為南師國畫社之一項特色。

　　南師國畫社社團活動，大多遵循學長姊帶著學弟妹之方式，將社員分成若干組，每組設有輔導員，…並藉由社團成果展與校內外比賽等活動鍛鍊基本功夫與寫生能力。此外，寒暑假之集訓亦為社團重要活動之一，利用假期沒有功課壓力而能盡情學習，進步較多。尤其比賽得獎給同學莫大的鼓舞作用，因此晚上於教室準備比賽作品而挑燈

夜戰的情形司空見慣，常遭到教官糾正，但也為社團及南師爭取不少榮譽。（註171）

　　蔡茂松為國立臺灣藝專美術科所培育的第一代傑出水墨畫家，其寫生山水畫風為 1970 年代臺灣各項大展的主流畫風，曾獲中山文藝獎及全國美展、省展等首獎。其指導學生不但極為敬業、要求嚴格而且也很有要領，甚至也在國畫教室牆上長期臚列國畫獲獎學生之人名、獎項及名次，並隨時增補新資料。運用競獎的榮譽感來激勵學生的自信心和企圖心。由於他的投入，讓南師專的學生，囊括了 80 年代臺灣不少美術展覽和競賽之國畫類大獎，營造出當時全臺九所師專當中罕能相比的亮眼佳績。

▋四、美勞相關人才培育

　　從高中學級的普師科，升格改制成為三專和五專的專科層級，師專時期的生活管理，比起普師科時期無疑放寬了不少。學生外出寫生、看展覽以至於與校外藝界之互動，相較於以往，明顯自由得多。然而由於師資培育之屬性所致，相較於其他類型的專科學校，各師專仍然始終存在著較為封閉而保守的氛圍。不過延續普師時期以來的優質學生以及踏實勤勉的師範特質，是以各師專美勞組同樣是人才輩出。

（一）北師

　　比起藝師科時期，北師專美勞組的美勞相關人才培育之密度雖然明顯下降，然而持續於西畫之探討者仍有邱麗華（55 級）、張進傳和莊崑榮（57 級）、謝麗華（58 級）、陳主明（59 級）、簡志雄和蔡裕標（60

---

171. 2015 年 2 月，南師 71 級美勞組校友沈政乾回覆筆者電訪之回函。

北師65級黃志煌2015年的書法作品。

級）、許忠英（61 級）、鍾立盛、林龍源、簡建新、楊常婉（62 級）、洪新添（63 級）、黃飛（64 級）、張茂坤、陳玉嬌（65 級）、陳志芬（66 級）、林家斌、吳國文（70 級）、林洲榮（71 級）、林聰明（72 級）、林福全（73 級，兼長版畫）、許國寬、陳儷文（74 級）、陳昱儒（75 級，兼長版畫）、蔡勝全、許麗蓉、王健旺（76 級）、呂金龍（79 級）等。其中陳主明兼長油畫和水彩，許忠英以水彩知名，均頗活躍於臺灣畫壇。

水墨畫方面的人才培育，明顯少於西畫。有：陳柏梁（60 級）、湯瑛玲（61 級）、曾水全（62 級）、張信義、詹吳法、林妙鏗（63 級）、林紘正、謝翠珠、熊永生（64 級）、張建富、方朱憲（66 級）、王淑慧（68 級）、廖美蘭、李麗華（70 級）、陳榮可（73 級）、鄒永喜（75 級）、朱雪容、劉國華（78 級）、潘君嘉（80 級）等。其中陳柏梁曾連續三次於全省公教員書畫展入前三名，獲永久免審查榮銜；張建富兼長書畫，在藝術收藏界也頗為知名。

相較於普師科時期，北師在師專時期書法和篆刻領域的人才有明顯的成長。如：薛平南、施春茂（55 級）、呂仁青（57 級）、詹吳法（63 級）、蔡明讚、黃志煌（65 級）、王俊權、張建富（66 級）、姜進福（68 級）、林國山（69 級）、張孝忠（70 級）、吳鴻霖、林琨清（72 級）、陳忠建（77 級）、趙茂男、張永興、陳景元（79 級）等，其中薛平南兼長書法和

北師 55 級薛平南 2014 年的篆書作品〈萬象吾師〉。

篆刻，曾獲國家文藝獎和中山文藝獎等榮耀，在臺灣書法篆刻界中擁有極高的知名度。王俊權日後走向教育行政，曾任教育部司長、主任秘書。

比較特別的是，57 級的林保堯日後走入藝術學界，於日本筑波大學進修藝術史博士，成為海內外知名的佛教藝術史學者。2017 年 4 月，擔任臺南市立美術館第一任館長。

（二）中師

相較於北師專，中師美勞相關領域之校友，擔任國內大學校院之專任教職者亦不少，創作實務方面人才也不少。就西畫領域有潘朝森、林俊寅（53 級）、曹俊彥（55 級）、陳弘行（56 級）、郭掌從、鍾奇峰、陳輝煌、顏逢郎（57 級）、呂錦堂、李福財（59 級）、黃義永、許輝煌（62 級）、黃明勳、石瑞仁（63 級）、黃位政（64 級）、莊彩琴、呂美玲、施純孝、盧曉雲（65 級）、柯榮豐、紀慧明、游仲根（66 級）、楊永源、溫惠珍（67 級）、鄭明憲（68 級）、張琹中、張鴻煜、胡朝復（69 級）、簡炳桂（70 級）、陳聖政（71 級）、莊明中、蔡維祥（72 級）、江如蘭（73 級）、王大偉、王惠雪（77 級）、沈翠蓮（78 級）等。其中黃位政和楊永源、莊明中等人曾返中師任教，且都擔任過系所主管職務，黃位政曾任中教大管理學院院長，楊永源後來轉往臺師大美術系任教，亦曾主持過系務；莊明中兩度擔任中教大美術系所主任，頗有建樹；鄭明憲任教於彰化師大美術系，石瑞仁曾任教竹師和臺北藝術大學。潘朝森、曹俊彥、郭掌從，以及黃義永早年皆曾畢業於北師藝師科，顏逢郎曾畢業於屏師普師科，但其亮眼的創作資歷則多在中師專畢業後才明顯呈現。以插畫知名的曹俊彥，曾自述中師專對他的影響：「在校期間即開始參與兒童讀物之美術工作。受到朱匯森校長及鄭善禧、王爾昌等多位老師之鼓勵。並有幸得林之助老師對色彩知識之啟蒙，獲益良多。擔任小學教師多年後，轉任教育廳兒童讀物編輯小組美術編輯九年。之後再任信誼基金會

中師 64 級校友黃冬富 2010 年的水墨作品〈九棚意象〉。

中師 64 級黃位政 2007 年的作品〈身體與空間之對話〉。

中師 72 級莊明中 2016 年的作品〈蘭嶼交響 1〉。

出版社總編輯……。」^{（註172）}

因此，上述諸人之成就仍與中師關係很深。此外，潘朝深曾獲得法國坎城國際展之國家榮譽獎，以及巴西聖保羅雙年國際展入選，也曾得過國內不少大獎等榮譽；曹俊彥曾獲中華民國國畫學會插畫類金爵獎；莊明中和柯榮豐多次榮獲全省公教員美展以及省展之前三名大獎。

水墨畫領域持續創作者有：成應生（52 級）、藍再興、顏逢郎（57 級）、陳肆明（58 級）、葉春光（59 級）、李正豐（62 級）、劉振興（63 級）、黃冬富、詹坤艋（64 級）、吳府廉、吳福文（66 級）、侯禎塘（67

172. 莊明中執行編輯（1999）。《中師美術圖象——國立臺中師範學院 1999 跨世紀校友美展專輯》。臺中：國立臺中師院。頁 78。

四、美勞相關人才培育

級）、史錦東、陳子騰（72級）、莊連東（75級）等。其中藍再興曾任教於嘉師，黃冬富任教於屏師，侯禎塘、莊連東則返中師任教，莊連東其後又轉任臺師大美術系教授，目前並主持美術系之系務；此外，黃冬富和侯禎塘均曾擔任過系所主任及副校長等行政兼職。藍再興和吳府廉在國展、省展及全省公教員美展，都曾有過亮眼成績。吳府廉曾獲全省公教員展永久免審查資格。莊連東畫風極具辨識度，頗活躍於臺灣水墨畫界。

書法方面有洪祥鈺（57級）、杜忠誥、陳美濃（58級）、洪文黎（61級）、劉振興（63級）、詹坤艋（64級）、藍本榮、蔡秋榮（66級）、陳豐澤（68級）、劉家華（74級）、詹益承（79級）、洪文雄（80級）等。其中杜忠誥曾任教於臺師大國文系，其在學期間雖選語文組，但隨呂佛庭教授勤研書畫，與美勞組同學互動極為密切。畢業之

中師 66 級吳府廉 2002 年的彩墨作品〈著相〉。

中師 75 級莊連東 2001 年的作品〈閱讀・海港圖像紀錄〉。

中師 66 級校友簡錦清 2001 年的膠彩作品〈月夜（一）〉。

後持續發展，曾獲國家文藝獎、吳三連文藝獎、中山文藝獎，以及省展連續三屆首獎，為當前海峽兩岸極受矚目之書法名家。

至於中師特色項目的膠彩畫，63 級的陳騰堂及 66 級的簡錦清均曾連得三次省展前三名而擁有永久免審查資格，簡錦清還擔任過臺灣膠彩畫協會理事長，傳授的膠彩畫弟子不少，在國內中生代膠彩畫界頗具代表性。

此外，60 級的莊素娥為藝術史學者，曾任教於臺北藝術大學；61 級

中師 58 級杜忠誥 2017 年的書法作品〈潛龍〉。

杜忠誥書寫巨幅草書一景。

中師 63 級陳騰堂 1999 年的膠彩作品〈憧憬〉。

特師科的謝義勇，曾任高雄市立美術館籌備主任，高雄市國立科學工藝博物館館長等文化藝術行政首長；63 級的石瑞仁長於藝術行政及策展，曾任臺北市當代藝術館館長；73 級的楊貴美獲國外藝術教育博士學位，亦任教於大學。

（三）南師

　　對照於其他師專的美術人才培育，南師在 1970 年代中後期，曾密集出現過幾位藝術學者；其後則以書畫人才之培育為其特色。65 級的蕭瓊瑞與李進發長久以來致力於臺灣美術史研究，66 級的陳瑞文則聚焦於當代美學，在藝術學界都頗為知名。蕭瓊瑞任教於成功大學歷史系，著作等身，為當前最受矚目的臺灣藝術史學者之一；陳瑞文先後任教於高雄師大和臺灣師大，則為臺灣極為突出的傑出當代美學家之一。此外，60 級的蘇振明曾任教於臺北市立教育大學（其前身為北女師），長久以來對於臺灣樸素藝術家的發掘、探研，以及兒童美術教育方面，有獨到之研究心得。

　　南師專在西畫方面持續創作者如：方永川（57 級）、陳武鎮（58 級）、黃炎山、陳玉珠（59 級）、施炳煌、蘇振明（60 級）、陳文龍（61 級）、蔡宏霖（版畫，63 級）等均頗具成果，其中施炳煌亦曾返南師專任教職。此外，72 級的楊得崑兼長油畫和水彩，曾獲全省公教員書畫展永久免審查榮譽。同為 72 級的楊得崑、蔡聰哲、楊其芳、何清心（忠術），以及 75 級的金忠仁，迄今亦持續於繪畫藝術之探討及活動。

　　在水墨畫方面，較為知名者如鄭蕙香（57 級）、劉聰慧（64 級）、麥惠珍（67 級）、劉美淑（69 級）、洪顯超（70 級）、沈政乾、郭添財、歐益豪、蔡玉盤（71 級）、王見明、陳漢明、曾俊哲（72 級）、陳建誌、陳麗娟、謝進護（73 級）、林宏信、蘇英泰、藍許桂英、張正明、張中明、林政昇、黃秋薇（74 級）、陳建發、楊盛發、劉淑惠、陳淑華（75 級）、

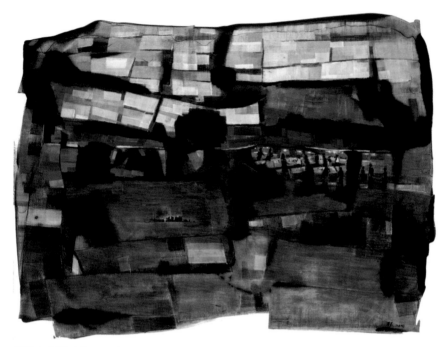

南師 61 級陳文龍 2014 年的作品〈夜市印記〉，現藏於高雄市立美術館。

王源和、陳福慶、蘇淑月（76 級）、余瑞宏、簡明朗、李進士（77 級）、邱建一（78 級）、胡順展（79 級）、沈政賢、郭炎煌（80 級）等人，不但在校時期參加國內各項全國性及省級美展，成績相當輝煌，畢業後仍然有多人在全國性展覽中持續獲獎，而且迄今都仍持續於水墨畫創作。其中洪顯超和陳建發先後返回南師任教，洪顯超並曾兼系主任職，其後轉往臺灣師大美術系任教；沈政乾則任教於長榮大學並兼系主任，楊盛發任教於臺南女子技術學院（今台南應用科技大學）。林宏信則獲得全省公教人員永久免審查之榮譽。郭添財畢業後則轉向教育學術領域，曾任臺灣首府大學教授兼院長。

　　書法和篆刻方面有吳英國、侯兩傳（63 級）、蘇友泉（64 級）、董福強（65 級）、吳啟楨（67 級）、鄭友章（71 級）、莊崑漢（74 級）、

南師 75 級陳建發 2016 年的水墨作品〈人騎圖〉。　　南師 71 級沈政乾 2001 年的水墨作品〈抉擇〉。

洪崇猛（75 級）、王源和（76 級）、莊千慧、李宜晉、陳明德、鄭國斌、
蔡明富（77 級）、洪松木（80 級）等。其中蘇友泉和莊千慧曾先後返南
師任教；吳英國和吳啟楨曾獲中山文藝獎等榮譽。

此外，60 級的莊修田畢業後走向美術設計，成為中原大學和臺師大設計系教授，也是知名的室內設計家；67 級的吳進風曾任鶯歌陶瓷博物館館長，並營造出陶瓷博物館之可觀績效和能量，是比較特別而且傑出之發展。

（四）屏師

屏東師專美勞組校友畢業後擔任美勞科任教師者非常有限，然而從 1970 年第一屆師專生畢業以來，在國內國民中小學美勞教育以至於當前的藝術與人文領域方面，仍有不少表現相當突出者如：王國

南師 64 級蘇友泉的書法篆刻作品。

柱（59 級）、楊嚴囊（61 級）、許宜家、溫騰光（62 級）、邱山藤（63級）、蘇慶田、李隆壽（64 級）、李金環（65 級）、鄭勝揚、蕭木川（67級）、曾永鴻（70 級）、蕭克昌（72 級）、葉王強（75 級）、楊錦堂（77級）、楊建宗（78 級）、鍾芳廉（78 級）、劉聖秋（79 級）等皆屬之。值得一提的是，高雄市兒童美術教育學會前後七任的理事長當中，屏師師範時期的陳瑞福、吳正雄，師專時期的蘇連陣、蕭木川和師院時期的高聖賢（碩班）、陳致豪（碩班），合計共有六人擔任過理事長，其影響力由此可見。此外，61 級孫良水的美學研究，67 級張繼文的藝術教育學，72 級廖新田的藝術史學及 80 級李雅婷於課程美學之探研等，在國內都頗為知名。

美勞組校友中持續進修，其後於大學校院專任教職者有：孫良水（61級，任教屏東師院）、溫雅惠（62 級，臺東大學）、盧福壽（65 級，高師大）、鄭英耀（65 級，中山大學）、張繼文（67 級，屏大）、林泊佑

屏師 63 級蘇連陣 2015 年的油畫作品〈土耳其伊斯坦堡〉。

（68 級，臺藝大）、鄭新輝（69 級，南大）、陳美玉（71 級，屏大）、
簡清華（71 級，屏大）、廖新田（72 級，臺藝大）、黃智陽（75 級，華
梵）、龔詩文（75 級，元智）、吳佳蓉（78 級，陸軍專科）、李雅婷（80
級，屏大）等。曾擔任過系所主管的有溫雅惠、盧福壽、鄭英耀、鄭新輝、
張繼文、陳美玉、廖新田、黃智陽等人，其中鄭新輝、廖新田和黃智陽都
當過院長，而廖新田更於 2018 年接任國立歷史博物館第十四任館長。比
較特殊的是，溫雅惠、鄭英耀、李明堂、鄭新輝、陳美玉、李雅婷等人
畢業之後轉攻教育學，簡清華則攻數學教育，均獲得博士學位。甚至鄭
英耀日後走向教育行政，曾兩度擔任高雄市教育局局長，現任中山大學

屏師 65 級校友盧福壽 1986 年的彩墨作品〈過往〉。（盧福壽提供）

校長；鄭新輝也曾擔任過臺南市和高雄市教育局長，現任臺南大學教育學系主任。此外林泊佑曾任臺北縣文化局局長、國立臺灣藝術大學副校長等職；65 級的潘金定任國立臺灣藝術教育館秘書；68 級的蔡東源和黃國銘兩人，曾分別主持屏東縣立文化中心和高雄縣立文化中心；74 級謝忠武曾任高雄市國立科學工藝博物館館長。或許受到陳漢強校長鼓勵讀書、升學及成為領導人的期許之風氣影響所致，相較於其他師專美勞組，屏師美勞組校友在文化、教育行政方面的人才顯得多些。

屏師 76 級校友楊錦堂 2004-2005 年作品〈「牛」的實驗〉。（楊錦堂提供）

屏師 75 級校友黃智陽 2010 年的書法作品〈潮〉。（黃智陽提供）

屏師 61 級楊嚴囊 2002 年的油畫作品〈印度小村莊〉。（楊嚴囊提供）

屏師 67 級鄭勝揚 2016 年的油畫作品〈枋寮舢舨〉。

　　至於畢業以後持續於創作實務而知名者，如 59 級的王國柱（複合媒材），61 級的楊嚴囊（西畫），62 級的許宜家（書畫），63 級的蘇連陣（西畫）、邱山藤（水墨），64 級的蘇慶田（水墨）、李隆壽（水墨），65 級的徐永旭（陶藝）、李金環（水墨）、盧福壽（水墨），66 級的林秀娘（陶藝），67 級的鄭勝揚（西畫）、蕭木川（西畫），70 級的曾永鴻（陶藝）、呂耿明（書法），73 級的賴文隆（書法），75 級的朱正卿（西畫）、黃智陽（書法），76 級的楊錦堂（西畫）等。其中，楊嚴囊曾獲省展西畫部永久免審查，鄭勝揚也以西畫曾獲全省公教員美展永久免審查；徐永旭、林秀娘夫婦更以陶藝迭獲國外大獎，尤其徐永旭於 2008 年榮獲日本美濃國際陶藝競賽首獎，格外受到藝界矚目。

屏師 65 級校友徐永旭以高溫陶作品〈2007-6〉獲得 2008 年第 8 屆日本美濃國際陶藝競賽首獎。（徐永旭提供）

　　此外，比較特殊的是，75 級的陳娟娟後來赴美進修，目前是美國相當專業的老舊照片修護技師；70 年於屏師暑期幼兒托教班結業的施秀菊（三地門蜻蜓雅築負責人），其研製之琉璃珠不但早已拓展出海外市場，更因電影《海角七號》而名噪一時。

（五）嘉師

　　延續自普師時期的學風，師專時期的嘉師，仍以水墨和書法人才的培育最為出色。如水墨畫的張松元、黃英添（60 級）、郭榮瑞、林義祥（61 級）、曾金伸、曾西蓉、沈耿香（63 級）、李茂成、侯勝賢（64 級）、李振明、高從晏（武雄）、莊伯顯、李漢偉（65 級）、侯清地（68 級）、黃宇立（69 級）、王源東（70 級）、蕭惠楨（71 級）、顏友信（75 級）等。

嘉師 64 級李茂成 2012 年的水墨作品〈觸 Touch〉。

王源東 2002 年的水墨作品〈付託〉。

其中郭榮瑞曾任教於市北教大，李振明任教臺師大，高從晏曾任教於臺中技術學院和長榮大學，王源東返嘉師任教，都曾兼任過系主任之職，李振明還兼任過臺師大藝術學院院長。此外，李漢偉曾任教於南師和長榮大學，兼長美術理論。其中就畫風而言，李茂成、李振明和王源東等人，尤其具有獨到的強烈辨識度，在臺灣水墨畫界頗為知名。比較特別的是 66 級的周立勳，師專美勞組時期專長國畫，其後轉向教育學，曾任嘉大教育系主任、崇仁護專校長等職。

書法領域則有黃宗義、盧瑩通、陳炎清（61 級）、林暉嵐（63 級）、

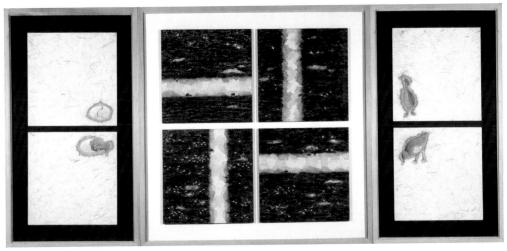

嘉師 65 級李振明 1983 年以水墨作品〈關渡迴徜〉參加雄獅美術新人獎，獲得首獎。

嘉師 61 級黃宗義 1999 年的書法作品〈崩〉。

簡英智（65 級）、蕭世瓊（68 級）、謝榮恩（74 級）等人，其中黃宗義任教臺南大學（南師），專授書法課程，兼長創作實務和論述，對臺南地區書法界頗具影響力；蕭世瓊的書法曾獲省展永久免審查之榮躍，在臺灣書法界頗為活躍，目前任教於亞洲大學。

　　至於西畫方面，持續創作者相較略少，僅知有鄭惠美（63 級）、張振明（67 級）、連德仁（70 級）、莊玉明（71 級）、蔡榮文（77 級）等少數幾人。此外，72 級的簡瑞榮曾通過藝術行政高等考試，並於英國里茲大學進修博士學位，其後返嘉師任教，並曾兼任系主任之行政職。連德仁則任臺中科技大學教授。黃美賢（69 級）走向文化行政，曾任教育部社

教司科長、嘉義市文化局局長，現任教於國立臺灣藝術大學。

（六）東師與花師

　　東師與嘉師同樣，校友也以擅長書畫領域者為多。水墨畫如：高聖賢（61級）、曾水金（62級）、林永發（64級）、邱桂英（67級）、姚亘（71級）等人；書法部分有郭芳忠、施永華（64級）、許增昌（66級）、鄭清堯（69級）、梁永斐（71級）、李國楊（75級）等。其中林永發和姚亘後來均返東師任教並曾兼系主任職，尤其林永發目前擔任人文學院院長；郭芳忠於高雄師大國文系專授書法課程；施永華曾獲國展和省展書法首獎，在書法界頗為活躍。梁永斐走入文化行政領域，曾任臺北市中正紀念堂管理處副處長，文化部參事、藝術發展司司長等職務。

　　西畫部分以日後返東師任教的羅平和（69級）為代表，其木口木版尤其富有盛名；66級的陳品華和79級的張培均，均以水彩作品於全省公教員美展連續三年前三名獲永

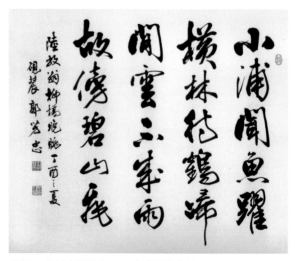

東師64級校友郭芳忠2017年的行草作品。

東師64級校友林永發1994年的水墨作品〈豬事大吉〉。

東師 66 級校友陳品華 1994 年的水彩作品〈臺東大橋〉。

久免審查資格；此外 70 級的莊慶芳、76 級的許忠文等人，仍持續創作，並常參與畫界之活動。

　　至於師專時期的花師，校友持續於美勞相關領域之發展較為知名者有：59 級的邱永福，以美術設計及美術教育領域見長；61 級的李素貞以西畫擅長；64 級的黃壬來亦長於西畫，赴美國喬治亞大學進修藝術教育博士學位，其後任教於屏師院、文藻外語學院，著述甚豐，對國內小學藝術教育頗有影響；同為 64 級的朱耀逢則曾任高雄縣立文化中心主任，對於藝術文化之推廣，著力頗深。

　　至於竹師專美勞組的人才培育部分，擬留待下節與竹師專美勞科含併討論。

　　回顧普師科時期，教育部在頒布三年制藝師科課程以後，藝師科的

花師 64 級校友黃壬來 2004 年的油畫作品〈諦願寺〉。

美勞專門課程總時為 79 小時（學分，1955-60 年入學）至 99 小時（學分，1952-54 年入學）；相較之下，師專的美勞組顯然明顯地縮減了時數。而且師專美勞組將 70 小時專門課程分布於五年修業期間內，比起師範藝師科三年之內修 79-99 小時的美勞專門課程而言，顯得密度為之大幅稀釋了；此外，師專生到了三升四年級之際才依興趣選組，不同於普師科時期，藝師科於入學考試時加考術科，以作為重要的篩選依據，並及早明確其發展定向。顯見五年制師專美勞組之課程規劃，主要仍以包班制國小師資之養成為主，此外，再增加美勞部分之專長素養之性質，比起普師科時期，藝師科之專業度方面有所不及。然而也由於各師專美勞組之相繼成立，隨著美勞專門課程之開課需求的增加，同時也帶動各校美勞師資

編制的提高，美勞教學和創作相關領域的專門人才培育之增加，在當代臺灣美術教育史中，仍扮有不可忽視之地位。到了 1970 年新竹師專設立五年制美術師資科（起初簡稱「美術科」，1978 年為配合國小美勞課程而奉令改為「美勞科」）以後，臺灣的國小美勞師資養成教育方始邁入另一新的里程。

五、新竹師專美勞（術）科（1970-1991）與美勞組（1965-1991）

1968 年 8 月 1 日起，臺灣開始實施九年國教，以「省辦高中，縣市辦初中」為原則，全臺初中更名為國民中學（簡稱國中），國民學校更名為國民小學（簡稱國小）。國小升學國中不必經過考試，全面改善了以往小學升學主義的惡補風氣，促進了國民中小學藝能科教學正常化，同時也帶動了藝能科的師資培育。1967 年首先由省立臺東師專開辦體育師範科；繼之，翌年（1968）省立臺北師專開始招收音樂科；到了 1970 年才由省立新竹師專招收第 1 屆的美術科（1978 年以後改稱為「美勞科」）學生。此後二十多年間，竹師的美勞科與北師的音樂科和東師的體師科，都發展成為該校有別於其他師專之特色科系。

1970 年第 1 屆美術科入學考試之計分方式為：學科總平均占 60%，術科占 40%；術科共考 4 科，其中素描占術科總分 40%，水彩和國畫各占 25%，書法占 10%。其術科之考科和計分方式與當時之大學聯招美術組相當接近。據第 1 屆（64 級）美術科校友徐素霞和范姜明華兩人之回憶，該屆入學考試術科素描是畫握著圓柱的直立手臂石膏模型，考生除了兩三人用炭筆外，大多用鉛筆畫素描；水彩畫則考鳳梨和其他水果擺置的靜物畫；國畫則依據一小張簡要的線畫圖稿，來畫成構圖完整的水墨畫；書法則有固定詞句當場以大楷書寫。各種術科都是採用四開畫紙

竹師美勞科第1屆全體女同學合影。（徐素霞提供）

竹師美勞科樊湘濱老師與美勞科第1屆全體男同學在教室前合影。（徐素霞提供）

作畫。[註173]第 1 屆美術科約有兩三百人報考，錄取一班四十五人。後來報考人數漸增，最多曾經有高至一千多人報考美術科之盛況。[註174]不過由於招生時一直沒有男女生保障名額之規劃，因此歷屆錄取藝術科者往往以女生占大多數。

（一）美勞科之課程

　　竹師美勞（術）科前後招收十七屆，是師專時期全臺唯一的美勞科，其課程隨著 1972 年和 1978 年的兩次教育部課程修正（實際上參與課程修訂委員均為竹師之美勞教師），而可區分成三個時期【表1】，以下試作分析：

1. 第一期（1970-1971 年入學）

　　據首任竹師美術科主任樊湘濱教授之回憶，當年竹師奉教育廳核准，最初在不增經費以及員額編制之原則下成立美術師資科，科主任最初也未編列主管加級，只有減授四小時，美術科一切就校內原有之資源克難經營。最初美術科之專門課程，則由樊教授邀集校內美術教師林中行、劉河北、席慕蓉等人共同研訂，然後報部核定。[註175]此即 1970 年 7 月教育部所頒布的「修訂師範專科學校五年制國校美術師資科暫行科目表」。

　　1970 年由竹師規劃報部核定的第 1 屆美術科之美勞專業必修科目，有藝術概論、色彩學、美術史、素描、水彩、油畫、國畫、美術設計、書法、工藝、繪畫心理學、美學、圖案、透視學、解剖學、幾何學等，計 86 學分；如果加上教育專業科目的 2 學分美勞科教學研究與實習，以及 8 學分以上的美勞選修科目，合計共 98 學分，占總課程比例的 36.4%。【表1】比起當時各師專五年制國校師資科美勞組，不但美勞相關科目時數增

---

173. 依據徐素霞於 2009 年 1 月彙整同班同學之回憶以答覆筆者之提問。
174. 2008 年 12 月 19 日訪談樊湘濱教授於新竹樊宅。
175. 同上註。

1970年代，竹師美術教室中的石膏像。（徐素霞提供）

加一倍以上，而且科目也更加專業，尤其增加了透視學、解剖學等繪畫藝術重要基礎科目，美術史、美學等重要理論科目，以及油畫、美術設計等較為進階的專業術科。顯示出竹師美術科之規劃，是期許學生們擁有遠比師專美勞組更為專業的美術創作能量。較諸1960年左右的三年制北師藝師科後期課程，[註176]竹師美術科也顯得更加專業和嚴謹，尤其解剖學、油畫和美術設計，都是師範藝師科時期所未曾開過的專業科目。此外，對照當年臺灣師大美術學系的美術專業課程，[註177]則顯得頗為相近，只是素描、水彩、國畫、油畫等術科之時數稍減而已。由於臺灣師大美術系在當時為國內大專專業美術教育之龍頭，而且又同為師資養成

176. 黃冬富（2009）。〈戰後初期的臺北師範藝師科（1947-1963）〉。收入《美育》雙月刊，168期。頁75-89。
177. 參見黃冬富（2006）。〈從臺灣省立師院勞圖科到臺灣省立師大藝術系──戰後初期臺灣中等學校的美術師資養成教育（1947-1967）〉。收入《美育》第151期，頁68-77。

高年級時分組至東門國小教育實習，與學生們合影。（徐素霞提供）

徐素霞在東門國小教育實習時，帶領學生們排放學路隊。（徐素霞提供）

教育體系，加以負責籌備竹師美術科的樊湘濱主任是臺灣師大藝術系校友之故，其課程結構參考臺師大再略作微調，也是順理成章之事。

　　然而值得一提的是，本期竹師美術科的專業必修科目中有「美術設計」8 學分，為當時臺師大美術系之所無。如加上與美術設計直接有關之色彩學、圖案、幾何學（幾何畫、用器畫）各 2 學分，以及與繪畫創作、美術設計均有關連的透視學 2 學分，合計共 16 學分，其分量實在不輕，顯示出對於設計教育之重視，也堪稱當時竹師美術科課程特色之一。如是之課程設計背景，基本上應該與 1968 年教育部修訂頒佈的國民小學課程標準裡面，將基本造形設計、裝飾設計、色彩和生活研究等層面納入其中的變革有關，旨在培育國小美勞師資的竹師美術科課程設計，自當與之相呼應。此外就整個大環境層面而言，1968 年以來，一方面由於政府開辦九年國民義務教育，另一方面國內大型廣告公司紛紛設立，當時的經濟環境因素，需要大量的設計人員投入市場，也因而高職美工科或廣告設計科於 1970 年代後，如雨後春筍般地從南到北紛紛設立。(註178) 上述潮流對於 1970 年設立的竹師美術科重視設計課程之規劃導向，應該不無影響。

　　然而本期課程，與美術教育直接相關的學科只有「美勞科教學研究與實習」一科 2 學分，就國小美勞師資培育的課程規劃而論，顯得頗為單薄。

　　至於 8 學分以上的專業選修科目，雖然科目不少，但實際上往往依照教師之專長以及配課之需求而開課，據第 1 屆竹師美術科校友徐素霞之成績表所載，當年 8 學分的選修科目包括版畫、嵌畫各 2 學分，木工 4 學分，(註179) 訪談徐素霞及多位竹師美術科不同屆校友，都表示當年完

---

178. 參見賴見都（2002）。《臺灣教育設計思潮與演進》。臺北：龍辰，頁 35。

全沒有必修或選修之概念，[註180] 凡是學校開的課就修，亦即選修課全部都是「必選」，因此並無真正的「選修」之實。

2. 第二期（1972-1977 年入學）

　　1972 年 11 月教育部頒布「五年制國校美術師資科科目表及實施要點」【表1】，當時新竹師專美術科為全國唯一適用此要點之學校科系，課程將第一期的「透視學」和「幾何學」（用器畫）整合成為「基礎圖學」（4學分）；也將比較不符合時代潮流的圖案課融入「美術設計」（6學分，12 小時）裡面；又將繪畫心理學調整成為「視覺原理」，以輔助美術設計和繪畫創作；此外，更將素描學分從原有之 18 學分大幅度調高至 32 學分。尤其特別的是，除了原有教育專業必修科目「美勞科教學研究」（2學分），本期更增加了美勞專業必修的「美術教材研究」（4學分）及選修科目「兒童繪畫研究」（4學分）等兩種美勞教育相關科目，明顯地呼應其美勞師資培育之創科宗旨。全部必修美勞相關學分共 104 學分（140 小時），占總課程比例 56％，較諸第一期顯然加重了美勞專業課程之份量。不過刪除了美學和解剖學兩門重要專業科目，對於美術創作之持續深入發展不無影響，則為美中不足。

　　1973 年 9 月起，國立教育資料館辦理首屆「全國美術教育展覽」，並巡迴全臺各地展出，翌年印行展覽專輯，當時竹師美術科主任樊湘濱撰寫一文介紹竹師美術科教育概況發表於專輯中，他對美術科課程作如是之分析：五年的修業期間，一、二年級偏重於共同必修課程（普通課程）；三、四年級則偏重美術專業訓練；五年級重點在教學實習。[註181]

---

179. 詳見國立新竹教育大學註冊組保存之 64 級美術科校友徐素霞之歷年成績表（徐素霞提供）。
180. 筆者訪談過 64 級的徐素霞、65 級的陳錫祿、74 級的陳致豪、77 級的徐秀菊等人均作如是說。
181. 樊湘濱（1974）。〈臺灣省立新竹師專美術科教育概況〉。收入《全國美術教育展覽專輯》，臺北：國立教育資料館編印。頁 40-45。

檢視 1970 年入學的第 1 屆竹師美術科校友徐素霞之歷年修課成績表,基本上其所修習一、二、五年級之美術相關課程仍有相當之比例,與樊湘濱所分析之年級課程重點規劃之情形大致吻合,但並不完全正確。竹師美術科雖以國校美術師資培育為其主旨,然而可能基於國小以包班制為主,加以師專前三年有高中階段之意味,一般(普通)科目和教育專業科目之比例仍然偏重,無形之中,也加重了美勞科學生的學科負擔。

3. 第三期(1978-1987 年入學)

本期課程僅根據上一期微調,變動幅度不大。必修科目方面,原「美術教材研究」(4 學分)調整為「兒童美術研究」(2 學分);「藝術概論」改為「美勞概論」,學分不變;取消「視覺原理」為必修科目。其他科目名稱與上期一致,只是學分略作調整。此外,選修科目調至 14 學分以上,合計美勞相關科目 100 學分(122 小時),占總課程 47.8%。本期課程自 1978 年開始實施,以迄竹師美勞科最後一屆為止,前後適用十屆,為實施最久的一套課程。

1978 年 3 月,教育部技職司正式編印《師範專科學校五年制普通、音樂、美勞、體育等四科課程標準暨教學科設備標準》一巨冊,計 1422 頁,由正中書局印行。其中在〈課程標準總綱〉裡頭,明訂師專美勞科的教育目標為:**(註 182)**

師範專科學校,應遵照中華民國教育宗旨及其實施方針,以嚴格之身心陶冶及專業教育,培養國民小學之健全師資。為達成此項目的,五年制美勞科除培養學生具備一般基本修養及教學知能外,並應實施下列各項目標:

‧ 培養審美觀念,陶冶美的情操。

---

182. 同註 163。頁 6-7。

- 啟發創造精神，養成美勞創作能力。
- 充實美勞教學的知能。
- 培養應用美勞的能力。
- 涵育對我國傳統藝術特質的欣賞能力，增進對世界美勞發展的認識。

　　其中第一段是師範專科學校的基本教育目標，為普通、音樂、美勞、體育等各科所共同，顯見對於身心陶冶的品格教育之重視，是當時國小師資養成教育之主軸，也因此可以理解師專時期，不論美勞科、音樂科以至於體育科，其一般課程以及教育專業課程始終占有極大比重之原委。

　　值得討論的是，竹師美勞科學生，在五年修業期間，至少須修習313小時（255學分）以上之課程。據第 1 屆的范光堼之回憶：「就讀後，因術科學分與時數關係（學科是一堂課一學分，術科兩堂課一學分）假日都要塞課，同學們疲於奔命！於是學習態度大打折扣！」。[註183] 如此沈重之課業負擔，免不了會排擠到學生之沉澱思考及創作練習的時間，此為其美中不足之處。

（二）美勞科之師資與教學

　　當 1970 年竹師開始成立五年制美術科時，原有的五年制普通科美勞組仍然持續招生，迄於改制為師範學院之前一年（1986）招收最後一屆為止，由於同時並存著兩種班別的龐大專業課程需求所致，使得這段時期竹師的美勞專任教師編制遠多於其他師專，甚至兼任師資部分也是如此。

　　就師資結構層面而論，最初成立的中師美師科（1946-1949）師資以接受日式教育之學習背景居多，大陸來臺師資次之；繼之北師藝師科（1947-1963）和南師藝師科（1950-1958），則絕大部分為大陸來臺師

---

183. 依據徐素霞於 2009 年元月彙整同班同學之回憶，以答覆筆者之提問。

1965 年，李澤藩老師（前排右 6）退休紀念合影。

資；至於竹師美術科由於成立較晚之故，主要師資多屬戰後以來臺灣專業美術教育體制所培育而出之第二代以至第三代畫家，尤其以畢業於臺灣師大藝（美）術系者為最多。美術（勞）科時期共有五位竹師校友應聘專任教職，蔡長盛、呂燕卿是竹師普師科校友，林田壽畢業於美術科成立以前的師專美勞組，徐素霞和張全成更是美術科時期之校友。此外，與張全成同班的汪聞賓，則直待 90 年代的師院美勞教育學系時期才返系任教。而且年代愈晚，則越多繼續在國內外進修高學位者。茲將這段時期的專任教師之相關背景資料整理成【表10】以示之。

在討論專任師資之前，師專時期的兼任教師李澤藩（前中央研究院院長李遠哲之父）的繪畫造詣和教學風範尤其讓學生敬佩。他是日治時期石川欽一郎於臺北師範培育出有數的傑出水彩畫家之一，戰後初期即應聘任教於新竹師範，於全省美展及全省教員美展多次獲獎，未久即擔

省立新竹師專美勞科專任師資簡表（1967-1991）

姓名	性別	出生年	籍貫	學經歷	擔任課程	任教期間
林中行	男	1919	浙江省杭州市	上海美專西畫系畢	國畫（花鳥）	1967（3月）-1987
劉河北	女	1928	山西省徐溝縣	義大利羅馬國立藝術學院畢	透視學幾何畫美術史解剖學	1967-1974
樊湘濱	男	1929	山東省惠民縣	省立臺灣師範大學藝術系畢	圖案美術設計兒童美術研究美勞科教學研究	1967-1994
席慕蓉	女	1943	蒙古察哈爾盟	比利時布魯塞爾皇家藝術學院碩士國立臺灣師大藝術系畢	美學素描油畫	1970-1995
董金如	男	1914	山東省東平縣	國立北平藝專圖案科畢	工藝	1970-1980
劉惠智	女	1941	臺灣省新竹縣	省立臺灣師範大學藝術系畢	工藝家政	1970-1978
高小曼	女	1945	安徽省貴池縣	政工幹校藝術系畢	美勞概論色彩學素描幼兒教具製作	1971-2001
張柏舟	男	1943	臺灣省彰化縣	國立臺灣師大美術系畢	藝術概論	1972-1973
趙　明	男	1940	浙江省玉環縣	國立臺灣藝專畢	書法水彩基礎圖學	1972-2000
呂燕卿	女	1948	臺灣省新竹市	國立臺灣師大美術研究所碩士國立臺灣師大美術系畢	美勞概論兒童美術研究版畫	1973-
劉笑芬	女	1942	福建省閩清縣	中國文化學院藝術研究所碩士國立臺灣師大藝術系畢	美術史素描國畫	1972.2-1973
宋莉環	女	1947	河北省	中國文化學院藝術研究所碩士	素描	1974-1976.1

蔡長盛	男	1942	臺灣省彰化縣	中國文化學院藝術研究所碩士 國立臺灣師大美術系畢	美術素材研究 美術設計 水彩 素描	1975-2006
李惠正	男	1941	臺灣省臺中市	日本大東文化大學碩士 國立臺灣師大美術系畢	美術史 素描 水彩 國畫 書法	1977.2-1993
劉靜枝	女	1937	臺灣省嘉義縣	日本早稻田大學美術史學研究科碩士 國立臺灣師大藝術系畢	色彩學 中國美術史 國畫	1976-2002
葉俊顯	男	1957	臺灣省新竹縣	國立臺灣師大工業教育研究所碩士	勞作	1980-
黃銘祝	男	1956	臺灣省臺南縣	國立臺灣師大美術系畢 （國立臺灣師大美術研究所結業）	素描 水彩	1980-
張永村	男	1957	臺灣省彰化縣	國立臺灣師大美術系畢	素描 水彩	1980-1984
樂亦萍	女	1951	浙江省鎮海縣	國立臺灣師大美術系畢	美術	1980-1986
林麗貞	女	1955	臺灣省新竹市	美國威斯康辛大學河瀑校區教育碩士	工藝（編織） 陶藝	1983-2006
林田壽	男	1953	臺灣省苗栗縣	國立臺灣師大美術研究所碩士 國立臺灣師大美術系畢	國畫 美術鑑賞	1984-
徐素霞	女	1954	臺灣省苗栗縣	法國史特拉斯堡人文科學大學藝術博士 法國國家高等造形藝術表現文憑 竹師美術科畢	素描 水彩	1985-1990.7（公費留學法國） 1993.8返校任教
梁丹卉	女	1948	廣東省	美國中央華盛頓大學 M.F.A 國立臺灣師大美術系畢	水彩	1989-
張全成	男	1958	臺灣省嘉義縣	國立臺灣師大美術研究所碩士 國立臺灣師大美術系畢	素描 水彩 美勞概論 兒童美術研究	1989-

製表：黃冬富

竹師美勞科 64 級學生與李澤藩老師。（徐素霞提供）

竹師美勞科學生利用假日在校園中寫生。（徐素霞提供）

樊湘濱老師與同學在教室前聊天。（徐素霞提供）

任審查委員，並曾獲頒中華民國畫學會金爵獎等榮譽，曾應邀至臺灣師大美術系、中國文化學院美術系，以及國立臺灣藝專美術科兼課。1964年在竹師辦理退休，旋即應聘繼續兼課以至 1976 年為止。早期竹師校友每提到藝能課，往往對他表示高度肯定。曾擔任過新竹師院校長的黃萬益（45 級）更指出：「教學美勞的李澤藩老師，每次教學的材料及技法，既多樣又新穎，再加上輕鬆愉快的學習氣氛，最能引人入勝，沉浸在濃郁的藝術世界裡，使得選修美勞組的人數多達七十餘人，同學們參與省展的作品入選甚多，且名列前矛。」（註184）

第 1 屆竹師美術科校友徐素霞回憶李澤藩當年之教學情形：

李老師除了在教室讓我們學畫靜物、花卉和模特兒外，也常常帶我

184. 黃萬益。〈欣逢校慶‧感念師恩〉。收入《竹師五十年》。頁 63。

樊湘濱主任上課情形。（徐素霞提供）

們到郊外寫生。面對著大自然，他的感情似乎特別的豐富，他會教我們
觀察樹木的色彩、型態與蘊藏在裡面的生命力，然後仔細的把眼前的景
物畫在速寫簿上或畫紙上。看他示範寫生也是一件非常魔幻的事，他不
以鉛筆做詳盡的草稿，而是直接用水彩筆沾上淡淡的色彩，以線條畫出
大概的景物位置，然後再做天空的大片渲染，遠景的朦朧描繪…，依次
完成一幅生意盎然的風景畫來。[註185]

　　長久以來，不少人談到竹師美術科，往往會直接聯想到李澤藩老師，
他不但是最具分量的美術老師，也堪稱臺灣傑出的前輩水彩畫家之一。
　　在專任老師當中，自竹師美術科成立以來，持續擔任科主任長達
二十三年的樊湘濱，始終是科裡的核心人物。他於 1950 年考入第 1 屆臺
南師範藝師科，與鄭善禧為同班同學；翌年旋即以大陸時期曾讀過高中

185. 徐素霞。〈追憶恩師—追求美好世界的李澤藩〉。收入《福智之友》（2005）。第 63 期。頁 24-35。

之資歷而轉學考入臺灣師大
藝術系，與陳景容、劉文煒、
何文杞同窗。1967 年 9 月底
應聘竹師任教。樊湘濱兼長
書法、水墨和水彩，然而進
入竹師以後，舉凡工藝、圖
案、美術設計以至於美勞科
教學研究等，當時一般人認
為比較冷門之學科，他都欣
然承接。從竹師美術科之籌

竹師美勞科寒假寫生營的作品評析，右為台師大藝術系馬白水教授，左為樊湘濱老師。

備，以至主持科務期間，對科務之經營極為投入，並規劃設立美勞科教
育資源中心，蒐集美勞教育資料，提供美勞教學資訊等，建樹頗多。其
教學風格平實，在創作領域方面，他雖非藝術界之明星，卻一直與美勞
科之發展密切關連。

　　董金如是專任美勞教師中年齡最長者，早年畢業於北平藝專圖案科，
大陸時期曾擔任北京師範學院工藝系之助教、講師，來臺後曾於臺灣手
工藝推廣中心擔任設計師。1970 年應聘任教竹師以後，也曾前往國立臺
灣藝專美工科兼課。據 65 級的陳錫祿回憶，董金如個性溫文儒雅，平時
很少說話，他任教工藝以木工為主，但也曾指導學生以碎布仿西方名畫
作拼布鑲嵌，頗富趣味。[註186] 此外，他尤長於印染及剪紙藝術，1980 年
曾以剪紙藝術之造詣及推廣貢獻榮獲中華民國畫學會金爵獎。可惜當時
剪紙被視為非精緻文化的民俗手工藝，較不受藝術科系學生之重視，因
此美術科學生追隨董金如投入剪紙藝術之持續鑽研者極少。

---

186. 據筆者於 2009 年 5 月 15 日電話訪問 65 級美術科校友陳錫祿。

林中行是輩分最高的國畫老師，他早年畢業於上海美專西畫系，但是渡臺以來卻以水墨畫為主，他與夫人邵幼軒（張大千女弟子，任教於政戰學校藝術系）在國內水墨畫界均以花鳥畫知名，60-70年代經常受邀參與國內的當代名家國畫展。早期美術科專任教師劉河北（溥心畬女弟子）、高小曼、趙明、呂燕卿、劉靜枝等人均以水墨畫見長，但是卻只有林中行主授國畫課，顯見其所受到之禮遇。他授課採傳統示範、臨仿的案頭國畫教學法。相形之下，早期從臺中師專受邀前來兼課的鄭善禧上課方式則大不相同。鄭善禧曾於全省美展和全省級教員美展多次榮獲國畫首獎，畫風生活化而且強明有力，其博古通今，學貫中西，上課講授旁徵博引，口若懸河；其指導水墨畫要求學生深入觀察，展現個性。尤其他認為以往文人畫家在桌上作畫不夠大氣，鼓勵學生們將畫紙鋪在地上蹲（趴）著作畫，甚至帶著美術科同學們在大禮堂內鋪地作畫，放手揮灑。[註187] 其教學風格生動活潑，頗受學生歡迎。

　　1977年鄭善禧從中師轉赴臺灣師大美術系任教後就很少前來兼課，適時由日本回國的李惠正接續其國畫課程。李惠正為中師50級校友，其水墨畫風及創作觀與鄭善禧相近，也識博見廣長於講授。他教水墨畫以山水（風景）為主，特別重視線條和墨韻方面的深入分析，常常運用幻燈片輔助講授，也常帶著學生現場寫生，與林中行之教學風格迥異，重視對於學生創作觀念之引導。學生們雖然日後持續水墨創作者極為有限，但不少校友認為李惠正之觀念啟發，對他們轉換媒材之後，仍覺受益不少。[註188]

　　竹師專的席慕蓉、劉河北老師，與北師專的陳寶琦老師，是當年全

---

187. 前揭2009年5月15日陳錫祿電話訪問稿。
188. 2009年10月16日電話訪談竹師美勞科73級校友李坤德。佐以2009年11月電話訪談竹師美勞科74級校友陳致豪、王振泰。

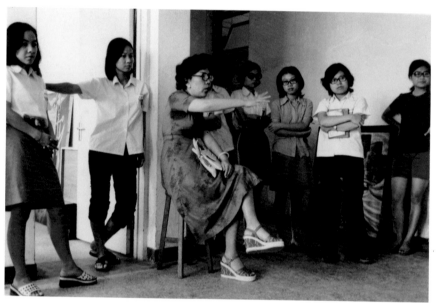

席慕蓉老師在女生宿舍為美勞科 64 級同學作品講評。（徐素霞提供）

臺九所師專唯有的三位留學歐洲國家的美勞專任師資。席慕蓉老師是北
師藝術科 48 級校友，其後又進臺師大藝術系進修，並於比利時布魯塞爾
的皇家藝術學院取得碩士學位，其任教竹師期間貫串整個美術（勞）科
存在時期。她屬唯美主義而具浪漫優雅的氣質，很有型也非常感性，其
油畫課不教技巧也很少示範，著重就學生作品的講評，[註189] 她重視的是
美感、感覺的層面。[註190] 64 級的廖紅玫曾將她與李澤藩教學風格作對照，
指出：「李老師要求我們按部就班，席老師則希望我們有跳躍式的表現。
對剛入門的學生來說，按部就班比較能打好基礎，席老師則比較適合教
有一點程度的學生。」[註191]

---

189. 同註 183。
190. 2009 年 1 月，徐素霞書面回覆筆者之訪問。
191. 前揭註 183，徐素霞彙整班上同學之回憶。

席慕蓉講授美學課，喜愛將她喜愛的許多文學性的東西融進去，鼓勵學生討論且發表自己的意見，給學生很大的空間，據後來也返回竹師任教的 64 級徐素霞之回憶：

記得她曾在黑板上寫過一首詩（不知是哪位作者）：「東邊一棵大柳樹，西邊一棵大柳樹，南邊一棵大柳樹，北邊一棵大柳樹，任它千絲萬縷，總繫不得郎舟住。」，這首詩給我印象特別深刻，至今都能背誦。我覺得這首詩寫法很有趣，用反覆的、簡單的詞句卻能營造出這麼美的意境。美學課是一學年，席老師給我的兩學期分數都是滿分一百分，大大的鼓舞我向藝術領域邁進。[註192]

與徐素霞同班的陳少貞表示：

她的油畫課及藝術概論的課是我渴望的課堂，我也力求表現，免得她失望，她喜歡發問和討論，給學生很大的空間。藝峰班（按：64 級美術科之班名）舞臺上的席老師也認真地適切地展現了她的個性，在她身上不但看到了她的畫，你也看到了詩、音樂及文學，對我而言，她是一個女性的典範，除了她的專業外，她擁有對人的大理解心和同情心，這是她最特別的地方。[註193]

1980 年同時加入專任師資陣容的黃銘祝和張永村都是競賽型的水彩畫老師。其中張永村扣除服役之外只任教兩年即離職，黃銘祝則持續任教以迄退休。黃銘祝從國校時期即以兒童畫獲獎，大三時期以整排並列的舊腳踏車特寫的〈托售〉一畫，獲光復書局主辦之全國青年畫展第三

---

192. 同註 183。
193. 同註 183。

竹師美勞科 64 級師生合影於新竹社教館畢業展會場前。前排左 4 徐素霞、左 5 樊湘濱主任，
第二排左 7 呂燕卿老師、左 8 高小曼老師。（徐素霞提供）

名，經《藝術家》雜誌刊載而頗受矚目。據 73 級的李坤德回憶：「黃銘
祝老師重視畫面肌理的變化嘗試，指導同學們趁著水彩作品水份未乾時
灑上細沙石，乾後再抹去沙石，以營造地面的斑漬肌理；也曾教同學們
運用畫刀刮、塗、牽引等技法與水彩結合；甚至用沙石將紙面磨出斑點
狀肌理。」（註194）

　　黃銘祝於 1987 年出版《美勞科系學生水彩畫能力培養與國小兒童彩
畫教學關係之研究》一書，（註195）對於前述教材有系統和完整性之探討，
對於 80 年代以後竹師美勞科水彩畫風有一定程度之影響。

---

194. 2009 年 10 月 16 日電話訪問竹師美勞科 73 級校友李坤德。
195. 詳見黃銘祝（1987）。《美勞科系學生水彩畫能力培養與國小兒童彩畫教學關係之研究》。臺北：藝
　　風堂出版社。

早期專任師資主授「美術設計」課程的是樊湘濱，繼之則為蔡長盛；「基礎圖學」則多由趙明擔任，「色彩學」則有高小曼、劉靜枝等人授課。值得注意的是國立臺灣師大美術系雖然在 1972 年開始於三、四年級分國畫、設計、西畫三組教學，[註196] 然而在 1971 年以前專業必修課程裏面仍無「美術設計」一科。樊、蔡二師分別於 1956 和 1970 年畢業於尚未重視美術設計課程的臺師大藝（美）術系，其純藝術的素養顯然優於美術設計專業。雖然也有校友認為，蔡長盛講課很生動，往往運用幻燈片輔助介紹國內外美術設計名作，指導學生將畫紙繃在木板上製作商標設計、海報設計及卡片設計等。[註197] 然而相應於當時竹師美勞科重視美術設計之課程結構而言，此一領域之專業師資以及設備方面仍然顯得不足。也有部分同學認為當年與設計相關之課程授課方式略顯保守，與業界落差過大，較不易誘發同學持續鑽研之動力，或許與此一領域日後人才培育數量之有限不無關連。

至於與師資培育宗旨直接相關的美術教育課程，主要由樊湘濱和呂燕卿二人授課，到了後期才有張全成加入。樊湘濱有關美術教育的學術論著雖然不多，但是自從竹師成立師專唯一的美術（勞）科以來，身為科主任的樊湘濱，自然受邀參與國內師專和國小的各種有關美勞之會議及教材之編纂。尤其 1982 年由國立編譯館主編的師範專科學校整套的《美術》和《勞作》教科書各六冊，[註198] 以及 1983 年出版的師範專科《美勞科教學研究》等書，[註199] 樊湘濱皆擔任編輯小組的召集人，其長年主持竹師美勞科，以其職務之視野優勢來擔任美術教育之相關課程，自能

---

196. 張德文（1986）。〈近三十年來我國大學院校之美術教育〉。引自國立教育資料館發行之《教育資料輯刊》第十一輯抽印本。頁 12。

197. 同註 194。李坤德訪談稿。

198. 部編本教科書《師範專科學校美術》（1-6 冊）、《勞作》（1-6 冊）。1982 年。臺北：正中書局發行。

199. 部編本教科書《師範專科學校美勞科教學研究》。1983 年。臺北：正中書局發行。

勝任無礙。

呂燕卿一向以國小美術教育之相關研究為其學術專長，研究勤快而著述甚多，甚至曾一度榮膺教育部「九年一貫藝術與人文領域課程」輔導小組的召集人。此外，在術科方面，她主授版畫，當年雖非明星級版畫家，但為了充實教學能量，平時也積極參加國內各種版畫研習，用心蒐集各種教材，認真鑽研版畫創作，與學生共同成長，持之以恆。到了90年代後期，呂燕卿終以版畫藝術之成就和教育推廣之貢獻，陸續榮獲中華民國畫學會金爵獎和中華民國版畫協會金璽獎等榮譽，實為「教學相長」之良好典範。80級的楊智欽回憶：「呂老師教學非常認真，也非常關心學生的生活作息，可稱為『媽媽型』，因此同學們背後都叫她『呂媽媽』。當年曾幫忙呂老師管理版畫教室一年，負責清理整潔。為此，呂師提供自己的研究室，讓我平時自由參閱裡面的資料，甚至在裡面作畫。」(註200)

此外，兼任教師除了前述李澤藩、鄭善禧之外，何文杞、張杰、劉文煒的水彩畫課，戴武光的國畫課，許天治、顧獻樑、張俊傑的理論課，陳振輝的雕塑課以及李文珍（郁周）之書法課等，也都各具特色而對於當時之專任師資教學產生一定程度之互補作用。

早年竹師經費並不充裕，正如 1951-1964 年間擔任竹師校長的王宏志所說：

當年師範學校有四大四小之分：四大者即北師、北女師、中師、南師。四小者即屏師、東師、花師、竹師。全省師範學校如果要辦什麼活動或選派教師出國進修，四大均占盡優先，…即每年經費分配亦是四大優先。殊不知四小先天不足，亟需政府財力支援以充實其設備，否則四小永遠

200. 2009 年 5 月，電話訪談竹師 80 級美勞科校友楊智欽。

敬陪末座！[註201]

　　美勞科成立以前，只有一間美術教室，大型石膏像只有四尊，圖書資料極為有限。[註202]然而由於是當時全臺唯一的師專美勞科，因而陸續獲得校內外經費挹注，軟硬體設備之成長極為快速。據樊湘濱主任於美術科成立之第三年下學期撰寫〈臺灣省立新竹師專美術科教育概況〉一文，發表於《全國美術教育展覽專輯》中，提到當時已有西畫教室三間，國畫、工藝教室各一間，美術教學準備室一間，且於民國60年（1971）特請師大趙雅博教授由義大利選購美術書籍四百餘冊，供師生參閱。[註203]據65級的陳錫祿回憶：當年美術科圖書室內有全套義大利進口的《世界名畫全集》可供學生借閱，對同學們視野之開拓，助益頗大。[註204]這套書應該即是趙雅博選購回來的畫冊之部分。

　　1979年5月頒布的《國民教育法》中，正式將「美育」納入「五育」之中；翌年4月，教育部更訂定「國民中小學加強美育教學實施要點」，使得美育在國民教育裡面獲得正式的法律地位，也使得美育的功能目標更趨於明確而且更顯其重要性。當時全臺唯一擁有科班的國小美勞師資養成教育的竹師，也因緣際會，於1979年獲教育廳撥專款補助興建美術大樓，其後未久，又陸續獲得補助擴建工藝大樓與舊館銜接，其硬體教學設備及軟體人力資源，皆由於美勞科之設置而得以迅速發展，甚至超越同時期其他師專。

　　當時竹師學生晚上7-9時之間是晚自習時間，美勞科同學如想至美

201. 王宏志。〈回憶當年的竹師〉。前揭《竹師五十年》。頁20。
202. 同註174。樊湘濱訪問稿。
203. 同註181。頁43。
204. 同註187。陳錫祿電話訪問稿。

術教室作畫，只要先登記，以備教官和中隊長點名即可；晚上 10 時熄燈就寢，不過不少美勞科同學往往仍滯留美術教室作畫，輔導教官往往也都睜一隻眼閉一隻眼地予以通融。(註205)

其次，由於竹師美勞科為當時全臺唯一的師專科班美勞師資養成教育之緣故，因而當時教育廳有關美勞教育之專案，多委託竹師承辦。如能力本位手冊之編擬，藝術鑑賞教育專書和影帶，以至於國民小學美勞科教材教法之相關叢書之編印等，都委由竹師主導。無形之中，逐漸營造出新竹師專為全部師專裡頭美勞教育重點學校之氣勢。

（三）美勞科之培育成果

從第 1 屆 64 級竹師美勞科畢業生算起，迄至 80 級的第 17 屆（最後一屆）為止，竹師美勞科一共畢業了七百一十六位校友。(註206) 由於美勞科之設置主旨在於培育臺灣的國民小學美勞師資，因此先從美術教育的層面進行檢視。

1. 美勞教育之人才培育

竹師美勞科成立的時間點，正逢國內剛開始施行九年國教，國小的藝能科教學趨於正常化，藝能科教師之需求相對增加；當時北師藝師科已經停招九年，竹師美勞科存在時期，又扮演著全臺唯一的國小美勞師資養成科系之特殊角色，因而多數畢業校友能名實相符地在分發的國小擔任美勞科任教師以發揮所長。(註207) 1980 年代以後，各縣市紛紛設立

---

205. 同註 194。李坤德訪問稿。
206. 依據 1995 年 5 月徐素霞主編校對，新竹師院美勞科系校友籌備會發行之《新竹師院美勞科校友通訊錄》所載資料計算而來。
207. 部分早期北師藝師科校友表示：早年國小教師待遇微薄，在九年國教實施以前，國校升學風氣熾盛，普遍存在惡性補習。因此不少北師藝師科校友畢業分發國校以後，往往捨美勞科任而爭取擔任級任老師，以掌握惡性補習機會，增加收入；甚或離開教職，轉行實業機構者也不乏其人。詳見劉邦光（1973）。〈漫談美育〉（上）。收入《百代美育》第 3 期。頁 36-42。並參見周福番彙編（2001）。《北師 40 級藝術科同學畢業五十週年生涯簡錄》（未出版）。

竹師65級校友陳錫祿就讀竹師美勞科專四時,即以作品〈秋曉〉獲得第29屆省展水彩畫第三名。

國民中小學美術實驗班,竹師美勞科畢業後校友適時投入,逐漸成為國小美術實驗班之主要師資來源,而且國內國小的美勞科任教師,也以竹師美勞科校友占最大多數,對於國內兒童美術教育之影響不小。

在國民中小學美勞教育以至於當前的藝術與人文領域方面,竹師美勞科校友表現較為突出者如:陳錫祿(65級)、林婷婷(66級)、傅璧玉(68級)、洪瑾琪(71級)、吳望如(72級)、王國雄、劉鳳儀、李坤德(73級)、林俐萍、王振泰、陳致豪(74級)、胡毓正(76級)、張簡麗芳(78級)等。其中尤其北部的吳望如以及南部的陳致豪最具代表性。

吳望如兼長版畫創作,曾擔任教育部九年一貫課程綱要研修委員、藝術與人文領域中央諮詢輔導員,教育部藝術教育委員、新北市國教輔導團藝術與人文小組召集人、南一版藝術與人文領域教科書編輯委員的召集人,2015年獲教育部的藝術教育貢獻獎。陳致豪曾擔任教育部國民中小學九年一貫課程藝術與人文領域中央諮詢教師輔導群之副召集人,以及國民中小學藝術與人文課程綱要發展委員、南一版藝術與人文教科書主編等兼職。他們對於國內中小學藝術與人文領域的教學實務以及課程的推動方面都頗有貢獻。

至於藝術教育的學術研究以及師資培育之部分,則有徐素霞(64級)、張全成、汪聞賓(67級)、楊玉女(73級)、徐秀菊(77級)等人。徐素霞用心於兒童繪本,曾多次獲國內外獎賞;張全成現任新竹教育大

竹師 74 級校友王振泰 1999 年的版畫作品〈歷史‧速度〉。

學藝術與設計學系主任，近年致力於網路美術教學之研究頗具心得；汪聞賓擅長水墨畫創作及教學；徐秀菊為美國伊利諾大學香檳校區藝術教育博士，曾任花蓮教育大學（東華大學美崙校區前身）視覺藝術教育研究所所長、藝術學院院長等職務，在社區藝術教育方面頗具獨到之研究成果，於東臺灣地區藝術教育之輔導及推廣著力甚深，現擔任澳門理工學院藝術高等學校校長；楊玉女為美國馬里蘭大學藝術教育博士，專長科技藝術教育，曾任教於嘉義大學，現定居美國。其次尚有 79 級的廖瑞芬和李明倫分別於中山醫學大學和玄奘大學擔任專任教職。至於 78 級的蘇郁雯於臺師大美術研究所獲得藝術教育博士學位，其藝術教育的學術研究之潛力值得期待。

竹師 64 級校友徐素霞入選 1989 年義大利波隆納國際插畫展的作品〈水牛與稻草人〉。

至於與兒童美術、文學教育有關的繪本之創作、研究以及教學推廣方面，徐素霞（64級）、吳望如（72級）、劉鳳儀（73級）、徐秀菊（77級）等人，均有相當之成果。其中徐素霞之兒童繪本及插畫曾多次獲國內外獎項，令人矚目。

2. 美術創作人才的培育

雖然竹師美勞科旨在培育國小美勞師資，但當時之課程結構以及大部分師生之觀念，仍以創作實務為主。[註208] 細數歷屆竹師美勞科的美術創作人才培育，無疑以水彩畫最為突出。尤其最初兩屆，在求學時期已於全省美展（簡稱省展）及全國美展（簡稱國展）中大放異彩。如第 28 屆省展（1973），陳錫祿（65 級）獲水彩類第三名；29 屆省展（1974），陳少貞（64 級）獲水彩畫第一名，陳錫祿獲水彩畫第三名。此外，1974 年舉辦的第 7 屆國展，劉玉女（64 級）獲水彩畫第二名，陳

208. 2009 年 9 月，電話訪問竹師美勞科 74 級校友陳致豪，以及 2009 年 10 月，訪談 77 級美勞科校友徐秀菊。

錫祿獲水彩畫第四名。學生時期擁有如是之佳績，在當時不但為其他師專美勞組之所望塵莫及，甚至比起國立臺灣師大美術系、中國文化學院（文化大學前身）美術系，以及國立臺灣藝專美術科之學生表現，亦未遑多讓。不過，到了第3屆以後，就很少人能於學生時期獲省展、國展之大獎，然而畢業後之後續努力，仍有不少在畫界嶄露頭角者。

竹師美勞科校友畢業以後參加省級以上的美術競賽，以臺灣省政府所舉辦的全省公教人員書畫展之成績最為亮眼。全省公教人員書畫展訂有連續三年獲得前三名者，得頒予永久免審查資格。2001年省政府文教組曾策辦該項展覽的永久免審查作品回顧展，並編印作品集發行。（註209）

竹師64級校友陳少貞就讀於竹師美勞科專五時，即以作品〈人物〉獲第29屆省展水彩畫第一名。

檢視其中之歷年獲永久免審查資格者計有三十二人，其中畢業於師專時期的竹師美勞科者邱連恭（69級）和李坤德（73級）兩人都擁有水彩類和油畫類兩種永久免審查資格；黃秋月（75級）和吳俊奇（80級）則為水彩類永久免審查，其中黃秋月尤其曾經分別榮獲省展水彩和油畫類首獎，參展資歷相當可觀。此外，檢視歷屆公教員美展之作品集，尚有粘信敏（75級）多次獲得水彩類首獎，雖未連續三年前三名，但是累計成績則已超過三次前三名以上，而且粘

---

209. 臺灣省政府文教組策劃，南投縣美術協會編印（2001），《臺灣省公教人員書畫展覽永久免審查作品回顧展》。

竹師 75 級校友黃秋月 2004 年的油畫作品〈紅土地〉。

信敏亦曾獲省展水彩首獎，且連續三年以水彩於高市美展獲前三名而成為永久免審查，堪稱競賽型水彩健將，在在顯現出竹師美勞科西畫人才培育成果之豐碩。此外，徐素霞、陳少貞（64 級）、陳錫祿（65 級）、賴添明（66 級）、張全成（67 級）、洪天宇（68 級）、朱俊仁（71 級）、劉鳳儀（73 級）、程振文、王振泰（74 級）、李明倫（79 級）、胡朝景（80 級）等人在西畫方面也都頗為傑出。

在版畫方面，吳望如（72 級）、王振泰、李秋麗（74 級）、張簡麗芳（78 級）、楊智欽（80 級）等人都頗有成績，其中王振泰獲獎資歷豐碩，吳望如則兼任臺灣藏書票協會秘書長，在推廣版畫方面相當熱心。

相較於西畫領域的人才輩出，竹師美勞科時期水墨畫人才培育，則

竹師 72 級校友吳望如 1999 年的版畫作品〈都市叢林（二）── 生活的蛻變〉。

顯得極為有限。在美勞科成立以前，竹師曾有袁金塔、邱定夫、林田壽等水墨畫傑出人才出現；然而令人感到困惑的是，前後十七屆的竹師美勞科校友當中，迄今仍然持續水墨畫創作而有成者，僅有汪聞賓（67 級）等極少數校友較為知名而已，其原委之究竟，雖與這段時期，省展和國展之水墨畫盡為國立藝專美術科和國立臺灣師大美術系畫風占盡鋒頭，竹師當時無戰將型水墨專任師資，引導學生競賽得獎；水墨畫雖然工具簡單，但易學而難成，相較於其他媒材，成就感不易等因素有關。但相較於其他師專，竹師這段時期水墨畫人才之過少，顯得頗不尋常，其相關因素頗為複雜，值得再做進一步探討。此外，79 級的廖瑞芬畢業後曾赴日進修，後來以膠彩畫知名於國內畫壇。

　　與國畫同樣占有相當課程比重的美術設計，受限於專業師資、設備及學習風氣所致，學生畢業後之後續發展也相當有限：其中 71 級的蕭家

竹師 73 級校友劉鳳儀 1986 年的作品水彩作品〈玄〉。

賜成為專業建築師，曾為竹師母校設計音樂館，可惜英才早逝；72 級吳秋敏的室內設計在南臺灣地區頗為活躍。

前幾期美勞科校友有不少人投入陶藝之鑽研而有成者，如王修亮（64級）、蘇為忠（65 級）、趙惠玲（66 級）、陳國能（68 級，已故）、張文正、沈東寧、陳秋瑩（69 級）等，其中尤其陳國能和沈東寧最晚在1995 年以前即已投入專業陶藝創作，[註210] 在陶藝界頗為知名。

就藝術行政方面，68 級的李戊崑，曾任行政院文化建設委員會的第

---

210. 據徐素霞主編校對，1995 年 5 月印行的《新竹師範學院美勞教育學科校友通訊錄》（第 1-17 屆）裡面所記載。

三處處長以及國立臺灣美術館館長，71 級的張書豹曾任職於國立臺灣藝術館、駐洛杉磯臺北經濟文化辦事處臺灣書院主任，他們對於國內文化藝術之貢獻，自不待言。

比較特殊的是 74 級的張芳慈，畢業後走向文學，現為知名的現代詩作家；77 級的李根政，原擅長水彩畫和書法，但是後來辭去教職投入環保，曾任地球公民協會執行長，為環境生態之關懷維護奔走效力。

新竹師專美勞科開辦於九年國教啟動二年後的 1970 年；也正逢 1979 年國民教育法修定，將「美育」的目標正式納入；而且開辦之際，臺北師範藝師科已經停招九年。在當時竹師美勞科為全臺唯一的國小美勞師資培育的特殊角色等緣故，因而享有不少的發展優勢。九年國教帶動國小教學正常化，再加上「五育並重」的政策所致，讓竹師美勞科更具存在價值，而且培育的校友在國小美勞領域能有更好的發揮環境。長達二十年左右位居全臺唯一國小美勞師資培育學科之領域獨占，同時也招收美勞組，使得其師資員額以及教學設備遠優於其他師專，而且成為教育廳各種美勞教育專案的委託對象，讓竹師成為 1970 年以來，國小美勞師資培育的重點學校，營造出可觀的發展能量。

（四）新竹師專美勞組

1965 年竹師普師科改制為師專，其五年制國校師資科，第四、五學年同樣設有美勞選組，竹師專在美勞科成立之前，美勞領域傑出者如：61 級美勞組校有林田壽，曾以水墨畫獲全省公教員美展永久免審查榮譽，進修以後也返回竹師任教，曾任副校長、代理校長之職務；62 級的徐永進，書法曾多次榮獲全省性以至全國性首獎，書風極具個性和創意，是當前國內書法界高知名度的書家之一。

竹師美勞科存在期間，也同時招收五年制國校師資科美勞組，然而檢視 1970-1991 年這段時期美勞組校友之畢業後藝業發展，僅知有陳錦

徐永進的書畫作品〈抱一〉。

忠（65級，與美勞科68級的陳錦忠同名同姓）畢業後至義大利、西班牙進修，以立體造型和公共藝術知名於藝壇，現任教於國立臺東大學，且曾兼學系主任和副校長等行政兼職；吳鴻滄（76級）擅長版畫，在兒童美術教育領域也頗為知名；鄧仁川（76級）長於西畫；鄭營麟（74級）走向膠彩畫而有成。此外，在藝術相關領域成就突出者不多。其人才培育成果顯然遠不及於美勞科，甚至較諸同時期的中師、嘉師、屏師等校之國校師資科美勞組的培育成果也明顯不及。據65級美勞組校友陳錦忠所言：「當年竹師美勞活動方面，概以美術科為主流，學校資源多集中在美術科，美勞組有如附屬性質，除了畢業前參加畢業展之外，平時美勞組很少有活動。而且美勞組與美勞科

同學之間少有互動。」[註211]

　　此外，筆者訪談不少竹師美勞科校友，幾乎九成以上完全不清楚美勞組同學在校內之學習情形以至於畢業後之發展。如64級美術科的范姜明華表示：

　　當年美術科和美勞組同學之間，幾乎沒有任何互動，主要因素是，美術科的學生自識（視）甚高，很驕傲！其實也包括我自己。美勞組的學生起步較慢，又未經入學考試這一關，自己也感到非常的自卑，再加上美術老師也沒有很重視他們，成果不如還沒有美術科之前的美勞組。但成立美術科之後，將培育美術教師的素質大大的提高，往後美術科畢業的學生，在各縣市服務單位的表現就可以證明。[註212]

　　這種科班的美勞科與半科班的美勞組並存於同校，但學習條件與氣氛懸殊對照情形，師專時期僅存在竹師裡頭，然而各師專改制為師範學院以後，不少師院在美勞教育學系設立之際，也有與初等教育學系美勞組發生短期重疊，期間也重現類似之強幹弱枝的對照現象。這種現象未嘗不是當時設立美勞科同時兼收美勞組的美中不足之處，或許也是當初規劃設計時之所始料未及。

▌六、小結

　　相形於其他師專的美勞組，竹師美勞科在課程結構、專門師資編制，以至於美勞專科領域之人才培育的數量而言，的確有其明顯的優勢。也有較多的畢業校友，離開學校後能擔任小學美勞科任教師，以及持續美

---

211. 2009年10月29日電話訪問竹師國校師資科美勞組65級校友陳錦忠。
212. 同註172。

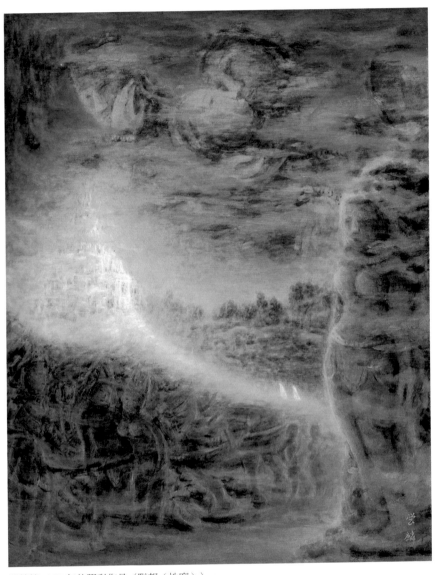

鄭營麟 1997 年的膠彩作品〈聯想（性廟）〉。

勞專門領域之發展，甚至成為各縣市國小美術才能班的主幹，其績效實
不言而諭。

　　相較於普師科的美勞選組，師專時期美勞組專門課程已有明顯增加，

然而相較於當時九所師專中唯一的竹師美勞科，仍然頗為懸殊。在不少專業素養及教學熱忱極高的優質師資帶領下，各師專美勞組依然人才輩出。雖然師專美勞科和美勞組，旨在培養國小美勞教師，但其美勞專門領域的培育成果，以及帶動的效應，顯然遠超過規畫和預期，在戰後臺灣美術教育史中，占有不可忽視的一頁。

中師普師科 42 級校友張慶龍曾在回憶錄中提到，普師科時期師範生畢業後，任教國校社經地位之困窘情狀：「…當時的社會氛圍，當個男老師（按：國校）是較沒出息的行業，所以女老師嫁給男老師的情況很少，大部分的女老師都喜歡找醫生、中學以上老師或任職於郵局、銀行或農漁會等公務人員，男老師的窘迫可見一斑。」[註213]

普師科改制成為師專，學歷由高中（職）提升到三專和五專，表面上似乎升格了，然而在 1968 年實施九年國民義務教育，全臺急需大量的國中師資，當時政策開放師專以外的所有專科畢業生，只要通過甄選，即可馬上任教國中，然後再利用假期補修教育學分；相形之下，專科生中最為優質的師專畢業生，則僅限於分發國小任教，如是之政策，讓剛改制的各師專，尚未享受升格的喜悅，即遭受難以言喻的打擊，不但師專生的社經地位未見提升，甚至各師專校園中也瀰漫著消極和苦悶之氛圍。[註214] 具體而言，在全臺大學校院數量急速成長，師專生的五專學歷及僅能服務於國小的限制，仍讓不少師專生普遍存在自卑感。直到 1987 年全臺九所師專同時改制為師範學院，以往學歷層面的自卑感，方始得到紓解。

---

213. 張慶龍（2013）。《杏壇志者──張慶龍校長回憶錄》。臺北：國史館臺灣文獻館。頁45。
214. 筆者是中師美育64級校友，在校五年期間顏能深刻感受如是之低迷氛圍。並參見吳富烑、江文雄編著（1972）。《師範生》。（出版處未詳）。頁1-202。

師範學院時期的美勞師資培育

1987
~2004 入學

1987 年 7 月 15 日蔣經國總統宣布解嚴，臺灣長達三十八年的軍事戒嚴終歸解除，對於臺灣的政治、社會、文化以至於經濟層面都產生深遠的影響，到處都有追求自由化的大潮流。就教育層面而論，最直接的影響則是在教育政策之開始鬆綁，大專校院之間，普遍彌漫著一股「民主思潮」。值得注意的是，在宣布解嚴的半個月前，全臺的師專同時改制為師範學院，也讓國小的視覺藝術師資養成教育邁入另一新的里程。

▌一、初教系美勞組與美勞教育學系

　　1987 年 7 月，全臺九所師專同時改制為省立師範學院（簡稱師院），改制之際，全臺九所師院當中，除了新竹師院設有美勞教育學系之外，其餘師院皆在初等教育學系底下設有美勞教育組。以屏東師院為例，改制師院之初，設有初等教育（簡稱初教系）、數理教育、語文教育、社會科教育等四個學系；其中初等教育學系到了第三學年起分組修習該組之專門課程，共分成學校行政、輔導、特殊教育、音樂教育、美勞教育（簡稱美教系）、體育等六組，每人修習一組，其性質略近於師專時期之專四、五分組模式。

　　師院課程區分為三大區塊：「普通（基礎）課程」74 學分、「專業（教育）課程」44 學分及「專門課程」30 學分，合計 148 學分。其中普通課程裡面有「藝術概論」一科 4 學分（4 小時），為各學系組必修；專業課程中有「藝能科教學研究」4 學分（4 小時），「美術」和「勞作」各 0 學分（4 小時）也是必修。至於初教系美勞教育組專門課程，又區分成分組選修 20 學分與自由選修 10 學分【表 11】，[註215] 專門課程占總學分數約 20%。

---

215. 詳見省立屏東師院教務處於 1989 年 3 月印製《省立屏東師範學院課程與學習手冊》。

【表 11】
師範學院美勞教育學系美勞相關課程一覽表

性質		課程	學分	時數	必選修	備註
普通課程		藝術概論	4	4	必	
專業課程		藝能科教學研究	4	4	必	各系、組必修合計 8 學分 16 小時
		美術	0	4	必	
		勞作	0	4	必	
專門課程	分組選修	色彩學 2、素描 6（12）、平面設計 2（4）、紙屬工藝 1.5（3）、土屬工藝 1.5（3）、木屬工藝 1.5（3）、金屬工藝 1.5（3）、水彩 4（8）、國畫 4（8）、國小美勞教學設計 2（4）	20	38-40	選	選修 20 學分
	自由選修	中國美術史 2、西洋美術史 2、版畫 2（4）、攝影 1（2）、陶藝 2（4）、兒童美術理論研究 2、油畫 2（4）、書法 1（2）、兒童美術評量 2、國畫創作與欣賞 2（4）、綜合工藝 2（4）、圖學 2（4）、雕塑 2（4）	10	10-20	選	選修 10 學分

* 資料來源：1989 年 3 月版《省立屏東師範學院課程與學習手冊》。　　　　　　　製表：黃冬富

　　臺東師院第一任院（校）長李保玉，於改制師院之初期，以全臺九所師院學生為研究對象，探討他們對於課程實施之評價，其研究結果顯示出，當時各師院學生對於教學品質以及課程安排方面的滿意度都極為偏低，尤其對於課程安排的滿意度方面，幾乎不到 10%。[註216] 比起師專

216. 李保玉（1991）：〈臺東師院院生角色認同與自我期許研究報告〉，收入《臺東師院學期》，第 5 期，頁 1-59。

時期還要低了許多，雖然與解嚴以後學生更敢直接表達自己的想法有些關聯，但也說明了本期師院整體的課程規劃，與原先設定的理想目標落差頗大之事實。

至於初教系美勞組部分，由於1993年師範學院之課程曾作過調整（當時已有三所師院成立美勞教育學系，同時也中止初教系美勞組之分組，其餘各師院在不久之後也陸續成立美教系），因此本文主要針對1987年版課程進行討論。

曾擔任屏師初教系主任及第一位美教系主任的陳朝平教授，曾以屏師非美教系（含初等教育、語文教育、數理教育及社會科教育等學系）學生為對象，「美術」、「勞作」和「藝術概論」等課程的學習為範圍，國民小學級任教師所需美勞基本能力為基準，進行量化專題研究，於1993年發表，結果發現：

1. 學生對美術和勞作的興趣與成績表現的滿意度，在小學時最高，國中及高中時期逐漸降低，進入師院後似有回昇趨勢。說明師院美勞課程應用相當程度的貢獻。但除了美術興趣之外，其餘項目均未達顯著水準，平均程度仍低。

2. 學生對於國民小學美勞科六項教材（包括繪畫、雕塑、設計、工藝、家事、園藝等）的學習經驗，以繪畫較豐富，其他項目學習經驗較少；大部分學生認為自己的美勞技能程度相當低，初教系美勞組多數項技能程度高於非美勞組；初教系美勞組在繪畫、雕塑、設計、工藝等四項教學勝任程度皆高於非美勞組，瞭解層面也略高於非美勞組。

3. 多數學生對於「美術」和「勞作」課程內容尚覺滿意，而對「藝術概論」的內容較不滿意。主要原因基於當時授課內容偏重於美術領域，尤其是繪畫部分太過狹隘，學生認為應涵蓋八大藝術之範圍，而且以藝術欣賞為主；對於「美術」課程，學生所期望的，不但包含各類視覺藝術，

也應包含兒童美術在內；對於「勞作」課程內容的期望，則以兒童工藝、紙屬工藝、綜合工藝為主，木屬工藝和土屬工藝也頗為重視，認為應包括金屬工藝的最少。[註217]

陳朝平之研究，一方面呈現了當時「美術」、「勞作」和「藝術概論」等全校共同必修課程之實施情形，以及學生之反應意見；另方面也顯示出初教系美勞組比起非美勞組之美勞專業度雖然較高，但是並未有懸殊差距之事實。

就 1987 年版初教系美勞組的課程結構而論，在 148 學分當中，普通課程占總學分之二分之一，顯然著眼於培養「博雅教育」的師資人才為其主要目的。[註218]美勞專門課程僅 30 學分，占總學分五分之一強，雖然其中多數科目時數加倍，但是比例仍然偏低，而且全屬選修，讓各校依照教師之專長彈性開課，但基於人事經費的考量，實際上學生的選修空間頗為有限，科目的專深度和延續性也相當有限。值得注意的是，有關藝術教育領域之課程比起師專時期已有較為細膩的規劃，顯然其主要目的，仍然以包班制國小師資的養成以及全人教育為主，兼培育具有美勞教育專長為其附帶目標。

為因應師專改制為師院之師資提昇，各師專從 1985 年 11 月，行政院通過將臺灣省及臺北市之九所師專改制為師範學院定案之後，即積極延聘高學位師資，同時也鼓勵原有之專任教師進修更高學位。甚至在改制學院初期，教育廳也曾辦理專案公費選送師院教師赴國外攻讀博、碩士學位，因而各師院美勞師資結構在改制為師院以後有極為明顯的提升。

---

217. 陳朝平（1993）：〈國立屏東師範學院非美勞教育學系學生對美勞學習興能力的自我知覺及對於美勞學科課程改革之啟示〉，收入國立屏東師院（1993）：《美勞師資培育學術研討會論文集》，頁111-144。
218. 筆者於 1989.8-1991.7 年間擔任屏東師院課務組主任，頗能感受到當年臺灣省政府教育廳力推在師院中落實博雅教育之氣氛。

尤其具留學外洋背景之視覺藝術領域博士級師資陸續投入國小師資培育的陣容中，如北師的袁汝儀、林曼麗、黃海鳴，市北師的陸雅青、高震峰、吳宜澄，竹師的王鼎銘、徐素霞、謝鴻均，中師的楊永源、黃嘉勝、蕭寶玲、鄭明憲，嘉師的劉豐榮、陳箐繡、簡瑞榮、張家瑀，屏師的陳朝平、黃壬來、焦正一、吳淑芬，花師的林經豐、徐秀菊、楊仁興，東師的林芊宏、陳錦忠等。大幅度提升了師範學院美勞教育之學術研究能量，也帶動了師院之學術研究風氣。此外，改制師院初期，正逢國內經濟蓬勃發展時期，臺灣省政府教育廳大量挹注經費提供各師院改善硬體空間設備以及辦理學術活動。

改制為師院以後，各校學術風氣的提昇是不爭的事實，各師院美勞教育組學生比起師專時齊接受了更多的學術訓練，然而在術科創作方面則顯然不及師專時期。

雖然師院時期的初教系美勞組，也與師專美勞組同樣於入學考試未正式加考術科，美勞專門課程也同樣安排在最後兩個學年，學分也差距不大。然而不同的是，初教系美勞組在學時期美術術科的水平，以至於畢業後的發展方面，則與師專時期頗有落差。其原因就筆者之看法可能有三：其一，師專生入學篩選極嚴，學生素質在同一年齡層裡面之排序甚為前端；而師院初教系學生大學聯招的 PR 值排序遠不及師專生。其二，師院初教系不加考術科，不易招收到具有術科基礎及對美術高度興趣和理想之學生。其三，前者修習美勞專門課程之學齡比起後者晚 2 年，從細膩的技術性操作之美術領域的學習而言，困難更是加倍，或許正如陳朝平所云「過時然後學，艱苦而難成」(註219)之道理。

當全臺九所師專改制為師範學院之同時，新竹師院首先成立美勞教

---

219. 同註 217。頁 135。

育學系。接著，臺北市立師院（1989）、臺中師院和屏東師院（1992）、花蓮師院（1993）、國立臺北師院（1994）、臺東師院（1996）、嘉義師院（1997）、臺南師院（1998）也都相繼成立美勞教育學系（簡稱美教系）。各校在設立美教系之際，往往也隨即中止初教系美勞組。美教系之招生，均加考術科，而且從大一開始即有美勞相關之專門課程；設系之主旨則以培育國小美勞（視覺藝術）師資，並協助學生在視覺藝術的專精發展為目標。師院視覺藝術師資養成教育方始進入一個新的里程。

▍二、師資培育多元化以後的轉型發展（1994）

1991 年 7 月 1 日，臺灣省八所省立師院同時改隸國立，1994 年 2 月「師資培育法」奉總統令頒布施行，打開了師資培育管道多元化的大門，不但其他各大學校院只要獲教育部審核通過，設置國民中、小學教育學程者，都可培育師資；而且相對的師範校院急速遞減公費生名額，而代之以自費生，經過十年左右全國各師院的公費生名額縮減到不及十分之一。然而最初幾年可能師資市場需求仍多，以及其他大學校院師資培育方始起步等因素，各師院自費生仍有不低的就業率，不過各師範校院就業率逐年遞減則是普遍的趨勢。

或許是數十年來公費生保障系統的慣性思維，以及就業率的窘境並未立即發生等因素所致，因而「師資培育法」頒布的最初幾年，國內師範校院並未激發危機意識，進而積極研議因應對策。2001 年 7 月，國立臺灣藝術教育館舉辦「學府風雲——大學美術相關學系教育資料展」時，幾乎所有師範校院之美術相關科系，仍強調「師資培育」為其主要功能，[註220] 罕見針對教學職場和就業市場之調查，以及因應的非師培之課程設

---

220. 詳見國立臺灣藝術教育館編印（2001）：《學府風雲——大專美術相關科系資料展》專輯。

計著力研議。

（一）入學術科考試之變革

　　1987 年新竹師院率先成立的美教系，加入大學校院的美術術科系聯招，其成績計算方式為：學科和術科各占 50％；術科聯招各科比例中，素描 40％、國畫 25％、水彩 25％、書法 10％。其餘八所師院的初教系美勞組則未加考術科，全以學科成績計算。翌年全臺美術科系之聯招配分比例改為「學科 60％，術科 40％」，明顯調升學科所占之比例，其後，各師院陸續成立的美教系也都同樣地加入術科聯招之行列。

　　師院美教系雖然以培育國小美勞教師為主要目的，然而也與其他培育美術專精人才為主的大學校院美術科系同樣參與術科聯招，並採同樣之計分方式，顯見對純粹美術基礎的重視。不過，隨著應用美術之興起及營造系所特色之需求，術科聯招計分方式也漸趨多元化。如 1990 年和 1995 年輔仁大學應用美術學系與實踐設計管理學院視覺傳達設計系相繼退出術科聯招，僅採計學科成績入學。1996 年大考中心調整美術聯招有「學科 60％、術科 40％」與「學科 70％、術科 30％」兩種配分方式，由各校自行選擇。其中，比較重視藝術教育學術研究的師院，多採術科比例較輕的後者，甚至國北師和花師的美教系也在 1997 年和 1999 年相繼退出術科聯招而僅採計學成績，[註221] 顯示出多元發展及系所力求突破傳統框架，營造自我特色之發展趨勢。到了 2002 年大學多元入學新方案（包含考試分發入學、申請入學、推薦甄選等方式）之正式施行，指定科目（術科）考試之採計和計分，完全授權各校系所自訂，各系所更能自主決定所招收學生之術科採計科目及比重，更有利於特色發展。

---

221. 有關大學校院入學術科考試之發展，兼見鄭淳恭（2003）。《臺灣大專美術組術科考試制度發展及其問題之研究》。國立臺灣藝術大學造形究所視覺傳達設計組碩士論文。（未出版）。頁 301-305。

（二）課程之發展

　　由於師院美教系係以培育國小師資為最主要之目標，同時也基於剛由師專改制師院不久，考量校內專任師資結構之配課需求，因而在課程之規劃上仍顯保守，無法如同藝專、藝術學院、藝術大學以及其他綜合大學或科技大學的美術相關系，全然地以培育專業人才為主旨，是以設系之初的課程結構為：普通課程 56 學分，教育專業課程 40 學分，專門課程 56 學分，合計 148 學分。雖然專門課程從原先初教系美勞組的 30 學分提高到 52 學分，然而也僅占總學分數的 36.1％，相較於其他大學美術相關科系，比例仍顯偏低。

　　以屏師為例，美教系的專門必修課程有 12 學分，包括：「美勞教育概論」2 學分（2 小時）、「美勞教學研究」2 學分（2 小時）、「基礎工藝」2 學分（2 小時）、「素描」3 學分（6 小時）、「基礎圖學」1 學分（2 小時）、「專題研究」2 學分（4 小時）。其中藝術教育領域有兩科是必修科目，再加上專業必修課程 1 學分（1 小時）的「美勞科教材教法」，以及選修之專門課程仍有相關科目，顯示出對於美勞教學專門素養之重視。其中專題研究為校訂必修科目，安排在大四修習。學生可跟隨一位系上的指導教授，研訂研究主題（可以文字論述或採創作實務為主），進行為期一年的探研，並於大四下學期公開發表，以訓練學生創作思考之研究能力，也是學生四年學習成果的總結，其性質有如學士學位論文。

　　此外，另有 40 學分的選修專門課程，分成三類：甲類為創作實務基礎科目，乙類為理論科目，丙類是創作和理論之進階科目。其中甲、乙兩類至少各須選修 12 學分，其餘 16 學分除了選修丙題科目之外，亦得經系主任許可後，酌予跨系組選修。值得注意的是，美教系初期的乙類科目裡面已有「電腦繪圖」，丙類科目更有「電腦輔助設計」、「平面動畫製作與欣賞」、「電腦輔助教學」、「電腦影像處理」、「文書處

理與排版系統」、「電腦簡報系統」、「多媒體製作與欣賞」、「立體動畫製作與欣賞」以及「雷射雕刻」等運用電腦科技之相關選修課程，雖然這類課程之開課數量仍然有限，但已顯現美教系初期比起初教系美勞組之課程，除了專門課程更具專業度及涵蓋面更廣外，也在一定程度上回應數位科技之時代脈動，無疑是向前跨出了一大步。

1996 年 6 月，教育部發函全國各大學校院，取消部訂大學共同必修科目，[註222] 自此各大學校院之課程，只要在部訂大學修業總時數 128 學分之最低門檻以上，得依課程修訂程序自行規畫課程，給予各大學校院以至於各系所極大的課程自主空間。繼之，各大學校院系所課程之調整遂趨頻繁，幾乎每經一、二年即進行一小修，三、五年後一大修，各師院的美教系也自不例外。

花蓮師院徐秀菊教授（竹師美勞科 77 級校友）於 2004 年調查原全臺九所師院（包含已改名的嘉義大學、臺南大學和臺東大學）之美勞相關學系之課程架構表【表 12】、【表 13】，其中顯現出 93 學年度各國小師資培育之師範校院課程均已兼含師培和非師培兩種體系的雙軌制。非師培生除了市北師和臺東大學仍須修習 20 或 24 學分的教育課程之外，其他各校僅須修習普通（通識）課程 20-32 學分，專門課程 76-100 學分，畢業總學分則僅須 128 學分。至於師培生除了屏師外加 52 學分，花蓮和臺東外加 44 學分的教育專業課程之外，其各校則外加 40 學分之教育專業課程，師培生畢業總學分數除了國北和嘉大 168 學分之外，其餘各校則一律為 148 學分。此外，徐秀菊特別提到國北師和屏師課程推動學生適性發展，大一以修習共同科目（或通識）為主，大二則依學生個人興趣選擇課程分流。如國北師分成「藝術教育主修」、「藝術理論主修」、

---

222. 教育部於民國 85（1996）年 6 月 27 日，臺（85）高（四）字第 85511056 號函示。

【表 12】
93 學年度各師院美勞相關學系課程架構表

種類	課程類別	臺北師範學院藝術與藝術教育學系	臺北市立師範學院美勞教學學系	新竹師範學院美勞教育學系	臺中師範學院美勞教育學系	屏東師範學院美勞教育學系	花蓮師範學院視覺藝術教育學系	嘉義大學美勞教育學系	臺南大學美術學系	臺東大學美勞教育學系
含國小教育學程	普通（通識）	22（8）	28	20	28	20	28	30	32	28
	教育專業	40	40	40	40	52	44	40	40	44
	專門課程	98	80	78	80	76	76	98	76	76
	增能課程	-	-	10	-	-	-	-	-	-
	總計	168	148	148	148	148	148	168	148	148
不含國小教育學程	普通（通識）	22（8）	28	20	28	30	28	30	32	28
	專門專業	98	80	108	100	98	100	98	96	76
	教育課程	-	20	-	-	-	-	-	-	24
	總計	128	128	128	128	128	128	128	128	128

＊ 資料來源：徐秀菊（2005）：〈藝術師資教育的政策與課程研究〉，頁 89。

「藝術創作主修」、「工藝創作主修」四大專門發展方向；屏師則自大二開始專長選組，其領域包括美術創作領域（國畫、油畫、水彩、版畫、造形、設計）和勞作作領域（陶藝、電腦藝術、木工、金工、藤竹工），

【表 13】
93 學年度各師院美勞相關學系專門必修課程

學校	專門必修課程	藝術創作必修課程	藝術理論必修課程	藝術教育必修課程	其他必修課程
臺北師範學院藝術與藝術教育學系	共同必修 20 學分＋各組之必修學分	藝術創作組主修 40 學分，含必修課程 10 學分（12 小時）	藝術理論組主修 40 學分，含必修課程 28 學分(36 小時)	藝術教育組主修 40 學分，含必修課程 24 學分（26 小時）	工藝創作組主修 40 學分，含必修課程 16 學分（22 小時）
臺北市立師範學院美勞教育學系	26 學分（38 小時）	最少 10 學分（12-16 小時）	12 學分（12 小時）	－	4 學分（6 小時）
臺中師範學院美勞教育學系	40 學分（64 小時）	24 學分（48 小時）	14 學分（14 小時）	2 學分（2 小時）	－
新竹師範學院美勞教育學系	36 學分（56 小時）	18 學分（36 小時）	12 學分（12 小時）	6 學分（8 小時）	－
屏東師範學院視覺藝術教育學系	43 學分（60 小時）	13 學分（22 小時）	12 學分（12 小時）	12 學分（14 小時）	6 學分（12 小時）
花蓮師範學院美勞教育學系	40 學分（48 小時）	26 學分（34 小時）	6 學分（6 小時）	6 學分（6 小時）	2 學分（2 小時）
嘉義大學美術學系	50 學分（74 小時）	24 學分（48 小時）	24 學分（24 小時）	－	2 學分（2 小時）
臺南大學美術學系	26 學分（40 小時）	12 學分（24 小時）	12 學分（12 小時）	－	2 學分（4 小時）
臺東大學美勞教育學系	36 學分（46 小時）	8 學分（8 小時）	24 學分（34 小時）	－	4 學分（4 小時）

＊ 資料來源：徐秀菊（2005）。〈藝術師資教育的政策與課程研究〉，頁 90。

學生在各組領域中選擇一項專長項目。[註223] 95 學年度以後，屏師視藝系進一步調整為「造形組」和「數位組」兩組，更加凸顯對於數位化時代來臨之因應及學系特色之強化。

此外，徐秀菊也指出，在各校專門課程之必修課中，課程較著重於藝術創作領域，次為藝術理論領域，相較下，除了國北師及屏東師院外，其他學校之藝術教育領域課程則比較不被必修科目重視，因許多學校的藝術教育領域課程多屬於選修課程，而必修課程多著重在藝術創作和藝術理論上。

在 2001 年「學府風雲──大學美術相關學系教育資料展」的展出期間，國立臺灣藝術教育館先後於 8 月 4 日和 8 月 11 日舉行兩場座談會，邀請大學校院美術相關科系主任和教授，分別針對「純粹美術」以及「應用美術」兩大領域，分享各校之特色以及教學運作情形，然後再研議未來發展之可行方向。

第一場座談會主題為「面對 21 世紀──如何提昇書、畫、篆刻藝術教學」。由華梵大學美術學系的熊宜中主任擔任主持人，參與引言的有黃元慶（臺灣藝大美術系主任）、林永發（臺東大學美教系主任）、李福臻（文化大學美術系主任）、蔡長盛（新竹師院美教系主任）、林昌德（臺北市立師院美教系教授）、李振明（臺師大美術學系教授、前臺中師院教授）、李蕭錕（前華梵大學美術系主任）。

座談會中多數人承認中華藝術傳統的書畫和篆刻，在當前大學美術教育當中，已然面臨江河日下的式微景況。對於其式微之原因，或歸因於未能與生活結合、表現方式限制過多、無法跟上時代潮流等因素所致。至於因應的對策，則多數與會人員認為不宜偏限於傳統成規，應該讓水墨畫的教學能積極與生活結合，甚至將水墨只當成一個創作媒材（李振明），也可以和電腦科技相整合（黃元慶），或與原住民文化和藝術治

---

223. 徐秀菊（2005）：〈藝術師資教育的政策與課程研究〉，收入行政院國科會人文處藝術學門主辦，國立屏東師院視覺藝術教育學系承辦（2005），《「藝術教育研究的回顧與展望」研討會論文集》，頁72-103。

療領域結合（林永發），用現代精神和現代生活的態度反映自己的文化意境（李蕭錕、林昌德）；另方面，書法課也可以發展「創意書法」和「書法美學」，鼓勵自我表現（蔡長盛），或將書法和篆刻，轉化為一種符號形式，不再局限於傳統的傳達（黃元慶）……。[註224]

　　從這場座談會可以感受到，在純粹美術範疇而具有本體性文化身分的水墨、書法和篆刻，在日新月異的大環境變革下，其長久以來相對保守的形象，以及與生活疏離的性質，使得它們在大專校院美術相關科系的教學現場中，不易吸引年輕學子，導致陷入被邊緣化之逆境。相形於師專時期之盛況，形成強烈對比，實在教人情何以堪。

　　第二場座談主題為：「設計教育趨勢與選讀引導」，由輔仁大學應用美術系主任林文昌主持，參與引言者有楊清田（臺藝大視傳系主任）、邱上嘉（雲科大空間設計學系主任）、梁桂嘉（銘傳大學商品設計學系主任）、洪明宏（樹德科大視傳學系主任）、侯立仁（臺南女子技術學院美術學系主任）、廖偉民（大葉大學視傳系主任）、賴瓊琪（大葉大學造形藝術學系主任）。

　　會中提到當時全臺應用美術之相關科系大約有六十幾個之多。其屬性與生活切近，重視實用機能，工商業需求之市場較為廣大，與師範校院偏重的純粹美術和美術師資培育有所區別。主持人林文昌歸納與會學者之發言，將當前大學設計教育的趨勢統整成八個導向：1. 觀念導向：要明確區別設計（應用美術）與美術（純粹美術）的過程和教育方法。2. 時間導向：要契合時代的脈動。3. 文化與空間導向：務必走向國際化，且須從自己（本土）的文化特質出發。4. 技術導向：與科技結合（數位

---

224. 座談會記錄收入王哲雄等（2002）。《藝術教育講座選輯》。臺北：國立臺灣藝術教育館。頁226-255。

化）。5. 經濟導向：要瞭解產品的效益，並與產業結合。6. 職場導向：要弄清楚教育出來的學生在職場將扮演甚麼角色（例如工業設計與商業設計之定位不同）。7. 語言導向：沒有外語能力，就無法國際化與多元化。8. 教育特色導向：要發展出有別於他校他系的自己特色。^{（註225）}

第二場座談會雖然沒有師範校院的系所主管或教授參與討論，不過過程中也點出了師範學院在美勞相關系所隨著師資培育多元化政策施行，喪失公費時代分發教職的就業保障後，其長久以來偏重審美的純粹美術之傳統，正面臨著時代的衝擊以及未來市場的嚴峻考驗。除此之外，其討論的內容，也正好提供師範校院思索因應大環境的改革參考借鑑。

（三）轉型與整合

師資培育多元化以後，雖然師範校院的公費名額逐年急遽遞減，相對的自費生之比例隨之急速遞增。然而在最初的幾年，自費生畢業之後甄選教職之錄取率仍然頗高，因而各師院尚未有強烈的危機意識，是以2001 年的「學府風雲——大學美術相關學系教育資料展」中，各師範校院的美勞相關學系之培育宗旨，都將師資培育擺在第一位。直到 2003 年夏天，中小學教師甄選之錄取率大幅度陡降，而且此後年年遞降之現象產生以後，各師院方始產生比較強烈的危機意識，再加上教育部之政策指示，因而加速因應就業市場需求的非師培導向之轉型發展。

為具體呈現各師範學院美勞教育學系因應師資培育多元化在轉型和改名之調整作為，筆者整理成【表14】以示之。從此表可以看出，在2003 年以前，僅有嘉義師院由於與嘉義技術學院合校改名為「嘉義大學」，屬綜合大學之性質，因而在 2000 年順著合校之勢，而將原帶有師培性質的美勞教育學系，更名為「美術學系」，不再以國小美勞師資培

---

225. 同上註。頁 256-283。

【表 14】

各師範學院美勞教育學系因應師資培育多元化的轉型和改名之調整概況

校　名	變　點
國立臺北師院（2005年8月改名為「國立臺北教育大學」）	·1994年8月，成立「美勞教育學系」。 ·2000年成立「藝術與藝術教育研究所」碩士班。 ·2001年美勞教育學系和藝術與藝術教育研究所系所合一，更名為「藝術與藝術教育學系」。 ·2004年成立「造形設計學系」。 ·2008年，藝術與藝術教育學系和造形設計學系合併成為「藝術與造形設計學系」。
臺北市立師院（2005年8月改名為「臺北市立教育大學」，2013年8月，與臺北市立體育學院合併更名「臺北市立大學」）	·1989年8月，成立「美勞教育學系」。 ·1997年成立「視覺藝術研究所」。 ·1999年成立在職教師進修「視覺藝術教學碩士學位班」。 ·2005年成立藝術治療研究所。 ·2007年美勞教育學系與視覺藝術研究所系所合一，更名為「視覺藝術學系」。
國立新竹師院（2005年8月改名為「國立新竹教育大學」，2016年10月併入「國立清華大學」）	·1987年8月，成立「美勞教育學系」。 ·2000年成立「美勞教育研究所」。 ·2002年美勞教育研究所分「理論」與「創作」兩組招生。 ·2005年美勞教育學系更名為「藝術與設計學系」，輔系課程分「創作」和「設計」兩組。 ·2009年配合系所轉型以及系所合一，美勞教育研究所改名為「藝術與設計學系藝術教育與創作碩士班」。
國立臺中師院（2005年8月改名為「國立臺中教育大學」）	·1992年8月，成立「美勞教育學系」。 ·2004年美勞教育學系更名為「美術學系」。 ·2006年美術系成立碩士班。
國立嘉義師院（2000年2月1日，與國立嘉義技術學院整合為「國立嘉義大學」）	·1996年8月，成立「美勞教育學系」。 ·2000年美勞教育學系改名為「美術學系」，同時另外成立視覺藝術研究所碩士班。 ·2010年美術學系與視覺藝術研究所系所合一，更名為「視覺藝術學系」（含碩士班）。
國立臺南師院（2004年8月改名為「國立臺南大學」）	·1996年8月，成立「美勞教育學系」。 ·2002年成立「視覺藝術研究所」；開設中等學校教育學程，培育「藝術與人文領域」師資。 ·2004年原美勞教育學系改名為「美術學系」。 ·2006年美術學系與視覺藝術研究所系所合一，仍稱「美術學系（含碩士班）」。 ·2007年成立「動畫媒體設計研究所」碩士班（獨立所）。 ·2014年原美術學系更名為「視覺藝術與設計學系」。

國立屏東師院（2005年8月改名為「國立屏東教育大學」，2014年8月與屏東商業技術學院合併，改名「國立屏東大學」）	・1992年8月，成立「美勞教育學系」。 ・1999年成立「視覺藝術教育研究所」。 ・2003年美勞教育學系與視覺藝術教育研教所系所合一，更名為「視覺藝術教育學系（含碩士班）」。 ・2004年起，視覺藝術教育學系大二以上開始在專門課程中分成「美術」和「工藝」兩大領域，每位學生選擇其中一領域修習。 ・2006年視覺藝術教育學系改名為「視覺藝術學系」，大二以上之教學分組調整為「數位藝術組」和「造形藝術組」；2016年大學部和碩士班開始正式分兩組招生分組。
國立臺東師院（2003年8月改名為「國立臺東大學」）	・1996年8月，成立「美勞教育學系」。 ・2007年美勞教育學系更名為「美術產業學系」，並成立碩士在職進修班。
國立花蓮師院（2005年8月改名為「國立花蓮教育大學」，2008年8月併入「國立東華大學」）	・1993年8月，成立「美勞教育學系」。 ・2000年成立視覺藝術教育研究所。 ・2006年美勞教育學系更名為「藝術與設計學系」。 ・2007年成立科技藝術研究所。 ・2010年8月，成立「藝術創意產業學系」。 ・2011年科技藝術研究所更名為「藝術與設計學系碩士班」，系所合一。

製表：黃冬富

育作為主要培育目標，改以視覺藝術及其相關之專精人才培育為主。至於其他八所師院的美勞教育學系，則都過了 2003 年以後才有比較積極的轉型和改名之行動。

就學校規模層面而論，自 1990 年代起，國內不少專科學校升格成為學院，也有不少原屬獨立學院規模的學校則提升規模成為大學，大專校院的升格和改名蔚為潮流。因而不少師範學院也在 1990 年代中後期陸續向教育部申報改制成為師範大學之計畫。當局基於政策性之考量，當年這些改大的計劃均為教育部函示緩議。

2000 年 2 月 1 日，國立嘉義師院率先在教育部指導下，與國立嘉義技術學院整合成為兼含高教、技職和師培體系的綜合型「國立嘉義大學」；繼之，2003 年 8 月，國立臺東師院基於東臺灣尚無大學之政策考量而奉

准改名為「國立臺東大學」；2004年8月，國立臺南師院也奉准改名為「國立臺南大學」。其他六所師範學院在歷經多次申請改大遭受挫折之餘，到了2005年8月，才終於在教育部要求提報「轉型整合計畫」之前提下，同時改名為「教育大學」。

就教育大學合校的「整合」層面之落實而言：2008年8月，國立花蓮教育大學與國立東華大學合校，校名仍為「國立東華大學」；2013年8月，臺北市立教育大學與臺北市立體育學院合校更名為「臺北市立大學」；2014年8月，國立屏東教育大學與國立屏東商業技術學院合校，更名為「國立屏東大學」。花蓮、市北和屏東三所教育大學，皆循嘉義大學之模式，經由合校而成為一所新的綜合大學。此外，新竹教大也於2016年11月，正式併入國立清華大學。然而在合校之前後，其原有的系所，仍然持續其轉型之進程。

次就「轉型」部分而言，主要指的是原師範學院系所的師培學系，大部分（包含美勞教育學系在內）陸續轉型為非師培學系，並因應職場需求，調整系所名稱以及課程內容。在系所名稱方面，「轉型」首先拿掉「教育」兩個字，以顯示非師培之性質，然後再依系所發展方向，微調系所名稱。至於課程結構面明顯的改變，則是藝術教育領域之相關課程的大量刪減，甚至部分學校完全沒有藝術教育之必修課程；其次，則為純粹美術（如水墨、水彩、油畫等）課程之比重明顯遞降；相對地，與生活職場比較貼近，而且比較能契合時代脈動的應用美術如視覺傳達設計、數位藝術及文創相關課程之大幅度增加。

其次，自從1997年臺北市立師院首先成立視覺藝術碩士班，其後十年之間各師範校院也都陸續成立視覺藝術領域之碩士班。碩士班的成立，很明顯地帶動師生學術研風氣之蓬勃發展。然而基本上，大多數碩士班也因應大環境之變革而隨著大學部轉型，甚至往往也趨向系所合一之整

合發展。

此外，由於國內大學校院數量急數成長，系所名稱和性質相近，甚或重疊者過多，在有限的就業市場下，自然導致互相排擠並弱化其競爭力。隨著1996年部訂大學必修課程之取消，少子化對招生的衝擊，以至於2006年開始全面施行的大學系所評鑑等主客觀因素的催化，營造系所特色，並呼應就業市場需求，成為晚近所有大學校院系所的重要追求方向。

於師範學院改名大學及轉型、整合的風潮中，在師資結構層面，更加落實新聘師資以擁有博士學位為基本門檻，提高學歷結構；新聘師資之專長，也往往隨著課程結構之改變及產學合作之發展需求，而優先遴聘應用美術領域之視覺傳達、數位藝術、產品工藝等專長，尤其具有業界經驗者，格外被列為優先考量之重要因素。至於純粹美術領域之教師，尤其藝術教育專長者，往往遇缺不（或緩）補，其相關課程則常改以兼任教師任課。因而，師範學院時期盛極一時的藝術教育學術研究，在改大以後的轉型、整合歷程中，迅速地淪為非主流。甚至「藝術與人文教材教法」等極其有限而卻又是教育學程裡頭不可或缺之重要課程，隨著藝術教育專長教師之陸續退休或離職，各校漸少有專任教師能夠講授，而以兼任師資支援此一課程之現象則逐漸普遍，直教人情何以堪。

在教學媒材的運用方面，早年師專時期，美勞教師授課能運用幻燈片輔助教學者並不多見；師院時期，幻燈片以及投影片之應用已然相當普遍；到了改大前夕，採用單鎗投影的PPT檔之教學已成風氣，比起幻燈片和投影片更加方便、靈活，易於製作、修改，而且更能解決文字以及版面上的限制。甚至教師數位教學平臺之建置已然普遍化等，數位化的教學科技之運用，已成時代趨勢。同時，也由於網際網路之發達，發展至手機上網之方便且迅速，使得學生獲得知識管道更為便捷而多元，也讓教師對於專業能力之充實以及教學備課方面更加不敢掉以輕心。

同時為了教學內容方便與業界接軌起見，不少學校聘請業界教師兼課並參與課程諮詢，教學過程往往也融入校外業界參訪，甚至進而研訂至業界實習辦法以及產學合作等作為……。相較於師院時期，系所之教育目標、課程、師資結構、教學內容、教學方式，以至於學生之學習方式等，都產生極大幅度的變革。

　　然而另方面，也由於國內大學校院之急速擴增，高中（職）生升學進入大學，已非昔日所謂的「窄門」。加上師資培育多元化之後，原有就業保障的公費生制度取消，使得教育大學（含合校後的嘉義大學、臺南大學、屏東大學等）招生之優勢不再，學生之素質已無法與師範、師專以至於公費生時期的師範學院相提並論。同時也隨著網際網路之便捷，學生人手一機，獲得知識管道之多元，以及學習氛圍之改變等大環境之變革所致，不少大學任教的同業們（包含筆者在內）也常有學生學習專注力每下愈況的憂慮和感嘆。這也是當前教育大學（廣義）所面臨的瓶頸和考驗。

　　師範校院的轉型發展，固然是大環境變革之下的大勢所趨。在應用美術逐漸取代純粹美術成為系所的主流之際，由於師範校院長久以來偏重美術教育，以及純粹美術，其應用美術之起步比其他技職體系之相關科系至少晚了十年；其純粹美術的專業度方面也不易與藝術大學相互比較；原有的美術教育強項又隨轉型之潮流而趨於式微。再加上師資之更替速度有限，原有師資想藉增能以因應課程之變革也不容易。凡此等等，在在都成為教育大學系所轉型以後所無可避免之嚴峻挑戰。如何善用師範校院原有美術教育之優勢，以及人文素養之特質，與因應時代脈動之轉型發展相結合，營造出有別於起步較早的技職體系之應用美術，另闢蹊徑，是值得深入研議思索之課題。

　　2006 年下半年開始展開的大學系所評鑑，師範校院被排定為第一批

接受評鑑的對象，高教評鑑中心所頒布的各項評鑑指標也成為各校院系所自我檢驗及近程努力的目標，對於各系的目標和特色，課程設計、師資結構、教學空間和設備、教師教學和學生學習品質，以至於學生之校內外表現以及畢業就業等層面作逐項之檢視，頗能鞭策系所更趨市場導向並與社會脈動更為貼近。使得各校視覺藝術相關系所之轉型腳步加快也更具方向感，邇來各校之視覺藝術相關系所已然逐漸發展出自己特色，其後續之發展，值得期待。

▌三、美術相關之人才培育

　　1987 年各師專一起改制為師範學院之初，由於新竹師院隨即成立美勞教育學系，與其師專時期全臺惟有的美勞科得以無縫接軌，因而改制為師院之初期，其人才培育比起其他僅設初教系美勞組的師院較具優勢，如以藝術教育領域知名的竹師院 80 級校友廖敦如，現為國立虎尾科技大學多媒體設計學系主任，81 級的孫翼華，水墨畫創作資歷頗為亮眼，曾連續於 1997、1998、1999 年三度榮獲全省公教員美展首獎，而擁有永久免審查資格，現為國立臺灣師大美術系專任副教授。其後，其他師院也陸續培育出美術相關領域的傑出人才，以屏東師院美術系為例，86 級校友謝國昱和林靜秋兩人，分別在美國賓州州立大學和伊利諾大學香檳校區取得藝術教育博士學位，前者現任喬治亞州立大學副教授，後者現於加拿大溫哥華任大學教職；同為 86 級的倪玫玲則以膠彩畫入選日展，並獲 2006 年雪舟之里總社公募展的平山郁夫大獎；87 級的蕭達億曾以版畫獲 2006 年國際版畫雙年展金牌獎，以及 2005 年全國美展和全省美展首獎；就數位影像方面，94 級的蘇育賢曾獲臺北獎和高雄獎之首獎，並曾代表臺灣參加威尼斯雙年展；97 級的賴易志和黃鈿祥先後榮獲高雄獎之首獎，賴易志並於阿根廷「404 Festival 國際電子藝術節」影像類獲

孫翼華 2001 年的水墨作品〈拈花〉。

屏師 86 級校友倪玫玲的膠彩作品〈工作的人〉，榮獲 2006 年日本第 6 回雪舟之里總社墨彩畫公募展平山郁夫大賞，現藏於日本岡山縣總社市政府。（倪玫玲提供）

選，以及「桃園國際機場公共藝術徵選」獲選。此外，就常民藝術方面，大學部 86 級，碩士班 98 級的黃敏芳，則以現代花燈藝術之創作推廣知名於海內外，除了受邀全臺十多個縣市擔任燈藝講師外，也應邀赴日本岐阜縣和大阪市及馬來西亞等地擔任花燈研習講師，更應邀於北京，以

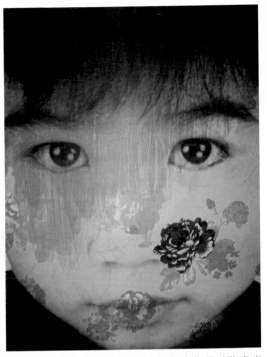
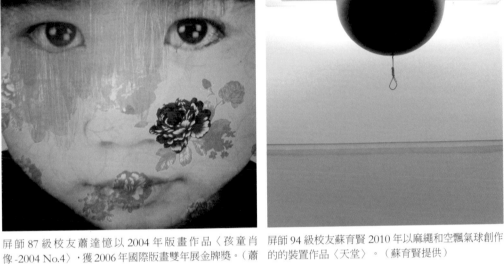

屏師 87 級校友蕭達憶以 2004 年版畫作品〈孩童肖
像 -2004 No.4〉，獲 2006 年國際版畫雙年展金牌獎。（蕭
達憶提供）

屏師 94 級校友蘇育賢 2010 年以麻繩和空飄氣球創作
的的裝置作品〈天堂〉。（蘇育賢提供）

及美國洛杉磯委託製作巨型系列燈組於燈會中展出，頗受矚目，都稱得
上是國內美術界的殊榮。至於臺中師院，87 級美教系的曹筱玥，現為臺
北科技大學互動與媒體設計研究所專任副教授，以互動藝術，展示科技
知名於國內藝術界……。

　　雖然師院美術系畢業生，目前多屬三、四十歲代的後起之秀，他們
的學習和歷練，是處在國內大學校院美術相關科系數量急速成長，而且
美術生態環境改變的挑戰性環境中。然而檢視各師院，仍有不少能在大
環境的考驗中脫穎而出者。顯見踏實、穩健和韌性的師範精神，依然隱
然綿綿不絕的延續著。

三、美術相關之人才培育

屏師 97 級校友賴易志 2005 年的數位輸出作品〈母體系列 1-1〉。（賴易志提供）

曹筱玥 2013 年的投影裝置作品〈自由之心〉。

伍

結語

戰後初期臺灣十所培育國校師資的師範學校當中，臺中、臺北、臺南三所師範的藝師科相繼設立，誠開戰後臺灣國校（小）美勞師資養成教育之先河，也稱得上是臺灣專業美術教育之先驅。然而當時之時代氛圍極為保守，師範生之學歷僅止於高中（職）程度，師範學院藝師科之課程規畫也相應保守，除了中師（僅招收一屆隨即停招）之外，師資部分亦無法凸顯專業美術教育之優勢，加以各校之圖書、設備也都普遍簡陋，嚴格而論，其美勞師培之規劃以及培育條件並不理想。然而由於學生質優，公費制度而無升學壓力，加以美勞教師多具高度的敬業精神，因而美術學習風氣極盛，人才輩出，甚至包含未成立藝師科的各師範學校普師科美勞選修的學生也有相近之情形。

　　當時三所師範學校藝師科，都欠缺高度專業素養的理論課教師（甚至同時期的臺灣師大藝術系亦然），加以坊間亦欠缺美術史、美學等專書，也無人使用幻燈片輔助教學，因此當年之時代環境，理論課之授課條件和教學品質相當有限。不過，北師在美勞教育和教材教法方面的師資優勢則為中、南兩所師範所不及。就地緣條件而言，北師位於全臺首善的臺北市區，文化環境占盡優勢，非常有利於學生之學習；臺中和臺南則相對趨於地緣條件之弱勢，尤其臺南更甚，對於學生之學習成效不無影響。雖然師範學校藝師科之設立目標，旨在培育國民學校美勞教學之專門人才，然而絕大多數學生心目中，仍以創作實務為其追求目標，因此培育的人才，則以繪畫創作實務之人才占絕大多數（當然其中也包括部分的兒童美術教育人才）。

　　就人才培育之面向檢視之，最早設立藝師科的中師，由於僅招收一屆，因而人才培育之數量最少，不過由於具備優質師資，因而藝師科停招以後，依然人才輩出；相較之下，北師藝師科之辦理期間最為長久，加以地緣條件之絕對優勢等因素所致，因而人才之培育，遠為臺中、臺

南兩所師範所不及，尤其在兒童美術教育人才之培育，對臺灣兒童美術教育之貢獻格外顯著。此外，中師也由於師資結構之特色，培育的膠彩畫人才，在本期各校當中呈現一支獨秀局面。整體而言，本期三所師範學校藝師科以及各師範學校普師科美勞選修所培育之人才，目前健在者，年齡多在七十歲以上至八十多歲不等，其中不乏在戰後臺灣美術史和美術教育史當中扮演著中堅穩力之角色者，尤其北師藝師科校友江明賢、吳隆榮曾獲舊制國家文藝獎，蕭勤和李錫奇則榮獲具終身成就意義的新制國家文藝獎；南師藝師科校友鄭善禧則為首屆的新制國家文藝獎得主；屏師普師科校友王秀雄則榮獲首屆教育部藝術教育獎的終身成就獎，黃光男則為最亮眼的藝術行政人才。其貢獻和培育績效自不待言。可惜師範學校藝師科的體制隨著 1960 年代的改制為師範專科（簡稱「師專」）而劃上句號。

師範改制為師專以後，竹師接續師範時期藝術科體制而成立全臺唯一的師專美勞科，因而享有比起其他師專較大之發展優勢，然而處於臺灣各大專校院美術相關科系之陸續成立的時空背景當中，其發揮之空間已不如師範藝術科時期。其他師專美勞組織體制和課程規劃，其專業度雖不及竹師美勞科，然而比起師範普師科的美勞選修已有大幅度時數及專業度之成長，加上各校不少優質師資及學風帶動，因而培育之人才也頗為可觀，其中不少成為當前國內藝術相關領域的知名人士，說明師資、教學與學生的素質在美勞教育成果方面的重要關聯性。普師科以及師專生（尤其前者）雖然受到比較制式的生活教育，以及民族精神教育之訓練，容易形成中規中矩之保守性格，然而也往往磨練出刻苦耐勞以及高度的抗壓性之特質，讓不少藝師科以及普師科及師專美勞組學生，在學習過程中能踏踏實實地深紮基本功，以及力爭上游的鬥志，因而人才輩出。雖然師範藝術科和師專美勞科、美勞組，旨在培育國小美勞教師，

但培育的成果以及帶動的效應則遠超過規劃和預期，長久以來培育出臺灣美術相關領域之人才極為可觀，如果再加上非專業美術教育的師範生計算在內，其培育成果更是不容小覷。不但在戰後臺灣美術教育史中，占有不可忽視的一頁，甚至如果將師範生、師專生全部剔除，則戰後臺灣美術史也必然為之遜色不少。

1987 年全臺九所師專同時升格改制成為師院以後，學生之學歷由五專提升成為大學層級，各校師資之學歷結構及教學設備、圖書都有顯著而快速地成長，以藝術教育為主流的學術研究風氣在各師院間蓬勃發展。然而學生之素質，則已無法擁有師範普師科以及師專時期的優勢。

改制師院初期，各師院均設置初教系美勞組，然而由於入學未加考術科，以及美勞專門課程時數極為有限，且多安排在大三、四所致，因而相關人才之培育比較有限；至於各校陸續成立的美勞教育學系，學生入學則經過大學聯招的術科考試，專門課程的比重也遠高於初教系美勞組，因而成為師院時期美勞相關專業人才培育的搖籃。

1994 年「師資培育法」頒布以後，隨著公費生畢業後就業分發制度之逐漸取消，師資培育已非師範校院專利；加上少子化帶動，教職就業市場之緊縮效應，各師院在 2000 年以後，在轉型、整合方面趨於積極，與生活、職場較為貼近的應用美術逐漸取代純粹美術而成為師院以至教育大學轉型以後的視覺藝術相關系所主流，而且面臨著全臺數量極為可觀的視覺藝術相關系所的微妙競合關係，各校也積極尋找、營造自己系所特色，使視覺藝術師資養成教育進入一個充滿競爭和挑戰之嶄新時代。

參考文獻

- 王宏志（1955）。師範學校課程的演變及其改革問題。收入《教育輔導》月刊，五卷 3 期。頁 15-17。
- 王宏志（1990）。回憶當年的竹師。收入《竹師五十年》。新竹：省立新竹師範。頁 52。
- 王哲雄等著（2002）。藝術教育講座選輯。臺北：國立臺灣藝術教育館。
- 王慈愛（2007）。陳政宏繪畫藝術之研究。國立嘉義大學視覺藝術研究所碩士論文。
- 王義治（1996）。紅樓百歲憶北師。收入《滋蘭集——北師壹百周年紀念文錄》。臺北：國立臺北師範學院。
- 王麗姿（1991）。我國小學美勞課程標準內涵演變之初探——光緒二十八年至民國八十年。國立中山大學中山研究所碩士論文。
- 古國順總編輯（1996）。感懷與徵實——臺北市立師範學院百週年校慶活動紀實。臺北：臺北市立師範學院。
- 白雪蘭企劃主編（2000）。水邊會的畫魂——張建墻。臺北：張麗雪發行。
- 江世豪（2005）。戰後嘉義地區國畫發展之研究。國立嘉義大學視覺藝術研究所碩士論文。
- 多賀秋五郎（1976）。近代中國教育史料——清末編・民國編（下）。臺北：文海。
- 吳文星（1983）。日據時期臺灣師範教育之研究。臺北：國立臺灣師大歷史研究所。
- 吳國淳（1997）。戰後五十年來臺灣地區中小學美術教育研究。國立臺灣師大教育研究所博士論文。
- 吳富焜、江文雄編著（1972）。師範生。臺北：良友書局。
- 吳隆榮（1996）。青春心靈的藝術天空。收入《滋蘭集——北師壹百週年紀念文錄》。臺北：國立臺北師範學院。頁 100-101。
- 何政廣（2015）。美的情愫・藝術家與我。臺北：藝術家出版社。
- 何清欽（1980）。光復初期之臺灣教育。高雄：復文圖書出版社。
- 李汝和主修（1970）。臺灣省通志・卷五教育志・制度沿革篇第二冊。臺北：臺灣省文獻委員會。
- 李汝和（1972）。臺灣文教史略。南投：臺灣省文獻委員會。
- 李季眉編輯（1990）。李澤藩：一位偉大的父親・藝術家・教育家。新竹：李遠昌發行。
- 李保玉（1991）。臺東師院院生角色認同與自我期許研究報告。收入《臺東師院學報》，5 期。頁 1-59。
- 李星謙等編輯。迎向千禧・邁向新世紀——國立臺中師範學院 1999 跨世紀校慶紀念專輯。臺中：國立臺中師院。
- 李惠正（2003）。在中師的鄭老師。收入莊明中總編輯。蛻變進行式——形塑中師新美學。臺中：國立臺中師院。頁 28。
- 李園會等（1993）。國立臺中師範院校史初編。臺北：五南。
- 李園會（1996）。光復後之臺中師範學校。臺中：臺中師範學校校友會印行。
- 李園會著（2001）。臺灣師範教育史。臺北：南天。
- 李園會（2005）。日據時期臺灣教育史。臺北：國立編譯館。
- 李澤藩（1954）。怎麼教美術。收入吳鼎主編。國民學校叢書（第六卷）。臺北：復興書局。頁 1-81。
- 杜忠誥總策劃（2011）。大時代的豐碑——呂佛庭百歲冥誕紀念展書畫集。臺中：國立臺中教育大學。中華民國國風書畫學會出版。
- 沈翠蓮（2004）。臺灣小學師資培育史。臺北：五南。

- 周福番彙編（2001）。北師四十級藝術科同學畢業五十週年生涯簡錄（未出版）。
- 林永發、林勝賢（2003）。臺灣地方美術發展史全集──臺東地區。臺北：日創社。
- 林有得（1996）。石川欽一郎老師與母校之美術教育。收入《滋蘭集──北師壹百週年紀念文錄》。臺北：國立臺北師範學院。頁50-56。
- 林明達（1956）。勞作服務與工作要領。收入省立屏東師範編（1956）。屏師十年‧訓導。頁22-28。
- 林佳勳（2009）。黃照芳繪畫及其教學之研究。國立嘉義大學視覺藝術研究所碩士論文。
- 林曼麗（2000）。臺灣視覺藝術教育研究。臺北：雄獅美術。
- 林義娥總編輯（2001）。學府風雲：大學美術相關科系教育資料展。臺北：國立藝術教育資料館。
- 林瓊玉（2006）。林國治藝術教育與繪畫創作研究。嘉義大學視覺藝術研究所碩士論文。
- 邱敏芳（2013）。王秀雄美術教育思想與實踐。國立臺灣師大美術研究所博士論文。
- 洪文彬（1985）。春樹暮雲話北師──懷人‧記事‧抒感。收入《北師四十年》。頁86-89。
- 徐秀菊（2005）。藝術師資培育的政策與課程研究。收入《「藝術教育研究的回顧與展望」研討會論文集》。屏東：國立屏東師範學院視覺藝術學系。頁114-145。
- 徐素霞（2005）。追憶恩師──追求美好世界的李澤藩。收入《福智之友（2005）》。第63期。頁24-35。
- 耿相曾（1987）。嘉義師念故人。收入省之嘉義師院編（1987）。嘉師三十年。頁121-124。
- 袁汝儀、熊宜中總編輯（1996）。北師世紀大展專輯。臺北：國立藝術教育館。
- 袁汝儀（2004）。戰後臺灣美術教育學術性文獻初探：1930-1960的自由畫（抽印本）。收入「藝術教育研究的回顧與展望」研討會論文集。屏東：國立屏東師範學院視覺藝術學系。頁19-37。
- 高木森（2003）。臺中師範的難忘歲月──恩師永在‧孔德無疆。收入《蛻進行式──形塑中師新美學》。頁12-13。
- 國立教育資料館編（1974）。全國美術教育展覽專輯。臺北：國立教育資料館。
- 國立臺北師院（1996）。歷屆畢業生人數分類統計表。收入《北師壹世紀一慶祝創校壹佰週年校慶特刊》。頁131。
- 屠炳春總編輯（1985）。北師四十年。臺北：省立臺北師專。
- 張夢瑞採訪撰述（2005）。吃點子的人──劉興欽傳（初版）。臺北：聯經。
- 張德文（1986）。近三十年來我國大學院校之美術教育。國立教育資料館發行之教育資料輯刊第十一輯抽印本。
- 張慧玲執行編輯（2007）。臺灣膠彩畫的捍衛者──林之助特展。臺中：國立臺灣美術館。
- 張慶龍（2013）。杏壇志者──張慶龍校長回憶錄。臺北：國史館臺灣文獻館。
- 教育部（1948）。第二次中國教育年鑑。上海：商務印書館。
- 教育部中等教育司編印（1963）。師範學校課程標準。
- 教育部技職司編（1978）。五年制師範專科學校普通、音樂、美勞、體育等四科課程標準暨科教學科設備標準。臺北：正中書局。
- 莊明中執行編輯（1999）。中師美術圖象──國立臺中師範學院1999跨世紀校友美展專輯。臺中：國立臺中師院。
- 許學仁、康世昌主編（1997）。花師五十年。花蓮：國立花蓮師院。
- 許懷賜（2004）。許懷賜全集。嘉義縣立忠和國中教育事務基金會。

- 郭謙民（2011）。曾文忠繪畫藝術之研究。國立屏東教育大學視藝系碩士論文。
- 陳巧婷（2011）。高業榮生命史及其畫藝之研究。國立屏東教育大學視藝系碩士論文。
- 陳吉山（2002）。沈默的勇者。收入《張雲駒畫集（二）》。臺南市：際蒼畫室。頁 11。
- 陳長華（2013）。寫景・抒情・何肇衢。臺中：國立臺灣美術館。
- 陳秋瑾（2009）。臺北市立教育大學視覺藝術學系二十週年畫冊。臺北：臺北市立教育大學。
- 陳紉秋（1996）。紅樓抒懷──生物教學四十年（1946-1985）。收入《滋蘭集─北師壹百週年紀念文錄》。臺北：國立臺北師範學院。頁 20-25。
- 陳朝平（1986）。屏師三動──過去、現在與未來。收入《省立屏東師專編。屏師四十年（1986）》。頁 130-135。
- 陳朝平（1993）。國立屏東師範學院非美勞教育學系學生對美勞學習與能力的自我知覺及對於美勞學科課程改革之啟示。收入《美勞師資培育學術研討會討論文集》。屏東：國立屏東師院視覺藝術學系。頁 111-144。
- 陳嘉翎（2010）。王秀雄：美育人生。臺北市：國立歷史博物館（口述歷史叢書）。
- 陳德清總編輯（2003）。成長與蛻變─中師八十年。臺中：國立臺中師院。
- 曾得標總編輯（2005）。臺灣膠彩畫史流研究展。臺中：臺灣省膠彩畫協會。
- 黃火木總編輯（2005）。培苗藝集─南師四二級藝師校友書畫展。臺南：藝苗畫會。
- 黃冬富（1988）。臺灣省展國畫部門之研究。高雄：復文。
- 黃冬富（1991）。呂佛庭繪畫藝術之研究（研究報告、展覽專輯彙編）。臺中：臺灣省立美術館。
- 黃冬富（2002）。視覺藝術教育發展概述。收入黃壬來主編（2002）。藝術與人文教育。臺北：桂冠。頁 11-36。
- 黃冬富（2003）。中國美術教育史。臺北：師大書苑。
- 黃冬富（2003）。憶三十年前中師幾位美術名師的教學風格。收入陳德清總編輯（2003）。成長與蛻變─中師八十年。頁 219-221。
- 黃冬富（2004）。臺灣最早的美術師資養成教育─臺中師範美術師範科（1946-1949）。收入《美育》雙月刊。137 期。頁 90-96。
- 黃冬富（2005）。臺灣地方美術發展史全集─屏東地區。臺北：日創社。
- 黃冬富（2005）。經師人師的呂佛庭教授。收入黃國榮總編輯（2005）。呂教授佛庭先生追思錄。臺中：臺中市文化局。頁 79-80。
- 黃冬富（2006）。從臺灣省立師院勞圖科到臺灣省立師大藝術系─戰後初期臺灣中等學校的美術師資養成教育（1947-1967 年）。收入《美育》雙月刊，151 期。頁 68-77。
- 黃冬富（2008）。戰後初期的臺南師範藝術師範科（1950-1958 年）。收入《美育》雙月刊。161 期。頁 50-59。
- 黃冬富（2008）。戰後臺灣的中小學視覺藝術師資養成教育。行政院國家科學委員會專題研究報告。民國 96-97 年。計畫編號 NSC96-2411-H-153-003。
- 黃冬富（2009）。戰後臺灣的中小學視覺藝術師資養成教育（II）。行政院國家科學委員會專題研究報告。民國 97-98 年。計畫編號 NSC97-2410-H-153-016。
- 黃冬富（2009）。戰後初期的臺北師範藝師科（1947-1963）。收入《美育》雙月刊，168 期。頁 75-89。
- 黃冬富（2010）。戰後臺灣的中小學視覺藝術師資養成教育（III）。行政院國家科學委員會專題研究報告。民國 98-99 年。計畫編號 NSC98-2410-H-153-013。
- 黃冬富（2010）。五年制師專時期的竹師美勞科（1970-1991 年）。收入《美育》雙月刊。175 期。頁 81-94。

- 黃冬富（2011）。本土氣息濃郁的膠彩推手—我看曾得標老師的膠彩畫，收入張仁吉總編輯（2011）。采風推手—曾得標知心膠彩畫展。臺中：國立臺灣美術館。頁 8-9。
- 黃冬富（2011）。百年來臺灣小學視覺藝術師資養成教育之發展。收入鄭明憲總編輯。臺灣百年來學校藝術教育發展（電子書）。臺北：國立臺灣藝術教育館。頁 48-97。
- 黃冬富（2011）。戰後臺灣小學視覺藝術師資養成教育之發展—師範、師專時期（1946-1991）。收入《國立彰化師大主辦臺灣百年來學校藝術教育發展（視覺藝術教育領域研討會資料）》。頁 43-110。
- 黃冬富（2011）。戰後臺灣中等學校美術師資培育的主軸—臺灣師範大學美術系的歷史發展（1947 年-）。收入《臺灣美術》。83 期。頁 40-71。
- 黃冬富（2012）。屏師美勞教育之歷史發展—戰後臺灣小學視覺藝術師資養成教育的一個切面（1946 年～）。收入《臺灣美術》。90 期。頁 4-35。
- 黃冬富（2014）。張雲駒‧際蒼畫譜。臺南：臺南市政府。
- 黃光雄主持（1983）。現行五年制師範專科學校普通、音樂、美勞、體育等四科課程標準實施研究。教育部委託。省立新竹師專研究。
- 黃美蓮（2010）。黃光男水墨畫藝術之研究。國立屏東教育大學視覺藝術學系碩士論文。
- 黃國榮總編輯（2005）。呂教授佛庭先生追思錄。臺中：臺中市文化局。
- 黃國榮總編輯（2008）。臺灣膠彩畫之父—林之助。臺中：臺中市文化局。
- 黃朝湖（2012）。悟入藝途生涯。臺中：藝術秀網站。
- 黃萬益（1974）。欣逢校慶‧感念師恩。收入《竹師五十年》。頁 63。
- 黃瑞光主編（2013）。那些年‧屏師美時光—國立屏東教育大學（屏東師範）五二級畢業 50 週年同學會專刊。屏東：屏師五二級畢業第五十週年同學會籌備會出版。
- 黃銘祝（1987）。美勞科系學生水彩畫能力培養與國小兒童彩畫教學關係之研究。臺北：藝風堂出版社。
- 黃瑣蘭（1998）。鄭善禧—畫壇老頑童。臺北市：時報文化。
- 楊孟哲（1999）。日治時代（1895-1927）臺灣美術教育。臺北：前衛出版社。
- 葉志德（2002）。誰借老農插，移根入泰華。收入《張雲駒畫集（二）》。臺南市：際蒼畫室。
- 廖瑾瑗（2003）。膠彩‧雅韻‧林之助。臺北：雄獅圖書。
- 臺灣省行政長官公署教育處編（1946）。臺灣一年來之教育。臺灣省行政長官公署宣傳委員會發行。
- 臺灣省立臺中師專編印（1961）。師專課程綱要。
- 臺灣省立臺北師專編印（1962）。課程綱要。
- 臺灣省國民學校教師研習會編（1986）。臺灣省國民學校教師研習會三十年紀念專刊。
- 臺灣省政府教育廳（1987）。臺灣教育發展史料彙編—師範教育篇（上）。臺中：省立臺中圖書館。
- 臺灣省立臺北師範學校教務處訂製（1955）。四十四學年度第一學期教務章則彙編。
- 臺灣省政府文教組策劃（2001）。臺灣省公教人員書畫展覽永久免審查作品回顧展。南投縣美術協會編印。
- 劉予迪（1995）。女子師範時期美術教育之回顧。收入古國順總編輯（1995）。春風化雨一百年——臺北市立師範學院建校百年紀念專刊。頁 113。
- 劉邦光（1973）。漫談美育（上）。收入《百代美育》。第 3 期。頁 36-42。
- 劉修吉（1974）。談兒童繪畫的評鑑與評審（上）。《百代美育》第 9 期。頁 6-15。

- 劉振源（2011）。我的一生：狂流中的孤葉——一個白色恐怖受害者的自述。新北市：劉振源出版。
- 樊湘濱（1974）。臺灣省立新竹師專美術科教育概況。收入《全國美術教育展覽專輯》，臺北：國立教育資料館編印。頁 40-45。
- 樊湘濱（2001）。一個老而益壯，退而不休的藝術工作者。收入《黃火木畫集》。臺南縣文化局出版。頁 40-45。
- 蔡金柱（1986）。不惑的四十年。收入臺灣省之屏東師範專科學校編。屏師四十年。頁 152-153。
- 蔡長盛等主編（1990）。竹師五十年。新竹：省立新竹師院。
- 蔡敏雄（2007）。吳隆榮繪畫風格演變之研究。國立臺北教育大學藝術學系教學碩士論文。
- 鄭淳恭（2003）。臺灣大專美術組科考試制度發展及其問題之研究（1954-2003）。國立臺灣藝術大學造形藝術研究所視覺傳達設計組碩士論文。
- 鄭明憲總編輯。徐麗紗、王麗雁等著（2008）。臺灣藝術教育史。臺北：國立臺灣藝術教育館。
- 黎蘭（1977）。美與愛的播種者——李澤藩教授畫展的獻禮。收入李季眉編輯（1990）。李澤藩：一位偉大的父親・藝術家・教育家。新竹：李遠昌發行。頁 79-80。
- 賴見都（2002）。臺灣教育設計思潮與演進。臺北：龍辰。
- 賴清標（1985）。五年制師範專科學校普師科分組選修之研究。臺中：省立臺中師專。
- 蕭旬閎（2010）。陳瑞福繪畫藝術之研究。國立屏東教育大學視藝系碩士論文。
- 蕭惠君總編輯（2007）。臺北市立教育大學美勞教育系 / 視覺藝術學系回顧與展望特刊（1988-2007）。臺北：臺北市立教育大學。
- 蕭瓊瑞（1991）。五月與東方——中國美術現代畫運動在戰後臺灣之發展（1945-1970）。臺北：東大。
- 蕭瓊瑞（1996）。臺南市藝術人才暨團體基本史料彙編（造型藝術）。臺南市：財團法人臺南市文化基金會。
- 蕭瓊瑞（2004）。激盪・迴游——臺灣近代藝術 11 家。臺北：藝術家。
- 蕭瓊瑞（2005）。戰後北師 50 年——臺灣現代美術與美術教育發展的一個斷代切面。收入吳望如主編。北師藝薈・百年風華。國立臺北教大校友總會。頁 137-157。
- 蕭瓊瑞等（2009）。臺灣美術史綱。臺北：藝術家出版社。
- 蕭慧君總編輯（2007）。臺北市立教育大學美勞教育系 / 視覺藝術學系回顧與展望特刊（1988-2007）。臺北：臺北市立教育大學。
- 謝健全等主編（1998）。東師五十年。臺東：國立臺東師範學院。
- 蘇子敬（2014）。陳丁奇的書法志業及其書道哲學觀。臺北：蕙風堂。
- 蘇友泉（2002）。以指代筆傳絕技，藝術千秋頌際蒼。收入《張雲駒畫集（二）》。臺南市：際蒼畫室。頁 12。
- 蘇振明（2002）。二十世紀美術教育史的回顧與啟示——「藝術與人文」學習領域的相關思考。收入《美育》雙月刊。117 期。頁 84-92。

附　錄

<table>
<tr><td colspan="2" align="center">大事年表</td></tr>
<tr><td align="center">年代</td><td align="center">紀事</td></tr>
<tr>
<td align="center">1945
（民國 34 年）</td>
<td>
・10 月 25 日臺灣省光復。
・11 月 22 日臺灣省行政長官公署公布「臺灣省中等、國民學校教員甄選辦法」。
・12 月，國民政府正式接收各師範學校，將原臺灣總督府臺北師範學校分成兩校：位於現今和平東路以招收臺灣學生為主的第二師範，正名為臺灣「省立臺北師範學校」，位於現今愛國西路以招收日本學生為主的第一師範，改為「省立臺北女子師範學校」；原臺灣總督府臺中師範學校改為「省立臺中師範學校」，原臺中師範學校新竹預科，改為「省立臺中師範學校新竹分校」；原臺灣總督府臺南師範學校改為「省立臺南師範學校」，原臺南師範學校預科，改為「省立臺南師範學校屏東分校」。各校開辦三年制普通科（普師科），招收初中、初職為主之畢業生。
</td>
</tr>
<tr>
<td align="center">1946
（民國 35 年）</td>
<td>
・7 月，省立臺中師範學校成立美術師範科及音樂師範科各一班（僅招生一屆即停招）。
・8 月 25 日臺灣省行政長官公署教育處頒發「臺灣省師範學校普通師範科暫行教學科目及各學期每週教學時數表」。
・10 月 1 日臺南師範屏東分校正式獨立為「臺灣省立屏東師範學校」，臺中師範新竹分校正式獨立為「臺灣省立新竹師範學校」。
・10 月，首屆臺灣省全省美術展覽會（簡稱「省展」）開辦，分為西畫、國畫、雕塑三部收件，臺中師範美術師範科教師廖繼春、林之助、陳夏雨應聘擔任審查委員。
</td>
</tr>
<tr>
<td align="center">1947
（民國 36 年）</td>
<td>
・2 月，二二八事件發生，造成臺灣社會動盪不安，師範學校當中，臺中師範所受衝擊尤其最大。
・4 月，教育部頒布「修正師範學校規程」，並代電備案「臺灣省師範生訓練實施方案」和「臺灣省師範生訓練考核辦法」。
・《臺灣省政府公報（夏）》登載「師範學校教員檢定委員會組織章程」。
・8 月，省立臺北師範學校成立藝術師範科（前後招收 14 屆）；臺灣省立師範學院成立勞作圖畫專修科（國立臺灣師大美術系前身，僅招收一屆）。
・8 月，省立花蓮師範學校創校。
・11 月臺灣省行政長官公署改制為臺灣省政府，原教育處改為「教育廳」。
</td>
</tr>
<tr>
<td align="center">1948
（民國 37 年）</td>
<td>
・5 月，教育廳頒發「臺灣省立師範學校領用畢業生服務手冊應行注意事項」。
・8 月，省立臺東師範學校創校。
・8 月，臺灣省立師範學院勞作圖畫專修科調整為「藝術學系」。
</td>
</tr>
<tr>
<td align="center">1949
（民國 38 年）</td>
<td>
・5 月 20 日，警備總部發布全省戒嚴令。
・7 月，中師美術師範科畢業，畢業生人數二十三人。
・12 月，國民政府正式遷臺。
</td>
</tr>
<tr>
<td align="center">1950
（民國 39 年）</td>
<td>
・3 月，中國國民黨中央改造委員會將「文藝工作」列入黨綱。
・8 月，省立臺南師範學校成立藝術師範科（前後招收六屆）。
・11 月，教育部發布「中等學校及國民學校教員學術研究獎勵辦法」。
・各師範學校自本年起開始實施「師範運動週」，多在每年 3、4 月間舉辦。
</td>
</tr>
<tr>
<td align="center">1951
（民國 40 年）</td>
<td>
・8 月，首屆臺灣全省學生美術展覽會開辦，分成國校、初中及高中大專三組。
・8 月，政工幹成立美術組（二年制）。
・本學年度起，各師範學校開始試辦軍訓課程。
</td>
</tr>
</table>

1952 （民國41年）	・3月，教育廳開辦首屆全省教員美展。 ・《省公報（秋）》令函各級學校加強辦理民族精神教育；孔子誕辰及教師節經總統明令公布改為9月28日。 ・12月，教育部修正公布「藝術師範科教學科目及各學期每週教學時數表」。
1953 （民國42年）	・11月，蔣中正總統發表「民生主義育樂兩篇補述」，對文藝方針及美術教育方面提出指示。
1954 （民國43年）	・《省公報（春）》，訂定臺灣省各級學校推行勞動服務運動實施辦法。 ・8月，高雄女子師範學校創校。 ・9月，教育部頒布「教育部美育委員會組織章程」（10月修正條文），主任委員由部長兼任，委員兼秘書為虞文（君質），委員有藍蔭鼎、梁鼎銘、楊宗珍（孟瑤）、馬壽華、王王孫、葛賢寧、馬紹文、王壯為、李仲生、林克恭、陶芸樓、廖繼春、林玉山、馬白水、姚夢谷、楊英風等人。 ・新竹師範美術教師李澤藩撰《怎麼教美術》三萬字長文，收入《國民學校叢書》（第6卷）。
1955 （民國44年）	・5月，教育部重新修訂公布「師範學校教學科目及每週教學時數總表」。 ・8月「臺灣省立師範學院」改名為「省立臺灣師範大學」。 ・10月，國立藝術學校創校（1960年改制為國立臺灣藝專，1994年升格為國立臺灣藝術學院，2001年改名為國立臺灣藝術大學）。 ・南師藝師科本年度招收最後一屆學生（47級），之後即停招。
1956 （民國45年）	・5月，教育廳公布「臺灣省師範學校畢業生免試保送升學師範大學實施要點」。 ・《省公報（夏）》公告，師範畢業生赴國外小學服務或服務軍旅均可抵充服務國校年資。 ・7月，北師藝師科校友蕭勤前往西班牙留學，12月開始為《聯合報》撰寫〈歐洲通訊〉專欄，報導當地現代繪畫訊息。 ・李戊桂撰《美術教學概說》（臺北：正中）。
1957 （民國46年）	・元月，臺中師範美術教師呂佛庭借調教育部美育委員會，專任駐會委員及國立臺灣藝術館美術組主任。 ・8月，省立嘉義師範學校創校。 ・北師藝師科校友霍學剛、蕭勤、李元佳、蕭明賢等人為主體組成的「東方畫會」推出首屆展覽，掀起國內現代藝術之風潮。 ・北師藝師科校友張錦樹、鄭明進、陳宗和、黃植庭、張祥銘等人，組成「今日兒童美術教育研究會」，推動兒童美術教育之改革。 ・政工幹校美術組改為二年制「美術科」。
1958 （民國47年）	・《省公報（冬）》，函知加強民族精神教育及時事教育之功效，特規定實施要點。 ・北師藝師科校友蕭明賢獲巴西聖保羅雙年藝展榮譽獎（為臺灣首次在此一國際展覽獲此榮譽）。
1959 （民國48年）	・全省美展自本年起開始巡迴臺北、臺中、臺南三個市區展出。 ・教育廳成立「國民教育輔導團」，北師藝師科校友霍學剛、劉修吉、林天從、游仲根等人，先後借調擔任該輔導團的美術科輔導員。 ・中師美術教師林之助撰《國民學校美術科課程之研究》。（臺北：國立教育資料館）。
1960 （民國49年）	・7月，省立臺中師範學校首先改制為三年制「臺灣省立臺中師範專科學校」。 ・8月15日，教育廳頒訂「臺灣省教育廳舉辦師範專科學校計畫要點」。

1960 （民國49年）	・北師藝師科校友呂桂生，自本年起調任板橋國教研習會任美勞科輔導員，主持全臺國校美勞科在職訓練及結業研習員輔導工作，持續長達三十多年。 ・北師藝師科本年度招收最後一屆學生（52級），之後即停招。 ・中師美術教師鄭善禧撰《國民學校美術科研究報告》（臺北：國立教育資料館）。 ・政工幹校二年制藝術科，改制為四年制「藝術系」。
1961 （民國50年）	・7月28日，省北師、中師專聯合招考國校師資科學生。 ・7月，教育部公布「國民學校課程標準」。 ・8月，省立臺北師範學校升格改制為三年制「臺灣省立臺北師範專科學校」。
1962 （民國51年）	・7月，臺北、臺中、臺南三所師專聯合招生，由北師專主辦。 ・8月，省立臺南師範學校升格改制為三年制「臺灣省立臺南師範專科學校」。 ・教育部公布「國民學校課程標準」。 ・北師藝師科校友組成之「今日兒童美術教育研究會」，主辦第1屆「國際兒童畫展」於臺北。
1963 （民國52年）	・8月，臺北、臺中、臺南三所師專增設五年制國校師資科，原有三年制逐漸縮減班級。 ・8月，中國文化學院成立美術系（1980年改名為中國文化大學）。 ・教育部頒布「師範學校課程標準」及「校舍校具設備標準」、「視聽教育設備標準」、「圖書設備標準」。 ・12月，教育部頒行「三年制師範專科學校國校師資科教學科目及學分表」。 ・曹緯初撰《中小學美術教材教法》（臺北：中華書局）。
1964 （民國53年）	・8月，省立臺北女子師範學校和省立花蓮師範學校改制為五年制師範專科學校。
1965 （民國54年）	・8月，省立新竹師範學校和省立屏東師範學校改制為五年制師範專科學校。 ・11月，教育部頒布「師範專科學校五年制國校師資科暫行科目表暨施行要點」。
1966 （民國55年）	・8月，省立嘉義師範學校改制為五年制師範專科學校。 ・8月，高雄女師本年度招收最後一屆普師科學生（55級），之後即停招。翌年改為「省立高雄師範學院」，培育中學師資。 ・臺灣省教育廳國教輔導團舉辦中華民國第1屆「世界兒童畫展」於臺北縣新莊國小。北師藝師科校友李錫奇承辦展覽事務。 ・蔣總統倡導「文化復興運動」，11月省政府頒訂「臺灣省推行文化復興運動實施要點」。全臺各地發起推行中華文化復興運動。 ・11月，中師專教授呂佛庭以〈長江萬里圖〉國畫長卷榮獲第1屆中山文藝獎。 ・高梓、陳杭生撰師專教科書《美勞科教學研究與實習》（臺北：正中）。 ・南師教師張麟書撰《美術教學研究》（臺南師專出版）。 ・臺師大王秀雄教授開始應邀講課於板橋教師研習會。
1967 （民國56年）	・8月，省立臺東師範學院改制為五年制師範專科學校。 ・8月，臺灣省立師範大學「藝術系」改名為國立臺灣師範大學「美術系」。 ・8月，高雄女師學校撤銷，改設臺灣省立高雄師範學院。 ・9月，北師藝師科校友劉振源自印出版《印象主義》、《立體派》、《抽象繪畫》、《超現實主義》四小冊，合稱《近代西洋美術全集》。為臺灣人所撰述較為早期出版的西洋美術史專書。 ・11月，教育部成立文化局。 ・中師專美術教師鄭善禧撰《怎樣編寫美術科單元教學活動設計》出版。教育廳納入「國民學校教師叢書」。 ・王秀雄譯著《美術設計的基礎》（臺北：大陸書房）。

1968 （民國 57 年）	・元月，總統令公布〈九年國民教育實施條例〉。 ・9 月 9 日，全國國民中學聯合開學典禮，「九年國教」正式施行，原國民學校改稱國民小學（簡稱國小）。 ・臺灣省教育廳在「九年國民教育實施條例」公布後，將全臺各縣市具有音樂、體育、美術、勞作、書法等特殊才能的兒童，分區集中在省立新竹、臺中和臺南等師範專科學校試辦特殊才能兒童輔導，是公立中小學校藝術資賦優異教育之前導。 ・各縣市教育科，改稱「教育局」。
1969 （民國 58 年）	・8 月，國立編譯館出版《國民小學美術》教科書（全八冊），編審委員會之主任委員為臺灣師大美術系馬白水教授，編輯小組成員為北師附小的何肇衢老師，以及中師專林之助教授、北師專的孫立群教授。 ・12 月「中華民國兒童美術教育學會」成立，陳漢強為首任理事長，同時印行《美術教育》雙月刊。 ・北師校友夏勳撰《兒童美術之開拓》（臺北：世界文物）；東師校友陳處世撰《兒童畫教學研究》（臺北：臺灣文教），陳輝東撰《兒童畫的認識與指導》（臺北：大江）。
1970 （民國 59 年）	・8 月，省立新竹師專成立美術科（1978 年更名為「美勞科」）。 ・王秀雄譯著《構成：視覺造形的基礎》、《設計用的素描》、《廣告設計的技法》三書均由臺北：大陸書店出版。
1971 （民國 60 年）	・3 月，《雄獅美術》創刊（1996 年停刊），北師藝師科校友何政廣任總編輯。 ・8 月，臺灣省立教育學院成立於彰化（國立彰化師範大學前身），實施公、自費並行。 ・8 月，私立實踐家政專科學校成立美工科。 ・北師藝師科校友游仲根編著《國民小學美術科教學活動設計示例》（教育廳國教輔導團）。 ・王建柱撰《包浩斯——現代設計教育的根源》（臺北：大陸書店）。 ・王秀雄譯著《美術設計的點線面》、《造形藝術的基礎》，均由大陸書店出版。
1972 （民國 61 年）	・8 月，臺中市立五權國中首先設立「美術特殊才能實驗班」。 ・11 月，教育部成立「資優兒童教育實驗委員會」，公布「國民小學資優兒童實驗計畫」。 ・「中華民國美術教育學會」成立，袁樞真為首任理事長。 ・王秀雄譯著《商業設計的編排與構成》（臺北：天同）。
1973 （民國 62 年）	・5 月起，國立教育資料館舉辦「全國美術教育展覽」，並巡迴臺北、新竹、臺中、高雄、臺東、金門展出。 ・9 月，《百代美育》月刊第一期出刊。 ・10 月，教育部修正《臺灣省師範專科學校學則》。 ・赫伯特・里德（H. Read）著《透過藝術的教育》中譯本在臺出版。 ・王秀雄著《美術心理學》（高雄：三信）。
1974 （民國 63 年）	・南師校友潘元石撰《怎樣指導兒童畫》（臺北：藝術圖書公司）劉文三撰《兒童繪畫指導》（教育廳國教輔導團），東師校友陳處世撰《國小工作美勞科教材進度與評鑑》（臺北：新理想）。 ・程佛之撰《怎樣教兒童學畫》（臺北：天同）。
1975 （民國 64 年）	・元月，「亞洲美術教育」於省立臺中圖書館揭幕。 ・教育部修訂公布《國民小學課程標準》。 ・6 月，北師校友何政廣創辦《藝術家》雜誌。

1976 （民國65年）	・板橋教師研習會呂桂生邀請臺師大，以及各師專美勞教授進行「臺灣省國民小學造形藝術教學實驗研究五年計畫」（1976-1980）五年間進行造形藝術教材教法之編輯、實驗，並由各縣市輔導團舉辦分區研習，並舉辦展覽。 ・王德育譯，羅恩斐爾（Lowenfeld）原著《創造與心智的成長》中譯本出版（臺北：啟源）。 ・北女師教師何清吟撰《美勞科教學的理論與實際》（北女師專出版），屏師教師陳朝平撰《國民小學美術科版畫教學研究》（教育廳國教輔導團）；潘元石撰《跟小朋友談繪畫和版畫》。呂桂生撰《國小造形教育》（板橋教師研習會）。
1977 （民國66年）	・國泰美術館開館，為臺灣第一座民間美術館。 ・奇美文化基金會成立。
1978 （民國67年）	・2月，行政院長在施政報告中「文化建設」列為十二項建設之一。 ・教育部頒布「師範專科學校五年制課程標準總綱暨課程標準」。原師專「國教教師資料」訂名為「普通科」；新竹師專「美術科」改為「美勞科」。 ・呂桂生編著《美勞教材層次研究》、《國小造型教育》（教育廳國教輔導團）。 ・陳輝東《幼兒畫指導手冊》出版。 ・韓聖訓著《國小工藝教材與教學》（屏東師專）。
1979 （民國68年）	・2月，行政院頒布「加強文化及育樂活動方案」；教育部通過「建立各縣市文化中心各館應注意事項」。 ・4月，板橋教師研習會邀請日本筑波大學教授高山正喜久來臺演講，並推廣兒童造形教育。 ・5月，總統令頒布〈師範教師法〉、〈高級中學法〉、〈國民教育法〉。在〈國民教育法〉中，「美育」正式列為五育之一。 ・11月，「中華民國造形藝術教育學會」創會，理事長為陳奇祿教授，副理事長兼任祕書長為吳隆榮。 ・教育部公布「國民中小學加強美育教導實施要點」。 ・南師教師趙雲出版《兒童繪畫與心智發展》；夏勳編《紙上美術教室》出版；屏師陳朝平撰《國民中小學水墨畫教學研究》；臺南進學國小郭文生、沈開輝合撰《國民小學美勞科教學研究》。
1980 （民國69年）	・4月，教育部訂頒「國民中小學加強美育教學實施要點」。 ・8月，國立編譯館主編師專教科書《美術》、《勞作》各六冊出版。 ・8月，臺北市民族國小成立臺灣第一所國小美術實驗班。 ・各縣市開始積極實施每年一度的「文藝季」之活動。 ・許信雄譯羅恩斐爾原著《兒童藝術的發展與輔導》，由臺北市立女師專出版。
1981 （民國70年）	・行政院文化建設委員會（簡稱「文建會」）成立。 ・國民教育階段成立藝術才能實驗班，包括美術、音樂、舞蹈三類，屬特殊教育類。 ・國立臺灣師大成立美術研究所碩士班。
1982 （民國71年）	・5月，總統命令公布〈文化資產保存法〉。 ・8月，國立藝術學院（國立臺北藝術大學前身）正式招生。 ・9月，教育部頒布「臺灣省師範專科學校能力本位教育實施要點」。規定師專生藝能科各項基本能力應達成學習目標。 ・黃才郎主編，雄獅圖書公司出版《西洋美術辭典》正式發行。 ・臺南市舉辦「千人美展」。

1983 （民國72年）	・國立編譯館主編《師專美勞科教學研究》由北市正中書局印行。 ・東海大學成立美術系。 ・呂桂生撰《造形藝術分類教材》（板橋：國小教師研習會）。 ・北師藝師科校友劉振源出版《造形教育》。 ・12月，臺北市立美術館開館。
1984 （民國73年）	・8月，輔仁大學成立應用美術系；中原大學成立商業設計系。 ・12月，教育部公布「特殊教育法」，正式立法實施資賦優異及啟智教育，為 國民中小學美術實驗班的法源依據之一。
1985 （民國74年）	・8月，國立臺灣師大美術系聘留法藝術史博士王哲雄任教。為師範校院第一 位具博士學位的美術領域師資。 ・10月，「國立臺灣藝術館」更名為「國立臺灣藝術教育館」。 ・11月，教育部公布〈重要民族藝術藝師遴聘辦法〉。 ・市北師吳長鵬《師專國畫教學理論與實際》、蘇振明《圖畫世界指導手冊》 出版，中師張淑美出版《早期幼兒繪畫指導問題》，海月山譯，赫爾曼・布 克哈特著《德國現代美術教學》及夏勳編《美術教育選集》出版。
1986 （民國75年）	・教育廳主辦「全省美展四十年回顧展」。 ・8月，留美藝術教育博士郭禎祥、黃壬來，分別應聘任教於國立臺灣師大美 術系及屏東師專，師範校院美勞相關師資之遴聘開始進入高學歷導向時期。 ・12月，臺灣省立美術館（位於臺中，國立臺灣美術館前身）正式成立，劉欓 河任館長。 ・劉豐榮著《艾斯納藝術教育思想研究》出版（臺北：水牛出版社）。蘇振明 出版《幼兒線畫教學研究》，中原大學教師胡寶林《繪畫與想像力》出版。 ・屏師專黃光男老師出任臺北市立美術館館長。
1987 （民國76年）	・3月，《藝術學》創刊。 ・蔣經國總統於7月15日宣布解嚴，結束長達三十八年的軍事戒嚴，教育 政策開始鬆綁。 ・8月，全臺九所師專同時升格為「師範學院」，將國小師資提升至大學畢 業。除了新竹師範學院擁有「美勞教育學系」（簡稱「美教系」）之外， 其他八所師範學院，則於初等教育學系中設「美勞組」。 ・省立新竹師範學院美教系加入大專院校美術術科聯招（以下簡稱「術科聯 招」）。此後各師院陸續成立的美教系亦加入術科聯招。 ・國立臺北師院聘請留美和留日藝術教育博士袁汝儀和林曼麗擔任專任教 職。 ・屏師院陳朝平教授以五十五歲高齡赴美，進入密蘇里大學攻讀藝術教育博 士學位。
1988 （民國77年）	・屏師院教師黃壬來的《幼兒造形藝術教學》（臺北：五南）及《美勞科的啟 發式教學》（教育廳國教輔導團）；嘉師林木貴的《國小雕塑教學的研究》、 竹師院林麗貞的《美勞教育──藝能協調教學法》及花師院黃秀玉的《蠟筆、 粉彩筆、彩色鉛筆在國小繪畫教學的應用》等書，均由教育廳國教輔導團出 版。 ・6月，省立臺灣美術館正式開館。 ・本年起美術術科聯招分配本例，由原「學科、術科、各占50%」，調整為「學 科60%，術科40%」。 ・呂桂生撰《國小美勞科目標、內容圖解》。

1989 （民國78年）	・3月，國立臺灣藝術教育館主編之《美育》月刊創刊。 ・？月，臺北市立師院成立美勞教育學系。 ・8月，國立高雄師範學院及國立彰化師範學院改名為「國立高雄師範大學」及「國立彰化師範大學」。 ・8月，臺大藝術史研究所成立。 ・10月，謝義勇就任高雄市立美術館籌備主任。 ・12月，「帝門藝術教育基金會」成立。 ・教育部公布自78學年度起，中小學教科書採統編與審定並行之彈性制度。
1990 （民國79年）	・教育部國教司編《國民中小學美術班教材大綱》（試用本）。 ・陳武鎮譯，Ellito W. Eisner著《兒童知覺的發展與美術教育》（臺北：世界文物）。 ・北師藝師科校友吳隆榮獲國家文藝獎。 ・社會政治批判藝術進入臺北市立美術館：吳天章、裴啟瑜、楊茂林、連德誠等個展。
1991 （民國80年）	・全臺八所省立師範學院改隸國立（唯臺北市立師院維持市立）。 ・國小教科書自本年度起開放民間出版社編製發行。 ・黃才郎接任高雄市立美術館籌備主任。 ・林曼麗主編《視覺藝術教育專輯I》出版。 ・郭禎祥譯，Ellito W. Eisner著《視覺藝術的教育》出版（臺北：文景）。 ・臺北市民族國小出版《造形與教育》一書。
1992 （民國81年）	・6月，屏師黃冬富撰《高雄縣美術發展史》（高雄縣文化中心出版），開啟臺灣地方美術史之撰述風氣。 ・8月，臺中師院和屏東師院成立美勞教育學系。 ・著作權法修正案通過。 ・藝術家出版社開始出版「臺灣美術全集」系列。
1993 （民國82年）	・元月，教育部頒布「國民中小學音樂、美術、舞蹈班設置要點」。 ・大學校院招生自本年起開始實施「推薦甄試制度」。 ・財團法人大學入學考試中心（簡稱「大考中心」）正式成立。 ・8月，高雄師範大學及彰化師範大學同時成立美術學系；中央大學成立藝術研究所碩士班。 ・8月，花蓮師院成立美勞教育學系。 ・教育部公布「國民中小學新課程標準」。 ・呂桂生借調至教育廳巡迴輔導團擔任祕書工作。 ・陸雅青撰《藝術治療》（臺北：心理出版設）。
1994 （民國83年）	・2月，總統令公布〈師資培育法〉（原名「師範教育法」），各大學校院均可培育師資，師資培育以自費為主，公費與助學金為輔，並加強實習與在職進修，建立教師證照制度。師範生長久以來的就業保障，以及自費制度自此產生重大變革。 ・4月，民間發起410教育改造運動。 ・6月，教育部召開第七次全國教育會議。高雄市立美術館開館。

1994 （民國83年）	・8月，國立臺北師範學院成立美勞教育學系。國立成功大學成立藝術研究所；國立臺灣藝專改制為「國立臺灣藝術學院」。 ・9月，行政院置「教育改革審議委員會」，由中研院院長李遠哲出任召集人。 ・「1994亞洲藝術教育國際學術研討會」於臺北舉行。 ・袁汝儀主編《視覺藝術教育專輯II》出版。
1995 （民國84年）	・2月，教育部公布「中華民國教育報告書——邁向21世紀教育遠景」，為官方公布教育白皮書之首例。有關社會教育部分，提出「推廣社會藝術教育，充實國民美育素養」。 ・5月，教育部公布〈國民小學課程標準實施要點〉：新課程標準自85學年度起實施。 ・9月，屏師院陳朝平、黃壬來合著《國小美勞科教材教法》出版（臺北：五南）。 ・黃光男任國立歷史博物館館長。 ・帝門藝術基金會創辦首屆「藝術評論獎」。 ・袁汝儀《荷蘭視覺藝術教育師資訓練——一個西方案例的教育民族誌研究》出版。
1996 （民國85年）	・元月，國家文藝基金會正式運作。 ・4月，教育部召開全國原住民教育會議。 ・6月，教育部發函全國各大校院，取消部訂大學畢修科目，自此各大學校院之課程，只要在部訂128學分之最低門檻上，得自行規劃課程。 ・7月，國立臺南藝術學院正式設校。學術科配分再度調整，有「學科60%，術科40%」與「學科70%，術科30%」兩種配分方式，由各校自行選擇。 ・8月，國立嘉義師院和國立臺東師院成立美勞教育學系。 ・11月，國立臺北師院美教系與國立臺灣藝術教育館合辦「北師世紀大展」。 ・國立故宮博物院中華瑰寶赴美展覽引發爭議。 ・國北師院林曼麗老師出任臺北市立美術館館長。 ・國北師院張世宗老師企劃《創意美勞》一套四冊及錄影帶一捲；屏師院黃壬來出版《創意美勞》（臺北：臺灣書店）。 ・劉振源出版《兒童畫教材教法》（臺北：藝術圖書）。
1997 （民國86年）	・3月，總統令頒布〈藝術教育法〉。國立臺北師院美教系退出術科聯招。 ・8月，臺北市立師院成立視覺藝術研究所，並分成理論組和創作組。 ・11月，「中華民國藝術教育研究發展學會」舉辦「1997藝術教育國際學術研討會—藝術文化認同」。會議地點為臺北市立美術館。 ・南師藝師科校友鄭善禧榮獲美術類第1屆新制國家文藝獎。 ・呂桂生撰《國民小學美勞科教材教法》（臺南：南一書局）。
1998 （民國87年）	・2月，教育部公布「藝術教育法」，將藝術人才培育之一貫制納入正規體制實施，即大學藝術科系可設置自中小學起的一貫學制。 ・5月，國立屏東師範學院於5月14-15日舉辦「視覺藝術與美勞教育國際學術研討會」。 ・6月，教育部公布〈教育部獎助藝術教育工作實施辦法〉。

1998 （民國87年）	・8月，國立臺南師院成立美勞教育學系；國立彰化師大成立藝術教育研究所。國立臺南藝術學院成立七年一貫制「中國音樂學系」。 ・9月，教育部公布「國民教育九年一貫課程總綱」草案，將國民中小學課程統整為語文、健康與體育、社會、藝術與人文、數學、自然與生活科技、綜合活動等七大學習領域，音樂、視覺藝術和表演藝術等併為「藝術與人文」領域課程。 ・11月，教育部〈各級學校藝術推廣教育實施辦法〉，規定各級學校可針對社會大眾辦理各類藝術推廣教育，高中以下學校辦理藝術推廣教育經費以自給自足為原則。 ・王秀雄撰《觀賞、認知、解釋與評價──美術鑑賞教育的學理與實務》。（臺北：國立歷史博物館）。 ・陳木子著《臺灣藝術教育發展史》（臺北：環宇）。
1999 （民國88年）	・3月12-15日，由臺灣省政府文化處主辦，國立彰化師範大學美術學系與藝術教育研究所承辦，中華民國藝術教育研究發展學會、臺灣省立美術館協辦的「1999藝術教育國際學術研討會」在臺灣省立美術館舉行。 ・5月29-30日，由臺北市立美術館主辦的「第1屆美術館教育國際學術研討會」，在臺北市立美術館視聽室舉行。 ・7月1日，臺灣省立美術館更名為「國立臺灣美術館」。國立花蓮師院美教系退出術科聯招。大學招生策進會通過〈大學多元入學新方案〉，並決定自91學年度起實施。 ・國立屏東師範學院成立視覺藝術教育研究所（2003年更名為視覺藝術教育學系碩士班，2006年再更名為視覺藝術學系碩士班）。 ・國立編譯館民國90學年度起不再編印部編本教科書，原臺灣省政府所屬臺灣書店不再配發教科書，改由民間經營。 ・國北師院楊孟哲老師撰《日治時代臺灣美術教育》（臺北：前衛）。
2000 （民國89年）	・2月1日，國立嘉義師院與國立嘉義技術學院整合為「國立嘉義大學」。 ・6月，教育部發布〈國民小學及國民中學教科圖書審定辦法〉，確立新課程教科書部審、民編、自選原則，明定新課程將由國立編譯館負責審定，出版商應依送審教科書適用年級於各學期開始日前一年提出申請，審定執照有效期限六年。 ・8月，國立臺北師院成立藝術與藝術教育研究所，新竹師院成立美勞教育研所，國立嘉義大學成立視覺藝術研究所；國立臺灣師大成立美術研究所博士班。 ・教育部公布〈國民中小學九年一貫課程暫行綱要〉。 ・林曼麗撰《臺灣視覺藝術教育研究》（臺北：雄獅美術）。 ・陳瓊花撰《兒童與青少年如何說畫》。（臺北：三民）。
2001 （民國90年）	・5月，袁汝儀、陳秋瑾、陳瓊花發起設立《藝術教育研究》半年刊。 ・7月，竹師校友李戊崑任國立臺灣美術館館長。 ・7月21日至8月19日，國立臺灣藝術教育館辦理「學府風雲──大學美術相關學系教育資料展」，出版專輯，並舉辦兩場座談會。 ・8月，國立藝術學院改名為「國立臺北藝術大學」；國立臺灣藝術學院改名為「國立臺灣藝術大學」。國民中小學自90學年度全面實施九年一貫課程，表演藝術正式納入國家課程實施綱要中。 ・11月，「國立藝術教育（InSEA）──亞洲地區學術研討會」暨「第3屆海峽兩岸藝術教育交流會議」於南投日月潭舉行。

2002 （民國91年）	・7月，總統令修正公布〈師資培育法〉全文二十六條，將現行一年的師資培育實習改為半年，並將實習列為師資職前教育的一環，在取得師資職前教育證明書後，必須通過教師資格檢定考試，才能取得教師證書。 ・大學多元入學方案開始正式實施，入學管道包括「考試分發入學」、「申請入學」、「推薦甄選」等；考試方式分「學科能力測驗」、「指定科目（含術科）考試」。 ・8月，臺南師院成立視覺藝術研究所碩士班。 ・10月，黃壬來主編《藝術與人文教育》（上、下冊）出版（臺北：桂冠）。 ・臺灣藝術教育館完成《九年一貫藝術與人文學習領域教學策略及其應用模式之研究》、《九年一貫藝術與人文學習領域課程小組組織運作模式之研究》、《臺灣地區國民中小學一般藝術教育現況普查及問題分析研究》專案研究。 ・北師藝師科校友蕭勤獲美術類國家文藝獎。
2003 （民國92年）	・元月，教育部制定發布〈國民中小學九年一貫課程綱要〉。 ・3月，行政院核定〈大學院校藝術與設計系所人才培育計畫〉。 ・5月，國立臺灣藝術教育發行《國際藝術教育研究學刊》，採中英文雙語呈現。同月，大學美術術科考試科目進行歷史性更動：維持四十八年未曾改變的「素描」、「水彩」、「國畫」、「書法」四考科，自本年起改為「素描」、「彩繪技法」、「創意表現」、「水墨書畫」、「美學鑑賞」五考科。 ・8月，國立臺東師院改名為「國立臺東大學」。 ・9月，教育部召開全國教育發展會議。黃冬富撰《中國美術教育史》。（臺北：師大書苑）。
2004 （民國93年）	・6月，「視覺文化與藝術教育國際藝術教育學術研討會」於臺北市立師範學院舉行。 ・8月，屏師校友王秀雄獲國立臺灣師大美術系聘為第一位終身名譽教授。 ・臺中師院將美勞教育學系更名為「美術學系」；國立臺北師院成立「造形設計學系」。 ・8月，黃光男任國立臺灣藝術大學校長。同月，國立臺南師院改名為「國立臺南大學」，原美勞教育學系改名為「美術學系」。
2005 （民國94年）	・4月，「藝術教育研究的回顧與展望」研討會於國立屏東師範學院舉行。 ・8月，臺北市立師院以及國立臺北師院、新竹師院、臺中師院、屏東師院、花蓮師院同時改名為「教育大學」。而臺北市立教育大學成立「藝術治療研究所」；新竹師院將美勞教育學系更名為「藝術與設計學系」。 ・9月，「2005年全國藝術教育展暨藝術教育發表會」於國立花蓮教育大學舉行。 ・10月，召開第一次「中華民國藝術教育發展會議」。會議以《中華民國藝術教育白皮書》初稿為藍圖，以「創意臺灣，美力國民」為宗旨。會議目的在於發掘我國藝術教育現況與困境，勾勒未來發展遠景，並提出具體改進策略。 ・12月，教育部公布《藝術教育白皮書》，規畫國家未來藝術教育實施方針與策略。並發布「教育部補助藝術與設計精英國際進修實施要點」。
2006 （民國95年）	・元月，教育部修訂「教育部補助社會藝術教育活動實施要點」。 ・8月，花蓮教大美勞教育學系更名為「藝術與設計學系」；屏東教大視覺藝術教育學系改名為「視覺藝術學系」；臺南大學美術系與視覺藝術研究所所合一，仍稱「美術學系」。國立臺中教大成立美術系碩士班。

2006 （民國95年）	・10月，國立花蓮教育大學辦理「2006全國藝術教育展」。教育部著手進行「國民中小學九年一貫課程綱要」之微調工作。高教評鑑中心自本月起進行第一週期之系所評鑑。 ・12月，國立臺灣藝術教育館出版臺灣第一本藝術教育年鑑《2005臺灣藝術教育年鑑》。 ・國北教大林曼麗教授接任臺北國立故宮博物院院長；臺南藝術大學薛寶瑕教授借調國立臺灣美術館館長。 ・前國立臺灣師大和彰化師大美術系教授郭禎祥擔任聯合國教科文組織國際藝術教育學會（InSEA）主席。
2007 （民國96年）	・6月，「全國美術展覽會舉行辦法」廢止。 ・8月，國立臺南大學成立「動畫媒體設計研究所」；國立臺東大學將美勞教育學系改名為「美術產業學系」，開始招收碩士在職進修班。竹教大呂燕卿教授擔任教育部中央輔導團藝術與人文領域召集人。 ・10月，「2007亞太藝術教育國際學術研討會」於國立花蓮教育大學舉行。 ・11月，「2007年視覺文化與藝術教育：全球化VS去殖民化」國際學術研討會於臺北市立教育大學舉行。 ・12月15日臺東美術館一期館開放營運。教育部出版《德智體群美五育理念與實踐》專書。
2008 （民國97年）	・5月，鄭明憲總編輯，徐麗紗、王麗雁、林玫君、盧昭惠著《臺灣藝術教育史》出版（臺北：國立臺灣藝術教育館）。 ・8月，國立臺北教育大學美勞教育學系與造型設計學系合併成為「藝術與設計學系」。國立花蓮教育大學併入國立東華大學。 ・中師校友石瑞仁任臺北市當代藝術館館長。
2009 （民國98年）	・新竹教育大學美勞教育研究所改名為「藝術與設計學系教育與創作碩士班」，系所合一。
2010 （民國99年）	・元月，屏東美術館正式啟用（隸屬屏東縣文化處）。 ・8月，國立東華大學成立「藝術創意產業學系」；國立嘉義大學美術學系與視覺藝術研究所所合一，名為「視覺藝術學系」。 ・9月28日，國立臺灣師大舉辦「典範風華：王秀雄教授藝術教學與研究國際學術研討會」。 ・10月，國立歷史博物館出版《王秀雄──美育人生》（口述歷史叢書11・文化耆老系列2）。行政院頒布「文化創意產業發展法」。
2011年 （民國100年）	・3月，國立臺灣藝術教育館、國立彰化師範大學主辦「臺灣百年來學校藝術教育發展」學術研討會。並發行《臺灣百年來學校藝術教育發展》電子書。 ・6月，臺南市長賴清德宣布臺南市美術館之館址為市定古蹟原臺南警察署及11號停車場。市立美術館之籌備主任由陳輝東出任。 ・國立東華大學科技藝術研究所改名為「藝術與設計學系碩士班」，系所合一。國立臺北教育大學成立美術館。
2012 （民國101年）	・元月16日，屏東美術館改隸屬屏東市公所，成為臺灣第一所鄉鎮市級美術館。 ・2月，黃光男任行政院政務委員。 ・北師藝師科校友李錫奇獲頒美術類國家文藝獎。

2013 （民國102年）	・元月12日，屏東市立美術館在市公所整修完畢下，重新開館。 ・11月，國立臺灣美術館出版鄭善禧、何肇衢等人的「家庭美術館——美術家傳記叢書」。
2014 （民國103年）	・7月1日，嘉義市立美術館籌備處正式成立。 ・8月，臺南大學原美術學系更名為「視覺藝術與設計學系」。 ・12月，教育部辦理第1屆藝術教育獎，王秀雄和劉鳳學獲得「終身成就獎」之最高榮譽。 ・12月，國立臺灣美術館出版蕭勤、何文杞等人的「家庭美術館——美術家傳記叢書」。
2015 （民國104年）	・4月，何政廣榮獲第39屆金鼎獎特別貢獻獎。 ・6月6日臺中教大「林之助紀念館」（歷史建築林之助畫室）正式開幕。 ・9月，國立臺灣美術館出版江漢東等人的「家庭美術館——美術家傳記叢書」。
2016 （民國105年）	・1月，黃美賢接任嘉義市政府文化局長。 ・11月，新竹教育大學併入國立清華大學。
2017 （民國106年）	・1月，鄭善禧榮獲行政院文化獎。 ・4月，林保堯出任臺南市立美術館首任館長。 ・11月，國立臺灣美術館出版霍剛、李錫奇、陳輝東等人的「家庭美術館——美術家傳記叢書」。

國家圖書館出版品預行編目資料

踏實.穩健.韌性：戰後臺灣小學美術師資養成教育
/ 黃冬富著. -- 初版. -- 臺北市：藝術家, 2018.05
288面；17×24公分
ISBN 978-986-282-213-5（平裝）

1.師資培育 2.美術教育 3.臺灣

522.933 107005501

踏實 穩健 韌性
戰後臺灣小學美術師資養成教育

黃冬富／著

發行人 何政廣
總編輯 王庭玫
編 輯 洪婉馨
美 編 王孝媺、吳心如
出版者 藝術家出版社
台北市金山南路（藝術家路）二段 165 號 6 樓
TEL：（02）2388-6715 ～ 6
FAX：（02）2396-5707
郵政劃撥 01044798 藝術家雜誌社帳戶

總經銷 時報文化出版企業股份有限公司
桃園市龜山區萬壽路二段 351 號
TEL：（02）2306-6842
南部區域代理 台南市西門路一段 223 巷 10 弄 26 號
TEL：（06）261-7268
FAX：（06）263-7698

製版印刷 欣佑彩色製版印刷股份有限公司
初 版 2018 年 5 月
定 價 新臺幣 380 元

ISBN 978-986-282-213-5（平裝）

指導單位 文化部 MINISTRY OF CULTURE

法律顧問 蕭雄淋

行政院新聞局出版事業登記證局版台業字第 1749 號